HERMANN SCHREIBER

Quell der Lebensfreude

Hermann Schreiber

QUELL DER LEBENSFREUDE

BASTEI LÜBBE

Lizenzausgabe: Gustav Lübbe Verlag GmbH, Bergisch Gladbach
Printed in Western Germany 1979
Einbandgestaltung: Rolf Seul
Zeichnungen: Marie-Luise van Dorp, Düsseldorf
Gesamtherstellung: Ebner, Ulm
ISBN 3-404-00998-3

Der Preis dieses Bandes versteht sich einschließlich
der gesetzlichen Mehrwertsteuer

INHALTSVERZEICHNIS

AMOR IN DEN WELLEN

Es gab eine Zeit, da war das Ideal aller Knaben der harte und ungepflegte Mann, der nach Schweiß und Leder roch und sein Haar nicht kämmte; die Frauen aber wünschte man sich schon damals weißhäutig, weich und duftend.

Wäre die Welt diesen spartanischen Grundsätzen treu geblieben, wäre sie noch eine Männerwelt, in der die Frau zum schönen Spielzeug bestimmt, im übrigen aber einflußlos ist, dann liefen vielleicht tatsächlich die Männer noch in jener Tracht herum, die von den Kynikern bis zu den Beatles stets eine gewisse Versuchung des starken Geschlechts gewesen zu sein scheint. Und Heere wohlgepflegter Frauen würden diesen faunischen Horden zujubeln und den Bocksgeruch ebenso begeistert atmen wie die heutige Mann-Mischung aus englischem Pfeifentabak, Juchtenparfüm und Rasierwasser. Daß es nicht so kam, ist das Verdienst einiger Männer und sehr vieler Frauen. Sie hämmerten auch dem dümmsten Krieger ein, daß ein gewaschener Mann noch immer ein Mann sei und daß man keinen Schaden nehme, wenn man von gelegentlichen Bädern in Flüssen oder Tümpeln zur Gewohnheit des Bades übergehe.

Der nächste Schritt war dann, für diese Gewohnheiten Einrichtungen zu schaffen, etwa Badewannen, und die heimkehrenden Krieger darüber zu belehren, daß man die Waffen, den Panzer und die Unterkleidung ablegen müsse, ehe man in so eine Wanne stieg. War es soweit, dann hatten die Frauen meistens gewonnen, es sei denn, das Badewasser wäre während der Auseinandersetzung kalt geworden und der heiße Nachguß hätte den Helden auf den Bauch getroffen. Das Bad selbst tat alles übrige. Es löste den Krampf, der sich nach der anfeuernden Rede des Feldherrn aller Krieger bemächtigt hatte, es besänftigte die Muskeln, es ließ den Schlachtlärm vergessen und nahm Schweiß und Blutdunst hinweg.

Das Bad machte den Mann friedfertig und appetitlich, und

darin darf man, wenn man an den Urmenschen und den Ur-Mann denkt, das überraschendste und zugleich wichtigste Ereignis am Beginn unserer Zivilisation erblicken.

Trennen uns auch Hunderte kriegerischer Generationen von jenen fernen Vorfahren, so dürfen wir doch annehmen, daß sie bemerkten, was mit ihnen vorging, wenn sie ein Bad nahmen. Soviel Feingefühl hatten sie gewiß, um festzustellen, daß ein Bad mehr bewirke als die Reinigung, daß neben der Reinigung des Körpers sich etwas einstellte, was zwar keine Reinigung des inneren Menschen genannt werden kann, was ihn aber doch für kurze Zeit veränderte. Das Eintauchen in das Wasser, das Im-Wasser-Verweilen, die Wirkungen kalten oder warmen, ruhenden oder bewegten, uns umgebenden oder auf uns herabfallenden Wassers, sie waren ebenso viele Rätsel, für die der frühe Mensch natürliche Erklärungen noch nicht zur Hand hatte.

Es fehlte an beflissenen Apothekern und Badeärzten, die aus einem Wasserpröbchen einen blühenden Kurort zu schaffen imstande sind; es fehlte an Weltkenntnis und Weltordnungsglauben, um diesem Sauerbrunn, jener Therme und dem schlicht erfrischenden Gießbach seinen Platz anzuweisen. Also wurde alles Wasser wunderwirksam, jede Quelle heilig, jedes Bad zu einem kultischen Vorgang, der den Menschen ein wenig aus seiner diesseitigen Beschränktheit, Dumpfheit und Triebhaftigkeit erlöste, sein Erdengewicht verminderte und ihn in der dunklen Ahnung bestärkte, er sei doch mehr als ein intelligentes Tier.

Der Mensch, der sich von Luft umgeben weiß und den Erde oder Feuer erst umgeben, wenn er nicht mehr ist, reagierte auf den Übergang in das feuchte Element mit einer natürlichen Scheu, mit einer tiefen, geheimen, oft uneingestandenen Erregung, in die sich bald noch andere Würzen mischten. Das Wohlgefühl der Berührung mit dem Wasser war für sinnliche Menschen nahe mit jenem verwandt, das man in den Berührungen der Wollust empfand. War das Wasser bewegt und der Mensch erregt, dann konnten Weib und Woge, Mann und Quelle tatsächlich in jene ekstatischen Stimmungen geraten, die manche Dichter als Vermählung geschildert haben, obwohl sie nichts anderes sind als Steigerungen der natürlichen Badelust. Bald wurden die Völker auch für die besondere Situation des badenden Menschen empfänglich. Der sonst bekleidete Mensch ist im Bad nackt; der sonst bewehrte Mann ist im Bad waffenlos; der nach Rang und Würden unterschiedene Mann gleicht im Bad jedem anderen, und manche hohe Frau wird im Bad an Wuchs und Schönheit von der nackten Sklavin übertroffen, die ihr die Krüge reicht.

Manche Sittengeschichten haben diesen Aspekt überbetont und das Bad überhaupt nur als erotisches Ereignis dargestellt; bärtige Kaltwasserapostel wiederum haben die sinnlichen Reize des Bades wütend geleugnet und jeden, der etwa Nebengedanken hegte, einfach als sittenlos bezeichnet. Beides ist falsch. Da der Mensch in der Regel bekleidet geht und in völliger oder teilweiser Nacktheit badet, lassen sich Bad und Entblößung für den Kulturmenschen nicht mehr voneinander trennen. Liefen alle Menschen nackt herum, ganz gleich, ob sie nun zu baden beabsichtigen oder nicht, so besäßen wir nur einen Bruchteil aller bildnerischen, dichterischen, malerischen und filmischen Darstellungen des Badens. Die Tatsache aber, daß wir seit der Vertreibung aus dem Paradies Kleider als ein notwendiges Übel ansehen und sie nur bei besonderen Gelegenheiten ablegen, hat alle diese besonderen Gelegenheiten in enge Beziehungen gebracht: das Bett, in dem wir schlafen und der Liebe pflegen, das Bad, in dem wir uns unbekleidet die Lust der Entspannung, der Reinigung und der Durchtränkung verschaffen und eine Intimsphäre besonderer Art erzeugen, in die nicht einmal Bruder und Schwester, Eltern oder Gatte Einlaß finden.

Das gemeinsame Bad beider Geschlechter kam erst unter vorderasiatischen Einflüssen auf und ist vor dem dritten vorchristlichen Jahrhundert in Griechenland selten (um so mehr, als die verbreitete Knabenliebe das Verlangen, gemeinsam mit Frauen oder Mädchen zu baden, in Grenzen hielt). Neben den Bademägden der homerischen Zeiten treten nun immer häufiger Knaben als Bedienungspersonal auf; nicht etwa nur im Männerbad, sondern auch bei den Frauen. Der Schönheitssinn der Griechen durchbrach die Grenzen einer heute selbstverständlichen Diskretion, und schöne Männer oder schöne Frauen waren, wenn sie badeten, nie vor Zuschauern sicher.

Lebt eine Frau von der Schönheit, so wird sie einen Schwarm von Knaben / wenn sie ins Bad gegangen stets vor der Türe haben, lautet ein anonymes Epigramm, und in einem ebenfalls von einem Unbekannten stammenden Liebesgedicht lesen wir:

Nah ist das Glück meiner Liebe, doch nicht zu erlangen
Nur eine Pforte verwehrt den Anblick von Paphias Schönheit
Dennoch wart' ich mit Freuden und fülle mit Sehnsucht die Verse
Weil die Erwartung doch stets süßer als Wirklichkeit ist.

Trotz aller Ächtung, trotz zeitweiser Verbannung vor die Stadtmauer wurde das Bad im alten Griechenland also eine Einrichtung des öffentlichen Lebens, einer jener Orte, wo man sich zwar nur mit einer gewissen Scheu zeigte, wo aber zweifellos viele Lebensadern der Stadt zusammenliefen. Die Badeknechte und der Bader selbst wußten über den Stadtklatsch etwa so Bescheid wie heute ein Kleinstadtfriseur; die Körper blieben ihnen nicht verborgen, in den Umkleidekabinen ließ sich Ergänzendes erlauschen, und das Gehaben der Badenden sagte, was noch zu erraten blieb.

Es ist nicht verwunderlich, daß die Griechen dieser Einrichtung treu blieben, wo immer sie ihre Niederlassungen errichteten. Man hatte ja auch das Freudenhaus als ein notwendiges Übel erkannt, warum also sollte man sich vom Bade trennen, wenn man in der Fremde Städte gründete und griechisches Leben nach Sizilien, Südfrankreich, Nordafrika, ans Schwarze Meer und nach Kleinasien verpflanzte?

Hieron II. von Syrakus (etwa 306–215 v. Chr.), der eine geschickte Wirtschafts- und Flottenpolitik führte, hatte sich ein Schiff von solcher Größe und Pracht erbauen lassen, daß man im ganzen Mittelmeerraum davon sprach. Und selbst auf diesem Schiff, das doch im Meere schwamm, gab es eine Reihe prunkvoll ausgestatteter Bäder mit den Räumen für Körperpflege, Erholung und Umkleiden, die zur Badeanlage gehörten.

Ob es um die Bäder oder die Straßen, den Kriegsschiffbau oder den gemauerten Bogen geht, immer stoßen wir auf vorrömische Völker als die eigentlichen Erfinder. Dennoch hat in der Geschichte des Bades, der Heilbäder und der Hygiene kein anderes Volk eine ähnlich bedeutsame Rolle gespielt wie die Römer. Ja man könnte den Satz beinahe umkehren und sagen, daß, nach Größe und Pracht der Bauwerke zu schließen, für die Römer kaum etwas anderes so wichtig war wie das Bad.

Es gibt ernsthafte Forscher, die der Ansicht sind, die Römer hätten als erste größere Bauten Bäder erbaut, aus der zweckmäßigen Anlage der Bade-, Schwitz-, Ruhe- und Pflegeräume die Grundelemente der Zweckbau-Architektur gewonnen und wären somit über ihre imposanten Thermenbauten zu jenen Kenntnissen gelangt, die sie schließlich zu den größten Baumeistern der alten Welt werden ließen. Sicher ist daran, daß die Römer überall, wo sie hinkamen, öffentliche Bäder großzügigster Anlage errichteten, und daß selbst kleine Ortschaften ihre Wasserleitung erhielten, damit diese Bilder immer gut versorgt seien. Daß die Römer jedoch schon unter ihrem zweiten König, Numa Pompilius (715–683 v. Chr.), nicht mehr im Tiber, sondern im warmen Wasser öffentlicher Bäder gebadet haben sollen, wie z. B. Gleichen-Rußwurm annimmt, ist nicht sehr wahrscheinlich. Eher brachten die Punischen Kriege und die engere Berührung mit den Völkern am Ostrand des Mittelmeeres in den Zeiten der Republik die Kenntnis größerer Badeanlagen und öffentlicher Warmbäder in die Tiberstadt.

Wie die Spartaner in Griechenland, so widersprachen auch einige Zensoren, die Sittenrichter der Römischen Republik, diesen luxuriösen Neuerungen. Es war die Zeit, da Rom noch eine kleine Stadt war, richtiger, ein Zusammenschluß vieler winziger bäuerlicher Lebenszentren. Das spezifisch Urbane fehlte noch, der Römer dachte an Feld, Flur und Landhaus und wusch sich wie der Landmann zwar täglich die bei der Arbeit beschmutzten Gliedmaßen, die übrigen Partien des Körpers jedoch nur einmal in der Woche.

Als öffentliche Bäder mit vorgewärmtem Wasser aufkamen, gab es heftige Diskussionen, ob Männer sich solcher Verweichlichung überhaupt aussetzen dürften. In feierlichen Zeremonien prüften Beamte der Republik die Wassertemperatur, die Geschlechter badeten selbstverständlich getrennt, und bei Einbruch der Dunkelheit wurden die Bäder geschlossen.

Die Soldaten, die sich im Orient ein lockeres Leben angewöhnt hatten, durchbrachen die guten Sitten, und die Freigelassenen, die zu Reichtum gelangt waren, wollten mit ihrem Luxus ihre ehemaligen Herren übertrumpfen. Im warmen Klima der Weltstadt waren die Bäder jene Orte, in denen man sich am liebsten aufhielt, und mancher Nichtstuer brachte es zuwege, sich den ganzen Tag zu baden, dazwischen ein wenig zu schwitzen, sich massieren zu lassen, zu ruhen und dann ein wenig unter Säulen zu lustwandeln, während man ihm aus einer nahen Wirtschaft etwas zu essen holte. Darum kannten die reichen Römer auch kein besseres Mittel, ihren Reichtum zu zeigen, als ihre Villen – kleine Paläste in großen Parks mit Wasserkünsten – und im besonderen ihre Baderäume. So nüchtern die Römer sich überall zeigen, wo sie wirkliche Leistungen vollbringen, im Straßenbau, am Limes, im Waffenhandwerk, so üppig lassen sie ihre Phantasie wuchern, wenn der Luxus gleichsam Selbstzweck ist, wenn ein Raum, in dem sie sich entspannen und Genüssen hingeben wollen, durch besonders kostbare Ausschmückung diese Genüsse erhöhen, die Entspannung fördern kann.

> Sechshunderttausend Sesterzen kostet das Bad und noch mehr die Halle, in der herumfährt der Herr bei Regen – denn soll er warten, bis heiter der Himmel, mit frischem Kot das Gespann sich schmutzig machen?

Wenn man Juvenal glauben darf, hat das Bad allein also an die zweihunderttausend Mark gekostet. Ein angesehener, aber nicht besonders reicher Senator namens Fronto wandte (umgerechnet) hunderttausend Mark für sein Bad auf. Alle aber übertraf der Freigelassene Claudius Etruscus in seinem Bestreben, beim Badebau mit den Steinen zu malen. Die gebräuchlichen Marmorarten waren ihm alle zu gering; schwamm man bei ihm im Wasser, so mußte der Blick auf Tafeln von weißem, violett geflecktem Marmor fallen, der aus Synnada herangebracht worden war (heute nennt man ihn Pfauenmarmor oder Pavonazetto). Leisten aus lakonischem Serpentin faßten diese Tafeln ein, Tafeln aus schneeweißem Marmor, der aus Phönikien gekommen und selbst Plinius bis dahin unbekannt gewesen war, blendeten den Blick, und dazwischen glänzten bunte Bilder aus Glasmosaik. Eine kunstvolle Filteranlage machte das stets fließende Wasser so klar, daß sich das Bodenmosaik wie unter Glas ausnahm; die Zuflußrohre und Auffangbecken des Wassers aber waren aus Silber.

In solcher Pracht sich dann nach altrömischer Sitte hurtig zu reinigen, war diesen reichen Männern nicht gut zuzumuten; wer betritt schon ein Luxusrestaurant, um dann nur einen Teller Salzkartoffeln zu bestellen?

Was dem Herrn recht war, das mußte dem Gesinde billig sein. Nicht nur die Frau des Hauses brachte oft so viele Stunden in dem wohlausgestatteten Bad zu, daß es inzwischen in den anderen Räumen drunter und drüber ging; auch Mägde und Sklaven vergnügten sich, wenn die Herrschaft ausgegangen war, in den zu einer Monsterorgie wie geschaffenen Baderäumlichkeiten.

In einem freilich folgte dem Herrn das Gefolge nicht nach: wenn er, weil er in Ungnade gefallen oder aus einem anderen Grunde lebensmüde war, den Ort des Hauses, in dem er sich am wohlsten gefühlt hatte, als Stätte seines Todes erwählte. Durch die anschließenden Ruhe- und Bibliotheksräume war das Bad für den gebildeten Römer tatsächlich eine Art innerster Zelle seiner Wohnung, in der er ganz sich selbst gehören durfte und mit Störungen nicht rechnen mußte. Es scheint nicht ganz selten gewesen zu sein, daß vornehme Römer in diesem Raum aus dem Leben schieden, wie Petronius (wenn wir dem Roman *Quo vadis* glauben dürfen) und wie Seneca, dessen Tod uns Tacitus überliefert; Seneca und seine Gemahlin hatten sich, da Neros Ungnade ihnen sicher war, die Adern geöffnet. Da das Blut des Greises nur langsam aus den Schnitten drang, bat er seinen Freund, den Arzt Statius Annaeus, ihm Gift zu reichen. »Endlich stieg er in warmes Wasser, besprengte seine liebsten Sklaven und sagte dazu, dies Naß spende er dem Jupiter Liberator. Dann brachte man ihn ins Dampfbad, wo er im Dampf erstickte.«

Die beliebtesten Bäder waren naturgemäß jene, die man gar nicht erst anzuheizen brauchte. Die Römer hatten sie in ihrer Heimat, vor allem aber am vulkanischen Golf von Neapel, so sehr schätzen gelernt, daß sie in allen eroberten Gebieten emsig nach warmen Quellen suchten und sich ihrer auch annahmen. Nirgends freilich erreichte das römische Badeleben jene extreme Fülle, Vielfalt und Betriebsamkeit wie in Bajae und den anderen Bädern des schmalen Landzipfels, der sich zwischen Pozzuoli und Cumae ins Mittelmeer hinausschiebt, einem Stück Erde, wo tatsächlich jeder Quadratmeter von alter Geschichte und Sage durchtränkt ist. Vieles wirkte zusammen, um dem begüterten Römer den Aufenthalt hier angenehmer zu machen als anderswo. Man konnte von Rom aus mit dem Schiff nach Misenum, Bajae oder Cumae gelangen, also den beschwerlichen und langen Landweg sparen. Man hatte Quellen aller Art und verschiedener Temperaturen zur Verfügung, und die Ärzte fanden schnell heraus, wogegen man die alkalischen und die schwefelhaltigen, die salzigen oder die kalkführenden Wasser der Hügelhänge am besten gebrauchte. Zudem war dem Schönheitssinn der Römer und ihrer Baumeister hier ein Betätigungsfeld ohnegleichen geboten, denn die zarten Küstenlinien der weitausschwingenden Halbinsel mit ihren Wäldern, Hügeln, Binnenseen und Grotten boten zahllose Möglichkeiten, Villen und Gärten in prächtigen Aussichtslagen zu errichten, mit Blicken nach Ischia, Procida, auf das misenische Vorgebirge, den Posilipp oder den Vesuv.

War Alexandria dank kunstvoller Verbindungen zwischen Bädern, Bordellen und Trinkstuben der Vergnügungsort *par excellence*, so wurde Bajae bald zum beliebtesten *Kur*ort der vornehmen Römer und ihrer Familien. Licinius Crassus hatte seine Villa unten am Meer errichtet und genoß den Vorzug einer heißen Quelle auf eigenem Grund; Julius Caesar nannte die schönste aller Villen sein eigen, aus der er freien Blick über die ganze Küste hatte. Und all die anderen kamen im Gefolge dieser beiden Triumvirn und wetteiferten – wenn auch nicht mit ihnen, so doch untereinander – in einer Baulust und Bauwut, wie wir sie an gewissen Seen und Stränden Wohlstandsdeutschlands inzwischen auch kennengelernt haben.

Den Söhnen und Töchtern der Großen, also der *jeunesse dorée* der Tiberstadt, ging es weniger um die Villen als um das freie

Leben auf der Halbinsel, die dank ihrer Bäder und Gärten genug von den Gefilden der Seligen hatte, um die Sittenrichter zum Schweigen zu bringen. Verirrte sich dennoch einer nach Bajae, wie der Gelehrte Varro, der von seiner Villa aus mißgelaunt dem munteren Treiben zusah, dann konnte man zu hören bekommen, daß »nicht nur die Ledigen hier Gemeingut sind, sondern auch Damen von Stand und viele Knaben in Bajae zu Mädchen werden«.

Das lag nun vermutlich wirklich nicht an der Wunderkraft der warmen Quellen, sondern zumeist an den betreffenden Damen und Knaben selbst. Sie fuhren nach Bajae, weil sie die Verjüngung und Verwandlung zweifellos schon im Sinne hatten, und an Gelegenheit konnte es in einem Weltkurort nicht fehlen. Am schlimmsten waren angesichts solchen Treibens die dran, die nicht mithalten konnten, weil Geschäfte oder Pflichten sie in Rom zurückhielten.

> Denkst du noch ein wenig an mich, Cynthia, wenn du an der Küste von Bajae den Weg des Herkules entlanggehst? Bleibt im entlegensten Winkel des Herzens noch ein Platz für mich, oder hat irgendein Rivale mit geheuchelter Liebe dich schon aus meinen Gedichten gerissen? Fahr doch lieber im kleinen Boot auf dem Lucrinersee, als daß du dir die Zeit nimmst, das schmeichelnde Geschwätz eines andern anzuhören, bequem an der stillen Küste hingestreckt – so pflegen unbehütete Mädchen zu Fall zu kommen und ihre Treueschwüre zu vergessen! Glaube nicht, daß ich dich nicht kenne, dein Ruf ist ja bewährt, aber dort, wo du dich befindest, ist jede Tändelei gefährlich . . . Verlaß nur möglichst bald das verderbte Bajae: diese Küste wird noch vielen Liebenden ein Grund zur Trennung werden, diese Küste, die anständigen Frauen immer feindlich gesinnt war. Ach, mögen die Bäder von Bajae doch zugrunde gehen . . .

Properz, der diese Qualen erduldete, hatte sie in Versen gesungen und damit ein frühes Vorbild der *Marienbader Elegie* geschaffen; ob es ihm gelang, Cynthia zu rühren, ob seine Epistel überhaupt noch rechtzeitig ankam, dürfen wir bezweifeln. Bajae hatte einen so schlechten Ruf und war ein so gefährlicher Boden, daß er selbst der Tugendsamsten unter den Füßen schwankte und sie oft dem Erstbesten in die Arme sank.

So berüchtigt Bajaes Frühzeit gewesen sein mag, sie berührt uns noch sympathisch gegen das Leben, das dort in der Kaiserzeit anhob. Nun begann Gigantomanie zu herrschen, wo erlauchte Geister und zurückgezogene Politiker Ruhe und Entspannung gesucht, wo das junge Volk die ersten Freuden der Liebe erlebt hatte. Da der Raum auf der schmalen Halbinsel knapp war, mußten ältere Villen weichen. Die natürliche Küstenlinie wurde durch rücksichtslose Kunstbauten verändert. Dabei entstand Vernünftiges, wie Austernzuchten und Badewinkel, aber auch so Irrwitziges wie jenes Sammelbecken, in dem Nero (wer sonst!) einen Monstercocktail aller Heilquellen mischen und damit sämtliche Übel der Menschheit kurieren wollte – vor allem natürlich an seinem eigenen verwöhnten Leib.

Mehr Geschmack verriet Nero durch die Anlage jenes kleinen Theaters über der zweiten Terrasse, das vielleicht als einziges seiner Art von vornherein als erotische Schaubühne geplant war. Dieses Theater enthielt als »unmoralische Anstalt« anstelle des Orchesters ein rundes Wasserbecken, in dem nackte Mädchen mit rhythmischen Pantomimen das Geschehen begleiteten. War hingegen den Zuschauern ein Vortrag oder Musik geboten worden, so konnte man die erhitzten Köpfe durch einen Sprung in dieses Becken kühlen. Von allen Plätzen des Theaters genoß man übrigens einen herrlichen Blick über den Strand und den Golf zu den Bergen am Horizont.

Angesichts solcher kaiserlicher Zerstreuungen dachte naturgemäß niemand mehr an eine Trennung der Geschlechter beim Baden. Wußten die Römer auch nichts von Adam und Eva, so mußten sie sich doch etwa so fühlen wie unsere Ureltern vor dem Sündenfall, da das göttliche Staatsoberhaupt ihnen vorexerzierte und sie nur nachzuahmen brauchten. Kunstbauten, Terrassen und Hänge gestatteten den Blick über den Badestrand und die einzelnen Badebuchten, und ob man nun selbst schwamm oder einen der Küstenpfade entlangging, man blieb stets innerhalb der paradiesischen Atmosphäre des milden Wetters, der unvergleichlichen Landschaft und der arglosen Gegenwart all der nackten Menschen.

Es war auch schwer, sich abseits zu halten. Hier setzte sich die heidnisch gebliebene Gesellschaft des Imperiums gegen die reineren Sitten zur Wehr, die das zum Teil schon christlich gesinnte Volk in stummem Protest gegen die ausschweifende Oberschicht propagierte. Aber noch hatte siese Oberschicht die besseren Verseschmiede und besaß das Ohr der Öffentlichkeit, und als eine vornehme christliche Dame mit ihren Sklaven in Bajae eintraf und diesen befahl, Lendenschurze zu tragen, sah sie sich dem allgemeinen Spott ausgesetzt. Man warf ihr vor, nicht aus Schamgefühl, sondern aus Neid zu handeln; sie gönne anderen nicht, was sie für sich allein zu behalten wünsche . . .

Vielleicht hat jener altrömische Dichter recht, der vermutete, einst sei das Wasser um Bajae kalt gewesen wie alles andere Wasser auch; da hieß Venus den Amor in den Wellen vor Bajae schwimmen, ein Funken von seiner Fackel verglomm im Wasser, und seither verfällt jeder, der dort badet, in Liebe.

Die reichen Römer und der kaiserliche Hof gaben einige Jahrhunderte lang den Ton an. Hatte der ausschweifende Kaiser Heliogabalus auch die freiesten Badesitten bestätigt, so hatten andere, dem Christentum nahestehende Herrscher dem freien römischen Badeleben die Zügel angelegt. Immer mehr wurden auch die Schriften der Kirchenväter gelesen. In den ersten christlichen Gemeinden wurde bekannt, wie sich Tertullian, Clemens von Alexandrien und andere zu den Unsitten von Bajae, Canope und manchen öffentlichen Bädern in Rom selbst geäußert hatten. Das Christentum verbreitete auch eine andere Einstellung zum Körper und zum Geschlechtsleben, als sie die Römer von den Griechen übernommen hatten. Neue Ideale, Tugend, Keuschheit, Bescheidenheit eroberten zunächst die Frauen und über diese dann die Männer, und bald begann es den letzten und wildesten Wüstlingen von Bajae an Kumpanen und Gespielinnen zu mangeln.

> Das Seelenheil nicht allein der Frauen, sondern auch der Männer besteht hauptsächlich in der Bekundung der Schamhaftigkeit. Da wir alle der Tempel Gottes sind, so ist das Scham-

gefühl die Hüterin und Priesterin dieses Tempels, die nichts Unreines und Profanes einläßt, aus Furcht, den Gott, der in ihm wohnt, zu beleidigen.

So hatte Tertullian geschrieben in seiner Abhandlung *De Pudicitia*, und Clemens von Alexandrien war noch deutlicher geworden und hatte die Bilder selbst aufs Korn genommen:

Frauen werden sich vor ihren Ehemännern kaum vollständig entblößen, sondern irgendeinen glaubwürdigen Vorwand von Schamhaftigkeit erheucheln; aber alle anderen, die es wollen, können sie zu Hause in ihren Bädern erblicken, denn dort genieren sie sich nicht, sich vor Zuschauern zu entkleiden, gleichsam, als wollten sie ihre Person zum Kauf anbieten. Die Bäder stehen sowohl Männern wie Frauen offen . . . diejenigen, die noch nicht allen Schamgefühls bar sind, schließen wohl Fremde aus, baden jedoch gemeinsam mit ihren Dienern und entledigen sich ihrer Kleider vor ihren Sklaven, lassen sich von ihnen abreiben und gewähren so diesem wollüstige Freiheiten, indem sie ihm frei zu hantieren gestatten. Die Sklaven, die ihrer nackten Herrin nahen dürfen, entkleiden sich dann auch selbst mit dreister Begierde, da sie infolge des lasterhaften Brauchs alle Furcht ablegen.

Cyprian, Bischof von Karthago, redete den Jungfrauen seiner Diözese gütlich und verständnisvoll zu, als er feststellen mußte, daß sie trotz aller Verbote weiterhin gemeinsam mit Männern badeten. Seine Mahnung: *»Indem ihr andere entzückt, werdet ihr selbst entweiht«*, enthält noch ein Körnchen heidnischer Körperfreude. Jakob, Bischof von Nisibis, hingegen steigerte sich in seinem heiligen Zorn zum Wundermann, als er etwa hundert Jahre später an einem Brunnen in Persien ein paar Mägde in leichter Kleidung beim Wäschewachen antraf und dabei so viel von ihnen zu sehen bekam, daß er nur noch einen Ausweg wußte: Er verfluchte den Brunnen, der darauf vor Schreck sofort eintrocknete, und verwünschte auch die Mädchen, deren schwarzes Haar sich in sandfarbiges verwandelte.

Da die Anziehungskraft der warmen Quellen und der Schwefel-Schwitzbäder in den Grotten von Bajae sehr groß war, verödete der berühmte Badeort nur langsam. Noch im sechsten Jahrhundert wird er gelobt, danach aber vermehrt die Verödung und Verwilderung der großen Gärten und Teiche die Malariagefahr, und die Besucher beginnen auszubleiben.

Es waren die Jahrhunderte, in denen im ganzen ehemals römischen Reichsgebiet die Brücken einbrachen und die Straßendecken sich senkten, die Aquädukte zerstört wurden und ihre einsam aufragenden Pfeiler den christlichen Pilgern und Mönchen manches Rätsel aufgaben. Niemand vermochte sich mehr vorzustellen, daß man so kostspielige und weit über das Land führende Leitungen für etwas so Simples wie Wasser angelegt habe. Ja, wenn es Wein gewesen wäre! Mehr als einer der mittelalterlichen Chronisten machte diese Deutung sich zu eigen. Als große Weintrinker und Genießer standen die Römer plötzlich da, getreu ihrem Ruf als Sünder und Heiden. Die Röhren versandeten, die Paläste wurden ausgeplündert, die Flechten überwucherten den Marmor der Terrassen. Schamhaft verbargen sich die marmornen Göttinnen im Rankenwerk, eine Dornröschenschar, die auf die Renaissanceprinzen wartete.

BADER UND BADSTUBEN

Ob es zu allen Zeiten so war, daß die Welt nach Süden zu immer lieblicher wurde, in nördlicher Richtung aber immer unheimlicher? Haben wir damit ein Vorurteil formuliert, so verdanken wir es den römischen Schriftstellern, die sechs Jahrhunderte lang Zeit hatten, diese Überzeugung in Wachstäfelchen und Schriftrollen niederzulegen, ohne daß jenseits der Alpen ein Dementi erfolgte – dort konnte man nämlich noch nicht schreiben.

Drang ein Römer nach Norden vor, so stellten sich ihm zunächst die Berge entgegen. Zwar hatten die Legionen einige Straßen gebaut, die durch Hochtäler und Pässe führten und das Gebirge bezwangen; aber sie blieben darum noch schrecklich genug. Livius spricht einmal ausdrücklich von der Scheußlichkeit der Alpen, hohe Berge wurden grundsätzlich nicht bestiegen, und selbst den Apennin liebten die Römer nur in sicherer Entfernung von seinen schneeigen Gipfeln.

Wie sehr mußte es die thermengewohnten Römer aber erst erschrecken, als sie die Vertrautheit der Germanen mit dem kalten Wasser entdeckten! Diese merkwürdigen Menschen taten freiwillig, ja mit sichtlichem Vergnügen das, was den Römern nur die Sittenlehrer abverlangten, jene langweiligen Männer, die immer die altrömischen Tugenden im Munde führten. Vom Niederrhein bis zur mittleren Donau hatten die Römer Gelegenheit, aus ihren Kastellen heraus die Gewohnheiten der Germanen zu studieren. Gingen am jenseitigen Ufer Männer ins Wasser, so mußten sie auf der Hut sein, ganz sicher war der Friede ja nicht. Um so mehr genossen die Legionäre hingegen das Schauspiel, wenn sie einmal eine Schar Germaninnen beim Baden belauschen konnten. Da gab es keine Salben und keine Öle, keine Badelaken und keine Sklavinnen; da rannten Frauen, Mädchen und Kinder glücklich schreiend vom sandigen Ufer in den Fluß, das Wasser spritzte um die nackten Leiber, und dann trockneten sie das lange offene Haar in der Sonne. Die Vertrautheit mit dem kühlströmenden, gefährlichen Element, die offenen Haare, die schimmernde Nacktheit, das alles war wie ein Zauber, aber kein guter Zauber, sondern wie Hexenmacht, und die Legionäre murmelten einen Spruch, der sie vor bösen Geistern schützen sollte, und zogen sich schweigend hinter ihre Wälle zurück.

Die Römer erschraken, weil sie als Kulturmenschen den Lebenseinklang mit den Elementen nicht mehr empfanden; in Hainen, Quellen, Thermen und Brunnen war das Wasser ihnen noch gegenwärtig, aber sie empfanden es nicht mehr als einen Teil jener Natur, zu der sie selbst gehörten, sie hatten sich in Distanz zu den Elementen begeben. Die Germanen hingegen, die nackt im Schneegestöber kämpften, die ihre Schiffe über die Meere ruderten und deren Götter Wind, Blitz, Donner und Berge regierten, empfanden jede Berührung mit den Elementen als eine beglückende oder bestürzende Bestätigung der Natur-Einheit und des Dazugehörens.

Man könnte diesen Zustand auch paradiesisch nennen, denn die Germanen waren – Tacitus bestätigte es seufzend – unbefangen wie Kinder, wenn sie in Familienrudeln ins Wasser gingen. Aber der Sündenfall blieb nicht aus. Statt des Apfels nahmen sie die christliche Religion an, erkannten, daß man das, was sie bisher getan hatten, nicht tun dürfe, und ließen sich die Bäder unter freiem Himmel willig verbieten. Einige Kirchenväter wollten es überhaupt nicht gestatten, andere nur einmal im Monat, und wer besonders fromm war – wie Bischof Reginald von Lüttich (gestorben 1037) –, der badete überhaupt nie. Von den Mönchen hatten nur die Benediktiner eine generelle Erlaubnis, das Bad mit Maßen zu gebrauchen; im Kloster Hirsau badete man zweimal des Jahres, nämlich vor Weihnachten und vor Ostern; an allen übrigen Tagen war ein besonderes Gesuch an den Prior nötig. Clemens von Alexandrien hatte nämlich das Baden zum Vergnügen verboten, und nach so langen Intervallen *mußte* das Baden doch einfach ein Vergnügen sein . . .

Wie die Deutschen heute aussehen würden, wenn diese Gebote und Verbote tatsächlich befolgt worden wären, das vermöchte wohl nur Hieronymus Bosch darzustellen. Zu ihrem und unserem Glück waren sie ungehorsam und fanden es obendrein zu anstrengend, sich dauernd die Nasen zuzuhalten. So erzwangen sie die Lockerung der strengen Gesetze, zunächst, wie es scheint, für die Frauen, denn da es damals noch kein Zölibat gab und die Priester in aller Tugend verheiratet sein durften, lag auch ihnen daran, eine saubere Frau neben sich zu haben. Der ersten Bresche folgten andere, aber der Rückzug der Badegegner vollzog sich planmäßig und ohne Eile. Sie gaben die Bastionen nur nach zähen Kämpfen auf.

Zwei Wochentage wurden von vornherein als Badetage geächtet: der Sonntag und der Freitag, und bald war ein Sprüchlein in Umlauf, das den anständigen Menschen die Wahl des Badetages noch schwerer machte:

> Am Montag baden die Trunkenen, am Aftermontag die Reichen, am Mittwoch die Witzigen, am Donnerstag die grindig und lausig sind, am Freitag die Ungehorsamen, am Samstag die Hoffärtigen.

Das *Sonntags nie* war also schon selbstverständlich; am Montag ließ man sich im Bade nach dem Wochenende wieder zurechtmachen; am Dienstag konnte nur baden, wer so reich war, daß er nicht zu arbeiten brauchte; am Mittwoch, gegen den sich nichts sagen ließ, badeten alle, die Witz genug hatten, dies einzusehen; am Donnerstag galt das Bad als besonders heilkräftig; am Freitag war das Baden ausdrücklich verboten, und am Samstag badete, wer besonderen Staat für den Sonntag machen wollte.

So verschieden die Badebräuche der deutschen Landschaften auch sind, seltsamerweise entspricht diese Faustregel den tatsächlichen Gewohnheiten, nicht weil man auf einmal übergenau und folgsam war, sondern weil das gemeinsame Baden einer ganzen Ortschaft gewisse Regeln notwendig machte. Wer stieg schon gern zu einem Grindigen ins Badebecken oder setzte sich neben einen Trunkenen in die Schwitzstube!

Wie segensreich so eine Ordnung auch dann ist, wenn sie unseren heutigen Gewohnheiten nicht mehr entspricht, erkennen wir schon aus einem flüchtigen Blick in das Wirrwarr des Heilbäder-Aberglaubens. Was gab es da an geheimnisvollen Empfehlungen und nicht minder dunklen Abmahnungen! Gestirne, Jahreszeiten und Himmelsrichtungen, Tageszeiten, Fastenzeiten und die gemeinhin unbeantwortbare Frage, ob man sich vor oder nach dem ehelichen Verkehr befinde, spielten hier eine besondere Rolle.

Meister Halévy, einer der großen jüdischen Astrologen wie Nostradamus, hatte geraten, unter keinem »heißen« Zeichen ins Bad zu gehen, also weder im Löwen noch in der Jungfrau, dem Steinbock und den Zwillingen. Ein Sankt Galler Codex aus dem Jahr 760 wieder riet zum Bad bei abnehmendem Mond, und ein Züricher Kalender brachte bis ins Jahr 1826 die einem Bad günstig gesinnten Himmelszeichen und das sogenannte Aderlaßmännlein, also den Hinweis auf einen für den Aderlaß empfehlenswerten Tag.

Andere Bräuche oder Ratschläge waren ausgesprochen lebensgefährlich, was noch anging, wenn es sich um Erwachsene handelte, die schließlich selbst entscheiden konnten, ob sie ihrer Vernunft oder dem Aberglauben vertrauen sollten; etwa wenn es in Schlesien Brauch war, sich am Dreikönigstag (6. 1.) morgens im fließenden Wasser zu baden – das sei heilkräftig und läuternd und man bleibe das ganze Jahr von Krankheit verschont. (Das traf zumindest für jene mit Sicherheit zu, die an der bei dieser Gelegenheit erworbenen Lungenentzündung starben.) Wahrhaft mörderisch hingegen war die kalte Quelle von Lury-sur-Arnon, fünfundzwanzig Kilometer von Bourges; sie hat mehr unschuldige Kinder auf dem Gewissen als Herodes, denn wenn in der Umgebung ein Bauernkind fieberte, liefen die Eltern an die kühle Quelle und tauchten das arme Würmchen ins Wasser.

Die ersten Widersprüche tauchen auf, wenn die Karfreitagsnacht als besonders wunderwirksam für Heilbäder angesehen wird; noch im Jahr 1905 geschah es, daß eine junge Frau, die an einer hartnäckigen Halskrankheit litt, nackt und nächtlicherweise, wie vorgeschrieben, bei Rochlitz in die Mulde stieg, um sich mit Osterwasser zu waschen. Sie rutschte aus und ertrank im frühlingskalten Flußwasser. Und im schwäbischen Mulfingen konnte man noch vor gar nicht langer Zeit in der Nacht auf den Karfreitag Dutzende von Mulfingern bloßfüßig im Bach stehen sehen; sie hielten still und ließen das Wasser um ihre Füße spielen, um das Jahr über vom Rotlauf verschont zu bleiben. Die Maienbäder wiederum sollten Liebesabenteuer begünstigen; Herr Jörg von Werdenberg nahm dies zu wörtlich, verband schon das verheißungsvolle Bad im Mai selbst mit einer Liebelei und ward am Heiligen Abend des Jahres 1415 aus dem Wasser gezogen, wonach die Identifizierung nicht mehr ganz leicht gewesen sein kann (Zimmersche Chronik).

Besonders verbreitet waren die Johannisbäder, die Bäder in der Nacht des Johannistages, an dem in ganz Europa sommerliche Temperaturen herrschen und die wiedererwachte Lebenslust sich diesen Brauch gern gefallen ließ. In einem Brief, den Petrarca am 9. August 1337 in Lyon schrieb, schildert der schnell begeisterte italienische Dichter den ganzen Reiz solch eines Schauspiels:

> Von Aachen kam ich nach Köln am linken Ufer des Rheins, das durch seine Lage, durch den Fluß und seine Bevölkerung sehr berühmt ist. Wunderbar für barbarische Länder ist die große

Fortgeschrittenheit der Einwohner, die Schönheit der Stadt, das gute Betragen der Männer, die Eleganz der Frauen. Am Tage vor Sankt Johann war's, als ich dort anlangte, und die Sonne neigte sich bereits dem Untergange. Und alsbald führten mich meine Freunde ... von der Herberge zum Gestade des Flusses, wo ich ein prächtiges Schauspiel bewundern könnte. Und ich wurde nicht enttäuscht, denn das ganze Ufer war von einer unermeßlichen Menge Frauen bedeckt. Ich staunte. Gütiger Gott, was für schöne Gestalten, Gesichter, Kleider! Wer das Herz von anderer Leidenschaft freigehabt, hier hätte er sich verlieben können. Ich hatte mich an einer etwas erhöhten Stelle aufgestellt, wo ich gut beobachten konnte, was vorging. Unglaublich und dabei gar nicht lästig war das Gedränge. Und ich sah sie nacheinander alle in ihren Festgewändern, und ein Teil von ihnen trug duftende Kräuter im Schoße und die Ärmel hatten sie bis zu den Ellbogen aufgestreift. Sie wuschen im Flusse die Hände und die weißen Arme und murmelten dabei in ihrer mir unbekannten Sprache, ich weiß nicht was für Worte ... Ich fragte mit den Worten Vergils: »Warum am Flusse das Gedränge, und was haben die Seelen dort alle zu suchen?«
Und er antwortete mir: Es sei ein alter Brauch und Glaube der Völker, besonders der Frauen, daß, wenn man sich an gewissen Tagen im Flusse wüsche, alles im Laufe des Jahres drohende Unglück abgewendet würde und nur glückliche Tage folgten.

Im Mai und im Juni war die allgemeine Badefreude seltsamerweise bedeutend höher als in den Monaten der größten Hitze; vielleicht fürchtete man die Abkühlung, vielleicht stand die Hitze aber auch Badereisen entgegen, und das Landvolk hatte zur Erntezeit auch anderes zu tun, als Bäder zu besuchen.

Die Maienbäder und Maibad-Bräuche sind ohne Zahl und schwer zu überblicken; Kinder badete man an den drei ersten Donnerstagen im Mai, weil sich da die Heilkraft des Tages und der günstige Monat zu besonderer Kurwirkung vereinten. Besondere Ausdauer legte man in dem schweizerischen Pfäfers an den Tag. Dort absolvierte das Landvolk sein gesamtes Maibad in einer einzigen Nacht, und zwar der Walpurgisnacht, in der ja alle Zauberkräfte freies Spiel haben und die Hexen sich in die Lüfte schwingen. In einem Traktat, das Johann Kolwecken 1631 in Dillingen veröffentlichte, kann man darüber lesen:

> Unter anderm so pflegt auf den ersten Tag Mai, alten Kalenders, eine unzählbare Menge Volks zu Vesper- und Abendszeit, aus allen benachbarten Dörfern, Tälern und Gebirgen, mit einem Worte alles gemeine und läufige Gesinde, teils Gesundheits-, teils Lust- und Fürwitzhalber herbeizukommen, in die Badschwemme einzusitzen und die ganze Nacht darin wachsam zuzubringen . . . Alsdann am folgenden Morgen, wenn sie abreisen wollen, *(pflegen sie)* ihre Hemden zuvor in das Badwasser wohl einzutunken und also anzuziehen, in der Meinung, die große gefundene Kraft mit hinwegtragen zu können . . .

Hatten die Bauern sich etwas in den Kopf gesetzt, dann meinten sie, es mit Hartnäckigkeit erzwingen zu können. Die Badegäste, die im nassen Hemd abziehen, nur um die Kur noch um ein paar Stunden zu verlängern, sind durchaus keine vereinzelte Erscheinung. In Baden-Baden, in Homburg und an anderen Orten waren in gewissen Nächten, meist zu Walpurgis oder Johannis, die Bäder frei. Das Volk drängte herzu, um den Badepfennig zu sparen, und hielt den eroberten Platz im Wasser, auch wenn man übereinanderkugelte. Im Schwarzwald waren es die Orte Glotterbad, Kuckucksbad und Siebenbrünnlein, wo die Bauern, wohlversorgt mit Eiern, Speck, geselchtem Fleisch und großen Brotfladen, in die Wannen stiegen und im Wasser aßen und schliefen, bis sie glaubten, gesund zu sein. Aus Sulzbad im Unterelsaß berichtet uns ein zeitgenössischer Autor als einen »erschröcklichen Mißbrauch der Bäder«, daß das Volk am Johannistag »vierundzwanzig Stunden continue« Im Bade gesessen sei, im Bade gegessen, getrunken und geschlafen habe, »auch wohl, wann sie in der größten Hitze gewesen und Köpfe so rot als die Zinskappen gehabt, ein Glas nach dem andern von dem gesalzenen Wasser ausgetrunken«.

Eine Reihe anderer Bräuche nimmt sich so aus, als seien sie in so langen nächtlichen Badesitzungen ausgeheckt worden, denn sie entsprechen zweifellos eher der Schaulust des mittelalterlichen Landvolks und seinem Bedürfnis, hin und wieder auf Kosten anderer herzhaft zu lachen, als einer erkennbaren alten Tradition oder gar einem medizinischen Gebot. Hierher gehören in erster Linie die von Jakob Grimm für Polen und Schlesien, aus alten Ratsakten aber auch für Bern und Erfurt nachgewiesenen, also sehr verbreiteten Gewohnheiten, »Jungfrouwen in die Bäch« zu werfen. Das geschah meist zu Ostern, oft auch zu Pfingsten mit Mädchen, die bei einem dieser Feste die Frühmesse verschlafen hatten. Die Burschen des Dorfes stürmten in die Stube, zerrten die Ärmste aus dem Bett, zogen ihr aus, was sie auf dem Leibe hatte, und tauchten sie, je nach den örtlichen Verhältnissen, entweder in den Brunnentrog oder in den nächsten Bach. War sie richtig durchnäßt, bekam sie noch Schläge mit der Birkenrute.

Zweifellos liegt in diesem Brauch eine Abschwächung der ernsthaften Wasserstrafen vor, die im Mittelalter insbesondere an Frauen und Mädchen häufig, an Männern nur sehr selten vollzogen wurden. Man konnte eine Jungfrau, die der Kirche ferngeblieben war, darum nicht ertränken, aber man setzte sie doch allem aus, was eine Ehebrecherin oder Hexe vor dem Ertrinkungstod zu erdulden hatte, nämlich der Entblößung, dem kalten Wasser und den Rutenstreichen.

An einzelnen Orten scheinen die Mädchen Rache auf ihre Art genommen zu haben. Ließ man sie morgens nicht schlafen, so sorgten sie dafür, daß die Herren des Rats und die braven Bürger in der Nacht keine Ruhe hatten: Von Sachsen bis Zürich kam es immer wieder vor, daß Mägde und besonders ausgelassene Mädchen nachts in den laufenden Brunnen der Stadt badeten und dabei allerlei Schabernack trieben. In Zürich fruchteten die Verbote des Rates so wenig, daß einige Ratsherrensöhne auf Abhilfe sannen und eines Nachts Katzen zwischen die badenden Mänaden warfen. In ihrer Todesangst zerkratzten die armen Tiere die Mädchen so gründlich, daß zumindest die Züricher Nachtruhe seither gesichert war.

Spätfrühling und Frühsommer waren auch die Zeit, da man nicht nur im Wasser badete; die junge Kraft der Erde trieb ja allenthalben aus dem Boden, und so war es denn schon vor sechshundert und mehr Jahren durchaus keine Seltenheit, daß die Menschen vor allem der kleinen Städte und der Dörfer im Mai und im Juni all das taten, was man heute in kostspielige Entschlackungs- und Relaxkuren einbaut: In Groningen und im südholländischen Gelderland war das *Daawtrappen* (Tautreten) allgemein üblich, und wer es an den Händen oder Armen hatte, der mußte *Daawslaan* (Tauschlagen). Es war ein beinahe festlicher, auf jeden Fall aber feierlicher Vorgang, bei dem sich die Treter und Schläger in einer Reihe aufstellten und bekränzt, unter Laub- und Blumenketten, in die Wiesen hineingingen.

In der Oberpfalz ging man im Glauben an die Wunderkraft des Maientaus noch wesentlich weiter. Hatte dort ein Mädchen eine Unbesonnenheit begangen, so brauchte sie nur bis zur ersten

Mainacht zu warten. Glitzerten dann bei Sonnenaufgang die Tauperlen in den Gräsern, dann stahl sie sich aus dem Bett und warf sich nackt in die Wiese. Wälzte man sich ausgiebig im Maientau und kroch man in ihm lange genug herum, dann gab das nach damaligem Glauben die verlorene Jungfernschaft wieder. In seiner *Geschichte des heidnischen Ritus* berichtet der schlesische Germanist und Volkskundler Karl Weinhold, daß in der Bodenseegegend, insbesondere bei Meersburg, die jungen Uhldingerinnen noch zu seiner Zeit in der Walpurgisnacht im taunassen Klee badeten; da sie es gemeinschaftlich taten, konnte wenigstens keine auf die andere mit Fingern zeigen . . .

Bäder in Wiesen, im Gras oder im Klee, im jungen Getreide, in Hafer- und Flachsfeldern sind über ganz Europa verbreitet. Je nach Landschaft und Anbaugebiet wechseln die Pflanzen, aber der Vorgang ist im wesentlichen immer derselbe mit den gemeinsamen Charakteristika, daß es Mädchen oder junge Frauen sind, die hier ihre »Bäder« nehmen, daß sie dabei nichts auf dem Leibe tragen dürfen und daß sie nach vollzogenem Bad wie die Flurgöttinnen ihren Reigen tanzen. Seinen Ursprung muß dieser Brauch in einem alten Feldkult, in einem Fruchtbarkeitszauber gehabt haben, in dem primitiven, aber verständlichen Wunsch der weiblichen Jugend, etwas von der sichtbaren Frühlingsfruchtbarkeit der Erde in den eigenen Leib zu ziehen. Heidnisch ist auch die Nacktheit, ohne die gerade ein Fruchtbarkeitszauber ja nie gelingen konnte, und wenn sie in manchen Gegenden bis ins neunzehnte Jahrhundert beibehalten wurde, dann beweist dies eine erstaunliche Zähigkeit dieses ursprünglich gewiß gefahrvollen Protestes gegen die Sitten- und Schicklichkeitsgebote des Christentums. Im Lauf der Jahrhunderte wurde der Sinn dieser Bäder, die Vermählung mit der Erde, vielfach vergessen, und man unterschob ihnen eine medizinische, eine heilkräftige Wirkung. Sie sollten von Ausschlägen befreien oder gegen Krankheiten schützen oder gar den Hymen wiederherstellen und konnten naturgemäß weder das eine noch das andere.

Eines aber ging aus all diesen heidnisch-gläubigen Bädern unausrottbar in das Mittelalter ein: das gemeinschaftliche Bad und sein festlicher Charakter. Im Grunde ist daran nichts, was wir unseren Vorfahren vorwerfen könnten. Verglichen mit unserer Fünftagewoche und den zahlreichen Feierabendvergnügungen verlief das Leben in einem mittelalterlichen Dorf recht arm an Freuden, und das war in Frankreich oder Italien etwa ebenso wie in Deutschland, Polen oder Böhmen. Auch waren die Gemeinden durch die praktische Unmöglichkeit des Reisens in viel höherem Maße auf sich selbst angewiesen, als wir es uns heute vorstellen können. Die im ganzen kleineren Gemeinwesen hielten auch enger zusammen, und darum waren Familienfeste an der Tagesordnung, ob es sich nun darum handelte, an irgend jemandem eine spektakuläre Ehrenstrafe zu vollziehen, einen Zigeuner hinzurichten, der dabei recht lange zappelte, oder eben an dem dafür vorgesehenen Tag ins Bad zu gehen.

Der Ort dieser Festivität hieß Badstube, und da es sich um eine öffentliche Angelegenheit handelte, waren diese Badstuben ähnlich wie heute die Apotheken an behördliche Genehmigungen gebunden und in fast allen Orten obrigkeitlich kontrolliert. Selbst Kaiser mußten sich gelegentlich mit den offenbar recht einträglichen Badstuben-Privilegien beschäftigen, und Herzöge und kleinere Landesherren hatten dauernd zu tun, um die einmal privilegierten Häuser gegen städtische Neugründungen zu schützen. Und die Badbesucher hingen so an ihren gewohnten Badstuben, daß die Neuerungen des Bürgermeisters Hans Waldmann von Zürich, der einige ältere Badstuben in den Vororten hatte abbrechen lassen, zu einer Revolte führten. Die Badstuben waren nicht der einzige Grund, aber von allem, was Waldmanns Sittenverordnung verlangte, war die Abschaffung dieser bequemen und lustigen Bäder das, was die Landleute neben dem Gebot der Hundevertilgung am meisten ärgerte; sie rotteten sich zusammen, Luzern und Uri halfen ihnen, und wenige Tage später war der bis heute glanzvollste Bürgermeister von Zürich nicht mehr am Leben.

Das ist heute nicht ganz leicht zu verstehen; in jener Zeit aber hatten die Bäder eine viel umfassendere Funktion als heute. In ihnen geschah beinahe alles, was der mittelalterliche Mensch für sein leibliches Wohl und die Pflege seiner äußeren Erscheinung überhaupt tat. Das mag nicht allzuviel gewesen sein, gemessen an dem, was heute jedes Ladenmädchen und jeder Kellner zu den täglichen Gewohnheiten zählt; für Bauern und Handwerker, ihre Frauen und ihre Familien war es damals aber einfach lebensnotwendig, und jeder Eingriff ins Badeleben war ein Eingriff in die im Mittelalter ohnedies recht enge private Sphäre.

Das Rasieren zum Beispiel, damals Scheren genannt, war zu Hause eine ausgesprochene Pein, denn Rasierseifen gab es noch nicht, man hätte sich die Stoppeln aus der trockenen Haut kratzen müssen und auch nicht gewußt, wie und womit man diese nachbehandeln sollte. »Trocken scheren«, war gleichbedeutend mit »übel mitspielen, schinden«. Als einmal ein Schuster seine Frau in einem Badezuber mit einem Chorherrn überraschte, gelang es der Frau zwar, mit List und Kaltblütigkeit den Gatten wieder zu vertreiben. Der angstbebende Kleriker aber stammelte: »Dein Mann hätte es fertiggebracht, mich trocken zu scheren, obwohl ich im Bade saß.« Das Wort scheint in ähnlich schaurig-humorvollen Verbindungen besonders beliebt gewesen zu sein, denn auch in einem Gedicht auf die Schlacht von Bergtheim im Jahre 1400 hieß es höhnisch, man habe die Städter ungenetzt, also trocken geschoren.

Erstaunlicherweise gab es schon zu jener Zeit Trockenrasierer, worunter man sich freilich nicht so ein niedliches ratterndes Ei vorstellen darf, wie wir es heute im Gebrauch haben, sondern sorgengeplagte Männer, die es sich in den Kopf gesetzt hatten, den Badern Konkurrenz zu machen. Das erschien zunächst aussichtslos. Die vom Bad und insbesondere von den Dämpfen der Schwitzbäder erweichte und geschmeidig gewordene Haut gab auch den härtesten Bart willig preis, während der »Trockenscherer« mit dem meist einwöchigen Stoppelbart seiner Kunden die liebe Not hatte. Erst im sechzehnten Jahrhundert kam der Seifenschaum auf. Nun durfte der Scherer ein Becken schwingen, mittels dessen er es mit dem Bader aufnehmen konnte. Die erste Scherstube Nürnbergs stammt aus dem Jahr 1565; die öffentlichen Bäder bestanden zu dieser Zeit aber schon viele Jahrhunderte.

Das Bad, genauer: der Aufenthalt in der Badstube, war eben so ungemein praktisch. Man opferte einen halben Tag und war nachher ein neuer Mensch. Der Bader besorgte alles: das Reinigungsbad, das Dampfbad, das Bad mit Kräutern, das Schröpfen oder auch das Aderlassen, die Kopfwäsche und den mit ihr verbundenen Kampf gegen die Läuse und ihre Eier. In Ländern mit starken Traditionen ist diese universelle und in gewissem Sinn totale Körperpflege in einem gründlichen Arbeitsgang bis heute üblich geblieben, so zum Beispiel in Skandinaviens ländlichen Gegenden und in Japan.

Eine Miniatur aus der Wenzel-Bibel zeigt uns den böhmischen König in der Badehose sitzend, während hinter ihm eine Magd in einem langen, hemdartigen Gewand etwas erhöht sitzend seinen Kopf wäscht. Es war Wenzel IV. (als deutscher König Wenzel I.), den böhmische und mährische Herren lange Zeit gefangenhielten, um von ihm Zugeständnisse zu erpressen. Das Bad jedoch konnten sie auch dem Gefangenen nicht verweigern, und so kam es zu der bekanntgewordenen Flucht: Wenzel ging mit vier Wächtern in ein Bad an der Prager Karlsbrücke. Einer der Schergen blieb vor der Türe, ein anderer bei den Kleidern des Königs zurück, die übrigen badeten mit ihm. Dennoch gelang es Wenzel, sich in einem unbeobachteten Augenblick mit einer Bademagd in Verbindung zu setzen. Das kräftige und mutige Mädchen ruderte den nackten Monarchen über die Moldau und lief mit ihm am anderen Ufer stromaufwärts bis zu einer Burg am Rande des Waldes von Kunratice, deren Besatzung Wenzel treu ergeben war. Hier erhielt der König Kleider, und die Bademagd, die angeblich den Namen Susanna führte, hundert Dukaten.

Für das Badergewerbe wichtiger war aber, daß der König aus Dankbarkeit mit seiner Retterin zu Abend aß und bald darauf ein neues Bad an der Karlsbrücke erbauen ließ, das er Susanna schenkte. Die Verbindung mit der entschlossenen Magd mag noch eine Weile angedauert haben, denn Wenzels Rettung erfolgte 1393, sein umstrittener Brief über das Baderhandwerk erging jedoch erst 1406. In diesem Brief, der eine Zeitlang als Fälschung galt, wurde nämlich das Baderhandwerk allen anderen gleichgestellt und zugleich »Juden, Heyden und anderen Unchristen oder berüchtigten Leuten verboten«. Bei Todesstrafe wurde verboten, »ihrem ehrlichen und reinlichen Handwerck zu Nachtheil und Verkleinerung etwas muthwillig« zu reden.

Erscheint auch die Todesstrafe selbst für jene Zeiten einer sehr harten Rechtsprechung als eine unangemessene Vergeltung für bloßes Geschwätz, so ist heute doch sicher, daß im fünfzehnten Jahrhundert in vielen Teilen Deutschlands eine Art Gegenoffensive der Bader gegen ihre stillschweigende Ächtung eingesetzt hat; sie kann sehr gut von einem Erlaß König Wenzels IV. ausgelöst worden sein, zumindest aber von seiner in ganz Deutschland bekanntgewordenen Verbindung mit der Prager Bademagd.

Worauf die Ächtung der Bader zurückzuführen ist, läßt sich nicht ganz leicht ermitteln, es kommen sehr verschiedene Motive in Frage. Eines war zweifellos das Schröpfen, das im Mittelalter ebenso verbreitet war wie in der frühen Neuzeit das Purgieren und Klistieren. Es galt als Allheilmittel. Die vielen alten Kalender und Lebensratgeber empfehlen übereinstimmend das Schröpfen, und es wurde so selbstverständlich, daß man den schröpfkundigen Bader sogar in die Nonnenklöster einließ, um den Klosterinsassinnen den Rücken mit seinen Schröpfköpfen zu spicken. Für die Mönche wurde das regelmäßige Schröpfen oder der Aderlaß in bestimmten Intervallen vorgeschrieben, zweifellos, um ihnen die Einhaltung der Klosterregeln zu erleichtern.

Die einzige Stimme, die damals gegen das Schröpfen laut wurde, war die des steirischen Arztes Guarinonius. Er schreibt in seinem dicken Buch *Grewel der Verwüstung* (1610) unwirsch über die Bader, die an jedem einzelnen Schröpfkopf verdienen und daher auch Kinder auf diese Weise martern, was völlig überflüssig sei: »Die Kinder treiben keinen Mutwillen mit Überfressen und Übersaufen, noch mit anderer Unzucht, so ist es nicht billig, daß sie ihr unschuldiges Blut . . . vergießen sollen.«

Nicht minder als die Schröpfköpfe deklassierten den Bader natürlich die Nissenkämme und manch anderes unappetitliches Werkzeug, das er zum Nutzen seiner Kunden führen mußte, und obwohl es ihre Läuse waren, die der Bader ihnen vom Kopfe las, so war doch er es, der darum verachtet wurde.

Weniger bewußt, aber darum nicht minder wirksam war auch das uralte Motiv der Scham. Ein Mann, vor dem man sich nicht schämt, zählt nicht. Das war in den römischen Bädern, ja in den Haushaltungen so, wo Sklaven die Damen im Bade bedienten, massierten, salbten, als ob sie keine Männer wären. Das Dienstverhältnis, in dem sie standen, war stärker als ihr Geschlecht und bewirkte, daß man ihre Männlichkeit ebenso vergaß, wie man heute in Amerika die Hautfarbe vergißt, wenn Neger in Kosmetiksalons oder bei der Pediküre bedienen, die man sonst nicht im selben Straßenbahnwaggon dulden würde.

Diesem Schicksal der moralischen Entmannung erlag auch der Bader mit seinem ganzen Beruf und mit seinem Gesinde. Wie sollte eine Frau auch gesellschaftlich noch mit dem Mann verkehren, der sie allwöchentlich im Bade nackt sah? Das eine oder andere war unmöglich; für das durchbrochene Tabu der Schamhaftigkeit entstand ein neues: die gesellschaftliche Ächtung. Bedenken wir die kleinen mittelalterlichen Gemeinwesen, die Dörfer mit ein paar hundert, die Städte mit ein paar tausend Einwohnern, dann ist dies kaum anders vorstellbar. Die Anonymität der modernen Großstadt erst hat hier einen Wandel der Anschauungen ermöglicht.

Immerhin scheinen die Bader es in zähem Kampf doch so weit gebracht zu haben, daß sie eine Zwischenstellung zwischen den wahrhaft Geächteten, wie es zum Beispiel die Scharfrichter waren, und den »ehrlichen« Leuten erlangten. Mochte auch etwa ein Schmied auf die Scherer und Bader herabblicken, so rächten diese sich wiederum dadurch, daß sie 1658 in Zürich einem Scharfrichterssohn die Aufnahme in ihre Gemeinschaft verwehrten. Ähnliche Reibereien ereigneten sich in Straßburg, Würzburg, Frankfurt und anderen Städten. Sie standen den Badern nicht gut an, mancher von ihnen mochte sich auch nicht ganz wohl dabei gefühlt haben, galten doch gerade die Scharfrichter als ebenfalls heilkundige Leute und ersetzten an manchen Orten den Chirurgen. Aber darin war das Mittelalter eben unbarmherzig: Zog einer mit einem Scharfrichter an einem Strick, was durchaus wörtlich so geschehen konnte, wenn etwa an dem Strick eine Kuh hing, dann war es um die Ehre des Betreffenden geschehen, selbst wenn er von Adel war. Darum muß man, so schwer es uns heute fallen wird, diese Positionskämpfe ernst nehmen, selbst wenn noch ärgere Haarspaltereien vorkamen, wie etwa die bis zum achtzehnten Jahrhundert immer wieder aufflackernden Kämpfe zwischen Badern und Scherern, wer mehr gelte.

Da Goethe immerhin 1749 geboren wurde, beweist es demnach eine frühe Souveränität über diese Vorurteile, daß er als junger Mann einmal aus Jux in einer Herberge einen angesehenen Reisenden barbierte: Er hatte mit Freunden gewettet, daß er jenen so würdig und unnahbar aussehenden Herrn an der Nase fassen würde. Niemand hielt dies für möglich, Goethe jedoch hatte schon seinen Plan, stellte sich am andern Morgen artig als Barbier vor und seifte den Fremden tüchtig ein. Dann kratzte und schabte er, immerzu höflich parlierend, an dessen Wangen herum und faßte dabei, als gehöre dies unweigerlich zu dem Vorgang, immerzu recht sichtbar die Nasenspitze des Herrn. Die Freunde, die aus sicherer Entfernung zusahen, barsten beinahe vor Lachen, der Fremde jedoch war ganz zufrieden und verwies nur Goethe am Ende, als er ihm das Trinkgeld gab, sanft die Unsitte, daß er ihn an der Nase gefaßt habe. Undenkbar, daß ein angehender Jurist sich solch einen Ulk inmitten des mittelalterlichen Zunftwesens hätte leisten können. Er hätte es sowohl mit seinen Standeskollegen als auch mit den Badern zu tun bekommen, die zum Beispiel unnachsichtig gegen jede Frau vorgingen, die bei allzu schamhaften Damen Schröpfköpfe ansetzte – das war nun einmal Amt des Baders!

Das Hauptargument gegen den Bader und seinen Betrieb blieb aber zu allen Zeiten, daß man unsittliches Treiben in den Bädern vermutete. Unter den Römern waren alle Gasthöfe verrufen und alle Mägde in den Herbergen praktisch den Dirnen gleichgestellt, weil es in der Mehrzahl der Gasthöfe tatsächlich so zuging wie in einem Bordell. Ebenso hatten im Mittelalter alle Bäder mit ihrem ganzen Personal darunter zu leiden, daß ein Teil der Bader den Begriff Badstube sehr weit auslegte oder es zumindest zuließ, daß seine Gäste es taten.

Im Laufe der Jahrhunderte kam fast jede Badstube einmal in einen schlechten Ruf, die Inhaber wechselten ja, die Mode und die städtischen Aufsichtsorgane ebenfalls, und es hielt dann schwer, den guten Ruf wiederherzustellen. Darum sind manche

Autoren, die über das deutsche und mittel... wesen schreiben, der Meinung, es sei in alle... maßen frei und ungezwungen zugegangen. A... schen Stimmen machen doch eher glaubhaft, d... denen nichts Besonderes passierte, in der Zahl bei we... wogen. Ganz keusch freilich war man an dem einen Ba... nicht, etwas Prickelndes hatte der Badbesuch für den mittelalterlichen Menschen schon immer, und selbst wenn Frauen und Männer getrennt badeten, sorgte eine nur niedrige, im Oberteil aber zaunartig durchbrochene Trennwand dafür, daß die Vorwitzigen zum anderen Geschlecht wenigstens hinüberschauen konnten.

Für die Bäder schlechten Rufes eröffnete sich in der mittelalterlichen Welt ein breites Betätigungsfeld. Die Ritterbücher, die Erzählungen von den Kreuzzügen und manches Volksbuch hatten dafür gesorgt, daß Wundergeschichten vom orientalischen Leben in die Dörfer und Städte nördlich der Alpen gedrungen waren. Die Geschichten von Susanna im Bade oder von der Schönen Bathseba, der König David beim Bade zugesehen, kannte man aus der Bibel, und wie Melusine im Bade belauscht wurde, erzählte ein verbreitetes Volksbuch. Das uralte, in der Weltliteratur immer wieder auftauchende Motiv der beim Baden überraschten Göttin, Halbgöttin oder Frau, das nixenhaft Lockende des unbekleideten Frauenleibes verband sich in der Phantasie der mittelalterlichen Dörfer und Keinstädter mit der Erwartung des eigenen Badetages. Mit den Kleidern legte so mancher seine bürgerliche Wohlanständigkeit ab, in den lauen Dünsten der Badstuben, wo man sich entspannte, nichts zu tun hatte und die Scherzworte durch die Luft flogen, schufen sich diese Menschen eine erotische Traumwelt und versuchten bald, auch diese Träume zu verwirklichen.

Die Enthemmung am Badetag begann schon zu Hause. Aus Furcht vor Diebstahl, aber auch wegen der räumlichen Verhältnisse, zogen viele sich schon zu Hause aus. Weit hatte man im allgemeinen ja nicht zu gehen. Wohl ließen Ritter und Vornehme sich das Badegewand durch einen Diener nachtragen; die meisten aber sorgten dafür, daß sie nicht mehr viel abzulegen hatten, wenn sie in der Badstube ankamen. Guaroninus, ein sehr guter

ter, ermahnt in seinem Buch die Stadtoberhäupter:

> Besinn dich *(Bürgermeister)*, ob du nicht bisher gesehen hast und alle Wochen noch siehst, daß deine wohlerzogenen Bürger und Bürgerinnen sich in ihren Häusern entblößen und also nackend über die öffentlichen Gassen bis zum Badhaus vor aller *(Vorüber)* Gehenden Augen laufen? Damit diese lustige Zucht sich nicht verliere, richten sie auch schon ihre Brut dazu ab, damit sie fein frühe die Geschämigkeit verlieren . . . Wievielmal sehe ich (ich nenne darum die Stadt nicht) die Mägdlein von zehn, zwölf, vierzehn und achtzehn Jahren ganz entblößt . . . und die eine Hand mit Gebühr in den Hintern haltend von ihrem Haus aus über die lange Gassen bei mitten Tag bis zum Bad laufen.

Die Stadt, die unser Physikus nicht nennt, war offenbar Hall in Tirol, wo er den größten Teil seines Lebens zubrachte; aber der verurteilte Brauch herrschte praktisch überall, wo es Badstuben gab. In Hildesheim zum Beispiel machte die Stadtobrigkeit den Bader dafür verantwortlich, daß niemand nackt über die Straße gehe, dort herumstände oder säße, und nur größere Badstuben hatten überhaupt einen eigenen Umkleideraum oder Kleiderhüter, die man auch Aufheber nannte.

Was den Badegästen recht war, mußte dem Badepersonal billig sein. Bader, Badeknechte und Bademägde erregten das ganze Mittelalter hindurch und bis weit ins siebzehnte Jahrhundert hinein dadurch Anstoß, daß sie in ihrer Berufskleidung auf den Straßen herumliefen. Hatten sie nicht wenigstens irgendeinen Überwurf an, »daß man die Peine nit sehen könne«, so mußten sie Strafe zahlen. Um so bequemer machten sie es sich im Bad selbst.

Die Bader und ihre Knechte trugen, wenn sie im Männerbad zu tun hatten, keinerlei Kleidung; mußten sie im Frauenbad den Ofen schüren oder schröpfen, so waren sie verpflichtet, den *Wedel*, auch *Questen* genannt, vorzuhalten. Ließen sie ihn unachtsam oder absichtlich fallen, so gab es allemal ein wochenlanges Gezeter in den kleinen Gemeinwesen und hochnotpeinliche

Verhöre. Auch bildliche Darstellungen des Königs Wenzel zeigen ihn, von Bademägden betreut, mit einem Wedel bedeckt.

Die Kleidung der Baderinnen scheint sich nach Zeit und Ort gewandelt zu haben. Einige Bilder zeigen sie in kurzen, weit ausgeschnittenen Hemden, andere in Hemden aus durchsichtigem Gewebe, wobei der Maler wohl nur andeuten wollte, daß es sich um leichte oder bereits durchnäßte Leinwand handle. Sehr häufig aber waren sie ganz nackt, und selbst ernsthafte Zeitdokumente, wie zum Beispiel die *Goldene Bulle* aus dem Jahr 1356, stellen die Bademägde ohne alle Kleidung dar.

Demnach ist es nicht verwunderlich, daß sich unter den Knechten und Mägden der Badstuben allerlei Gelichter fand und das ganze Gewerbe nicht ohne weiteres als ehrsam gelten konnte. An vielen Orten waren Bäder und Frauenhäuser benachbart und standen unter einer Leitung. Bader und *Frauenwirt* in einem zu sein, galt als ein besonders einträglicher Beruf. Aus Ulm, aus Konstanz zur Zeit des Konzils, aus Luzern, aber auch aus niederländischen und böhmischen Bädern ist das gleiche Treiben belegt. In Konstanz verzeichnete man während des Konzils neben siebenhundert öffentlichen Dirnen noch einmal so viele Bademägde, »dazu noch die heimlichen *(Dirnen)*, deren Zahl man gar nicht angeben kann« (Ulrich von Richental in seiner Chronik). Das war allerdings ein besonderer Auftrieb liederlicher Weiblichkeit, die sich von zweiundsiebzigtausend Konzilsteilnehmern überdurchschnittliche Einnahmen versprach. Ulrich von Hutten ist in seinen Vorwürfen noch deutlicher; er spricht 1521 von den Domherren mit den Worten: »So liegen sie gemeinlich auf dem Rücken und haben ihre Kurzweil im Bad und prassen und sitzen da unter den schönen Metzen oft die ganze Nacht«, und von den niederländischen Bädern sagt der Arzt Gualterius Riuium (Ryff) im Jahre 1649, diese seien »zur Anreizung der Unkeuschheit erbauen, also daß mehr Mutwillens und Schand darin geübt wird, denn in offenen Frauenhäusern«.

Die Behörden hatten es freilich schwer, es allen recht zu machen. Auf diese Stimmen der Kritik hin, und weil die Unsittlichkeit offenbar wirklich zur Ausbreitung der Geschlechtskrankheiten geführt hatte, begannen einzelne Städte, Männer- und

Frauenbäder zu trennen. Die Kirche hatte das gemeinsame Baden ja schon im achten und neunten Jahrhundert verboten, aber die Eigengesetzlichkeit des Badebetriebes war stärker gewesen, und schließlich hatten sich sogar Mönche und Nonnen diese Gemeinsamkeit der Geschlechter gefallen lassen müssen oder, was die Kleriker anlangt, bisweilen wohl ganz gern gefallen lassen. Im dreizehnten und vierzehnten Jahrhundert hörte man von Avignon, von Zürich, Bern, Basel, Freiberg in Sachsen und anderen Orten, daß man getrennte Männer- und Frauenstuben errichtet habe. Im Jahr 1514 gab es aus dieser Ursache einen richtigen Prozeß gegen den Bader zum Becken in Würzburg; man warf ihm vor, einigen Domherren Zutritt zum Frauenbad gewährt und so viel liederliche Frauen zugelassen zu haben, daß sich eine anständige Bürgerin gar nicht mehr in das Bad wagen könne.

Der muntere Chronist und Zeitkritiker Philander von Sittewald sah das Problem allerdings von einer anderen Seite. Johann Michael Moscherosch, wie er mit seinem richtigen Namen hieß, war ein verarmter Adeliger, Sohn eines Kaufmanns, hatte in Straßburg studiert, ganz Frankreich bereist und im Dreißigjährigen Krieg seine Habe immer wieder verloren. Er war dafür, daß man den geprüften Menschen des siebzehnten Jahrhunderts ihr Badvergnügen, ob unschuldig oder nicht, doch gönnen solle, und schrieb in einer Vorrede aus dem Jahr 1664:

> Andere gingen in das Bad – warum? Darum, daß sie sich wollten schröpfen lassen. Aber zu höchst ihrem Mißfallen hat man vor kurzem löblich verordnet, daß die Manssleute, denen zu Ehren oft Badgeld spendiert worden, in anderen Zimmern zu baden sollen angewiesen sein *(als die Frauen)*. Und derowegen ist es nicht ohne Ursach, daß diese armen Weiber jetzund so maulhenckolisch *(melancholisch)* in Gedanken daliegen und so traurig dasitzen, als wollten sie den Bank durchschwitzen.

Moscherosch hat es nicht mehr erlebt, aber die Menschheit erholte sich auch von dieser maulhenckolischen Anwandlung, und schon hundert Jahre nach dieser trübsinnigen Vorrede ist nicht nur alles wieder beim alten: Das Raffinement eines zum Fortschritt entschlossenen Jahrhunderts ist auch an den Bädern nicht vorbeigegangen. Was Giacomo Casanova auf seiner Schweiz-Reise von den Mattenbädern zu Bern berichtet, stellt an Selbstverständlichkeit und unsittlicher Routine das Mittelalter entschieden in den Schatten.

Ich kam auf eine Anhöhe, von wo meine Blicke über eine weite Landschaft schweiften, durch die ein kleiner Fluß sich schlängelte; ich bemerkte einen Flußpfad und bekam Lust, diesen entlangzugehen. Er führte zu einer Art von Treppe. Ich stieg etwa hundert Stufen hinunter und fand einige vierzig Kabinette, die mir eine Art von Badestübchen zu sein schienen. Sie waren es in der Tat; denn während ich die Örtlichkeit betrachtete, kam ein Mann von höflichem Wesen auf mich zu und fragte mich, ob ich ein Bad nehmen wolle. Als ich bejahte, öffnete er eine der Kammern, und zugleich eilten eine Menge junge Mädchen auf mich zu.

»Mein Herr«, sagte der Bademeister zu mir, »jedes dieser Mädchen strebt nach der Ehre, Sie im Bade zu bedienen; Sie brauchen nur zu wählen. Mit einem kleinen Taler bezahlen Sie Bad, Mädchen und Kaffee.«

Ich spielte den Großtürken, musterte den Schwarm draller Schönheiten und warf mein Schnupftuch dem Mädchen zu, das mir am besten gefiel.

Sie ging mit mir in eine der Zellen, schloß die Tür von innen und entkleidete mich mit der ernstesten Miene, ohne ein Wort zu sagen, ja ohne mir auch nur ins Gesicht zu sehen; hierauf zog sie mir eine baumwollene Mütze über die Haare. Sobald sie mich im Wasser sah, entkleidete sie sich ebenfalls mit der Gewandtheit einer Person, die daran gewöhnt ist, und legte sich ohne ein Wort zu sagen, zu mir ins Bad. Hierauf begann sie mich überall zu reiben, ausgenommen an einer gewissen Stelle, die ich mit beiden Händen bedeckt hielt. Als ich fand, daß ich genug bearbeitet sei, forderte ich Kaffee von ihr. Sie stieg aus dem Bade, öffnete die Tür, bestellte was ich wollte, und kehrte ohne die geringste Verlegenheit, als sei sie angekleidet, wieder zurück.

Als der Kaffee gekommen war, verließ sie das Bad abermals, um ihn in Empfang zu nehmen; hierauf verschloß sie wieder die Tür, stieg ins Wasser zurück und hielt mir das Kaffeebrett, während ich meine Tasse leerte; als ich damit fertig war, blieb sie neben mir liegen.

Obgleich ich den Formen des Mädchens keine besondere Aufmerksamkeit schenkte, hatte ich doch genug von ihr gesehen um anzuerkennen, daß sie alles besaß, was ein Mann bei einer Frau zu finden wünschen kann: ein schönes Gesicht, lebhafte, gutgeschnittene Augen, einen schönen Mund mit guten Zähnen, eine gesunde Gesichtsfarbe, einen wohlgerundeten Busen, stark ausgebildete Hüften und alles übrige diesem harmonisch entsprechend. Allerdings hatte ich das Gefühl, daß ihre Hände hätten weicher sein können; ihre Rauhheit mußte ich wohl der Arbeit zuschreiben. Außerdem war meine Schweizerin nur achtzehn Jahre alt; und trotzdem blieb ich völlig kalt. Woher kam dies, so fragte ich mich? Vielleicht davon, daß sie in allem zu natürlich war und ohne jene Koketterie, jene kleinen Ziereien, welche die Frauen sonst mit so großer Kunst anzuwenden wissen, um uns zu verführen . . .

Casanova, der wohlfrisierte und gepuderte Salonlöwe des achtzehnten Jahrhunderts in den Händen einer jungen Schweizerin – eine sinnfälligere Situation ist kaum denkbar, wenn man dem speziellen erotischen Fluidum der Badstuben nachspüren will. Für Casanova existierte es gar nicht, für die Berner und alle anderen Schweizer mochte es dafür um so dichter vorhanden sein. Casanova fühlte, daß hier das Versagen bei ihm lag, daß er sich vom Natürlichen entfernt hatte, und fügte darum an dieser Stelle eine eineinhalbseitige Überlegung ein, in der er sich mit dem beschäftigte, was Frauen eigentlich anziehend macht. Erst als er glaubt, sich einigermaßen klargeworden zu sein, fährt er fort:

Als ich das Bad verlassen hatte, holte sie Handtücher, trocknete mich ab und zog mir mein Hemd an; hierauf frisierte sie mich, so wie sie war, das heißt nackt. Während ich mich ankleidete, zog sie sich ebenfalls an, was bald geschehen war, und schnallte mir dann die Schuhe zu. Ich gab ihr einen kleinen Taler für das Bad und sechs Franken für sie selber; sie behielt aber nur den kleinen Taler und gab mir die sechs Franken mit verächtlicher Miene zurück, ohne ein Wort zu sprechen. Dies betrübte mich; ich sah, daß ich sie beleidigt hatte und daß sie sich würdig fühlte, nicht verschmäht zu werden. Ich entfernte mich in ziemlich schlechter Laune . . .

Von einem Casanova verschmäht zu werden, dem es auf eine mehr oder weniger doch nicht ankommen konnte, muß natürlich besonders schlimm gewesen sein; da das Mädchen aber nicht wußte, daß sie an diesem Tag unsterblich geworden war, darf man auf eine Art Berufsehre der Baderinnen schließen. Sie war nicht froh, daß sie endlich einmal einer wider Erwarten in Ruhe gelassen hatte, sondern zürnte ihm und wies selbst das Trinkgeld zurück. Auch in Casanova nagte der Tag, auch er fühlte, daß es da nicht richtig zugegangen war. Er holte Verstärkung in Gestalt seiner hübschen Haushälterin Dubois (mit der ihn bis dahin nur Freundschaft verbunden hatte), ließ sie Männerkleider anziehen, die niemand täuschen konnten, und mietete gleich zwei Bademägde, unter denen abermals die verschmähte Achtzehnjährige war. Was sich nun *à quatre* begab, lese man im sechsten Buch seiner *Histoire de ma Vie* nach; es rechtfertigt vollauf die Entrüstung des biederen Doktors Rüsch, der 1832 erleichtert feststellte, man habe den Venustempel der Mattenbäder zu Bern endlich geschlossen. Zu jener Zeit aber saß die bürgerliche Wohlanständigkeit nach den Ausschweifungen des *Ancien Régime* schon wieder so fest im Sattel, daß keine Gegenstimme laut wurde. Doktor Rüsch behielt recht – zumindest auf dem Papier. Die Schweizer freilich schlichen, ohne literarische Begleitmusik, in die Aarzihle-Bäder, wo neue Generationen von Schweizer Bademägden für die gleichen Belustigungen sorgten.

GROSSE BURGEN MIT KLEINEN FEHLERN

Das Gefühl, in einer Ritterrüstung zu stecken, können sich heute wohl nur noch Astronauten vorstellen. Sie versichern glaubwürdig, daß es ein ungeheures Vergnügen sei, sich solch eines Panzers Stück für Stück zu entledigen, aber es scheint, daß den Herren Rittern dieses Vergnügen noch nicht genügte. Hatten sie sich nämlich aus all ihren eisernen und ledernen Schutzvorrichtungen befreit, dann stiegen die Dünste ihrer vom Kampfe und vom Reiten erhitzten Leiber den Damen des Hauses so kräftig in die Nasen, daß sie die Herren ohne die geringste eifersüchtige Regung den Mägden überließen, die ja auch sonst für Reinlichkeit auf der Burg zu sorgen hatten.

Das war ziemlich gefahrlos, wenn es sich bei dem müden Ritter um einen reinen Tor wie Parsifal handelte. Als er auf der Burg des Fürsten Gurnemanz nächtigte, erschienen, kaum daß er erwacht war, einige Mädchen, um ihm das Bad zu bereiten. In der treuherzigen Übertragung Karl Simrocks hört sich das so an:

Der Gast erwachte, der da schlief,
Als ob man seinen Namen rief.
der werte süße Jüngeling
In die Kufe sitzen ging.
Ich weiß nicht, wer sie darum bat:
Jungfrauen in reichem Staat
Und von Ansehn minniglich
Kamen zu ihm sittsamlich:
Die wuschen ihn und strichen sanft
Seiner Quetschungen Ranft
Mit blanken linden Händen.

Eine Weile ging das gut, zumindest versichert uns Wolfram von Eschenbach, daß sein Held »zu allem fein stille« schwieg, was immer die Mädchen auch tun und sagen mochten. Als die Mädchen aber »gern gesehn zuletzt, ob er auch tiefer (unten) wär verletzt«, da erhob sich Parsifal nicht aus seinem Bade, wie die Burgfräulein es sittsamlich von ihm verlangt hatten, sondern erglühte in reinem Jungmännerzorn und wies die Holden hinaus.

Ob die kleine Wildenburg bei Armorbach im Odenwald, auf der Wolfram seinen *Parsifal* schrieb, solche Bräuche kannte, wissen wir nicht. Eine Ausnahme aber waren sie nicht, denn in einer hübschen zeitgenössischen Miniatur zum *Parsifal* sehen wir einen nackten Mann, wohl einen Ritter, in einer zweisitzigen Wanne. Das Wasser um ihn ist mit Rosenblättern bedeckt, zwei Mädchen bedienen ihn, und zwei Frauen machen sich in dem Raum zu schaffen.

Besonders weit scheint man die Großzügigkeit auf der Wartburg getrieben zu haben. Dort wird noch heute ein kleiner Anbau aus dem dreizehnten Jahrhundert gezeigt, der über dem Bad eine kleine Galerie barg, eben groß genug, um einigen Damen zu gestatten, die badenden Ritter mit Blumen zu bewerfen. Dem Badewasser den Duft von Rosenblätter hinzuzufügen mag ein Vorwand gewesen sein oder nicht – seltsam bleibt solch eine Vorkehrung doch, wenn wir bedenken, daß auf eben dieser Burg Elisabeth von Thüringen Herrin war, die aus lauter Frömmigkeit grundsätzlich nicht badete, »bis ihre Umgebung es nicht mehr aushielt und sie veranlaßte, ein Bad zu nehmen« (Kemmerich).

Da Elisabeth zweifellos eine Ausnahmeerscheinung war und schließlich heiliggesprochen wurde, ist der Schluß erlaubt, daß die anderen Damen von Stand an Schauspiele jener Art gewöhnt und darum ungehalten waren, wenn man sie ihnen verweigerte. Auf diese Weise entstand das von verärgerten Herren noch heute gern gebrauchte Wort *»Ich muß doch sehr bitten . . .«*, geprägt von keinem geringeren als dem Ritter Wolfdietrich, der als Königssohn schließlich allerlei gewöhnt sein mußte. Im Begriffe, sich zu entkleiden, bemerkt er, daß die anwesenden Damen keine Miene machen, sich zurückzuziehen, und zürnt in Versen: *Ihr Minniglichen Frowen, ich muosz doch sêre biten . . .*

Wolfdietrich tat den Frauen Unrecht, die schließlich ihr Leben auf den nicht sonderlich gemütlichen Burgen in einer Abgeschlossenheit zubrachten, die nur durch gelegentliche Belagerungen mit Hungersnot und Lebensgefahren unterbrochen wurde; welche Abwechslung war da ein fremder Ritter, dem man ja noch nicht ansehen konnte, daß er dereinst ins Kloster gehen werde.

Im südlichen Europa waren, wegen der stärkeren lateinischen Traditionen, zum Teil auch durch den arabischen Einfluß, Bäder in den meisten Adelssitzen vorhanden. Schon die Goten hatten in Spanien, vor allem in Toledo, dank dieser Anregungen Bäder errichtet, wie sie unter Germanen zweifellos einzigartig waren, und als später einige Töchter gotisch-suebischer Herren in das merowingische Frankreich heirateten, richteten sie auch auf den französischen Burgen Bäder mit gemauerten Wannen ein oder bestimmten zumindest geeignete Gemächer als Badestube. Wer diese Einrichtung nicht im Westen kennengelernt hatte, dem wurde sie auf den Kreuzzügen bekannt, die ja keine ununterbrochene Folge von Schlachten waren, sondern lange Pausen mit einschlossen – Pausen, in denen die kleinen Barone und Herren aus Europas zurückgebliebener Mitte mit Erstaunen gewahrten, wie man in Konstantinopel zu leben wußte oder wie man in Damaskus den Leib pflegte. Der Ruhm der griechischen und arabischen Ärzte tat ein übriges, um die im warmen Klima lebensnotwendigen Bäder zu einer Gewohnheit werden zu lassen, die viele Heimkehrer auch auf der heimatlichen Burg nicht mehr missen wollten.

Dennoch wurde im mittleren und nördlichen Europa das häusliche Bad noch lange nicht zur Regel, woran weniger die strengen priesterlichen Gebote als die niedrigen Temperaturen die Schuld trugen. Ob es nun eine Burg war oder nur ein Wohnhaus, so fehlten doch überall Fenster in unserem Sinn. Vor dem vierzehnten Jahrhundert gab es so gut wie keine Glasfenster; durch die Fensteröffnungen drang die Kälte ins ganze Haus, und der Wind pfiff durch die Stuben, so daß ein Vollbad mit nachfolgender Erkältung angesichts der abenteuerlichen Heilkünste jener Zeit wahrhaftig lebensgefährlich genannt werden mußte.

Karl der Große, der gern badete und schwamm, zog sich als weiser Mann bald in die Thermen von Aachen zurück, wo es ihm so gut gefiel, daß er ganze Badefeste veranstaltete, in denen er patriarchalisch zwischen Knechten und Mägden, Räten, Hauptleuten und Troßweibern im warmen Wasser planschte. Und wenn im Paris des vierzehnten Jahrhunderts der Ausrufer herumging, um das Bad zu füllen, dann warb er nicht etwa mit Mahnungen zur Reinlichkeit, sondern lediglich mit der beruhigenden Versicherung: »Seigneurs, voulez-vous baigner? Entrez! Les bains sont chauds sans mentir . . .« – »Wenn Sie baden wollen, meine Herren, so treten Sie ein, es sind warme Bäder, ungelogen!«

Nichts ist leichter, als vergangenen Zeiten Zensuren zu erteilen. Vergessen wir darum nicht, daß die Ritter und Burgherren ärgere Sorgen hatten als die Einrichtung einer hübschen und gut heizbaren Badestube. Die Burgen waren Festungen, also militärische Anlagen, in denen die Verteidigungskraft bei allen Überlegungen den Ausschlag geben mußte. Das betraf nicht nur die Bäder, sondern die Lebensumstände überhaupt, und man mutete auch den Frauen und Mädchen eine Lebensführung zu, wie sie der Mensch von heute nur in Ausnahmezuständen, etwa im Kriege, kennenlernt.

So kostbar in vielen Burgen das Schlafzimmer ausgestattet war – Baldachinbetten, Hausaltäre, geschnitzte Schränke fehlten so gut wie nie –, so unbegreiflich waren die sanitären Verhältnisse. Mochten die Burgen noch so weiträumig sein, mochten Familie und Gesinde zusammen auch hundert Köpfe zählen, so war für die tägliche Notdurft nur in den seltensten Fällen hinreichend vorgesorgt. Meist begnügten sich die Baumeister damit, einen Erker so auszubauen, daß der Unrat von ihm frei in den Burggraben oder in die Wildnis am Fuße des Burgfelsens hinabfallen konnte. Auf diesem Steinvorsprung, Wind und Wetter preisgegeben, mußten Herren wie Damen sich erleichtern. Kein Dach schützte sie gegen den Regen, keine Tür gegen die Blicke der anderen Schloßbewohner. Die schöne, durch ihren martervollen Tod berühmt gewordene Beatrice Cenci entledigte sich ihres Vaters, der sie zur Blutschande verleiten wollte, dadurch, daß sie ihn von einem solchen Erker in die Tiefe stürzte. Zumindest legte die Anklage ihr dies zur Last; Francesco Cenci kann freilich auch, von einer Übelkeit befallen, das Gleichgewicht verloren haben.

Ähnlich schwindelerregende Abtritte finden sich in dem prachtvollen Burgbau von Villeneuve-les-Avignon, in Aggstein an der österreichischen Donau und in der Wartburg. Dort gewahrt der Besucher, der mit Tannhäuserklängen im Ohr und folglich weihevoll gestimmt die große Halle betritt, einen kleinen

Erker, von dem aus man einen prächtigen Blick genießt und die würzige Luft der weiten thüringischen Waldgebiete atmet. Als die Halle noch Schauplatz minnesängerischen Wettstreits war, diente jener Erker als Abort. Ein steinerner Herren- und ein ebensolcher Damensitz kündeten von der Gleichberechtigung der Geschlechter, die im übrigen nicht durch die niedrigste Scheidewand voneinander getrennt waren. Selbst in Südtirol, wo die Wohnkultur in Burgen und Bürgerhäusern lange Zeit höher war als nördlich des Brenner, finden sich solche Doppel- und Dreifachabtritte, allerdings auch abgeschlossene Kammern, von denen die Fäkalien in den Keller fielen und regelmäßig weggeschafft werden konnten (wie z. B. auf der Burg Cles, die allerdings erst im sechzehnten Jahrhundert erbaut wurde).

Da diese Örtlichkeiten allesamt entlegen, an Zahl nicht ausreichend und auch im übrigen nicht sonderlich einladend waren, zogen es insbesondere die Männer vor, irgendeinen anderen der vielen dunklen Winkel aufzusuchen, verlassene Gänge, Treppenabsätze, Rumpelkammern, so daß die Burgen von Spanien bis zur Weichsel von dem gleichen Uringestank durchzogen waren. Niemand schien daran Anstoß zu nehmen, es hätte auch wenig genützt, und auch Kaiser wie Könige konnten für sich keine Ausnahmen begehren.

Der Sieur de Brantôme, dessen *Leben der galanten Damen* eine unschätzbare kultur- und sittengeschichtliche Quelle ist, erzählt uns von Franz I., einem der glänzendsten Könige Frankreichs:

> François hatte seit längerer Zeit ein Verhältnis mit einer sehr schönen Hofdame. Eines Tages kam ihn zu ungewohnter Stunde die Lust an, mit ihr zu schlafen. Er begab sich in den Flügel des Schlosses, in dem ihre Gemächer lagen, und klopfte so herrisch an die Türe, wie es sein Recht war. Es fand sich, daß die Dame eben in Gesellschaft war. Sie hatte den Admiral de Bonnivet bei sich, wagte aber nicht, nach Art der römischen Kurtisanen zu sagen: *Non si parla, la signora è accompagnata,* sondern suchte eilends nach einem Versteck für ihren Liebhaber.
>
> Es war im Sommer, und man hatte nach französischer Gewohn-

heit den Kamin mit belaubten Zweigen angefüllt. Dort versteckte sie den Admiral.

Nachdem der König mit der Dame getan hatte, wie er wollte, empfand er das Verlangen, Wasser zu lassen und trat, da sich in dem Zimmer keine andere Möglichkeit fand, an den Kamin. Seine Blase war so voll, daß der arme Versteckte, der sich nicht zu rühren wagte, nachher nässer war, als wenn man ihm einen Eimer Wasser über den Kopf gegossen hätte.

Brantôme hat die Anekdote gewiß nicht erfunden, höchstens von einem kleineren Herrn auf Franz I. übertragen. Den Kamin zu so unappetitlichen Zwecken zu benützen, war – nach anderen Zeugnissen – vor allem auf Reisen üblich, wenn die Gäste in fremden Gasthöfen und Hotels die entsprechenden Örtlichkeiten besetzt fanden oder keine Lust hatten, sie aufzusuchen. Daß es vom Mittelalter über die Renaissance bis ins siebzehnte Jahrhundert so blieb, beweist uns Gédéon Tallemant, Sieur des Réaux (1619–92), ein Edelmann aus La Rochelle, der durch die Sammlung seiner *Historiettes* zwischen Brantôme und Saint-Simon die Brücke schlägt.

Eines Tages trommelte der Graf von Lude an die Türe seines Neffen, des *(Marschalls)* Charles de Schomberg. Ein Diener, der die Art des Grafen noch nicht kannte, fragte erbost: Wer macht da solchen Lärm? – Öffne! – Monsieur, beharrte der Diener, es ist hier nicht üblich, so gegen die Türen zu trommeln. Der Graf würdigte ihn keiner Antwort, trat an den Kamin und schlug sein Wasser ab. »Aber in den Kamin zu pinkeln, das ist üblich, nicht wahr?« fragte er. Monsieur de Schomberg, der hinzugekommen war, wußte sich vor Lachen kaum zu helfen.

Soweit die Herren, und zwar hinauf bis zu den allerhöchsten; aber auch die Damen machten keine Ausnahme, und Tallemant berichtet, daß dadurch bisweilen sogar ein Abbé in verfängliche Situationen geriet:

Der Abbé Testu, und zwar der Ältere, begleitete eines Tages Madame de Cavoye zu ihrer Freundin, der Gräfin Chavigny. Als man in einen großen Saal trat, löste Madame de Cavoye sich von Testu und sagte: Mein armer Abbé, jetzt müssen Sie ein wenig wegschauen. Im nächsten Augenblick saß sie schon über dem Abtrittbecken . . .

Manche deutschen Zeugnisse stehen an Deutlichkeit den französischen nicht nach, allen voran die unerschöpfliche Chronik der Herren von Zimmern, in der uns Graf Froben Christoph von Zimmern und sein Schreiber Johannes Müller mit dem täglichen Leben des deutschen Adels im sechzehnten Jahrhundert vertraut machen:

Graf Philipp von Hanau hatte einen Narren, den man den »Leider« nannte, weil man aus seinem Munde so oft den Ausruf »Ach leider!« hörte. Wenn der Tischtücher und Servietten bekommen konnte, so stahl er sie. Hatte er eine Anzahl beisammen, so warf er sie zum Buchsweiler *(Vogesen)*, wo der Graf meistens hauste, in den Wassergraben. Das geschah nun so oft und in solchem Maße, daß schließlich eine Klage darüber vor den Grafen kam; man riet hin und her, wußte aber nicht, wer es getan haben könnte. Schließlich wurde der Leider als der Serviettendieb ausgekundschaftet und auch *in flagranti* erwischt, als er wieder einen Packen in den Graben hinabwarf.
Als er nun zur Rede gestellt und vom Grafen examiniert wurde, warum er das tue, sagte der Narr: »Ach leider, Herr, ich will Euch die Wahrheit sagen. Ich habe so oft gesehen, daß die Leute in diesen Graben sch . . ., daß mich die Karpfen und die anderen Fische dauerten; darum habe ich ihnen Servietten und Handtücher soviel ich bekommen konnte in den Graben geworfen, damit sie sich auch einmal das Maul abwischen können.«
Über dieses Geständnis lachten der Graf und alle, die dabeigestanden; dem Leider aber wurde bei Strafe der Rute verboten, künftig wieder für die Karpfen zu sorgen.

Noch kräftiger wurde Kaiser Friedrich I. auf jenen Übelstand hingewiesen, als er im Jahre 1181 in Erfurt einen Reichstag abhielt. Die Herren waren im großen Saal des Schlosses versammelt und saßen in dichter Reihe an den Wänden entlang. Da brachen unter solcher Last die schon morschen Balken, und ein Teil der illustren Versammlung stürzte ins Bodenlose, genauer gesagt in die unterhalb des Saales gelegene Kloake. Drei Fürsten, fünf Grafen und mehr als hundert andere Herren sollen bei dieser Gelegenheit erbärmlich erstickt sein, was auf eine beträchtliche Menge von Unrat schließen läßt; Kaiser Friedrich konnte sich, obwohl nicht mehr der Jüngste, durch einen kühnen Fenstersprung auf sicheren Boden retten. Es war der Reichstag, auf dem Herzog Heinrich der Löwe sich dem Staufer unterwarf; wer weiß, welche Richtung die deutsche Geschichte genommen hätte, wäre Friedrich ebenso zugrunde gegangen wie seine Mannen.

Das für uns Erstaunlichste an diesen Zuständen ist, wie hartnäckig sie sich hielten. Man möchte doch meinen, daß täglicher Ärger, tägliche Behinderung und täglicher Gestank eine Veränderung erzwungen hätten. Aber man nahm eher die merkwürdigsten Gewohnheiten an, ehe man sich entschloß, in den Häusern selbst Abhilfe zu schaffen. Im Elsaß zum Beispiel bildete sich der Brauch, daß alle Frauen des Ortes sich an jedem Freitag gemeinschaftlich an einem bestimmten Bach erleichterten, was naturgemäß nicht ausreichen konnte, die häuslichen Kommoditäten aber doch ein wenig entlastet haben mag. Ja Béroalde de Verville, dem wir diese Nachricht verdanken, will sogar von einer seltsamen Schule in Genf wissen, *où on apprend à pisser et chier en public et en compagnie.*

Menschen von unabhängigem Geist konnten sich freilich an Abhilfen dieser Art, die keine waren, nicht gewöhnen und erkannten die Kluft zwischen dem höfischen Luxus, dem geistigen Leben und der Entwicklung der Waffentechnik auf der einen, den bejammernswerten hygienischen Verhältnissen auf der anderen Seite. Solch ein von Konventionen noch nicht umnebelter Verstand zeichnete Liselotte von der Pfalz aus, die als Princesse Palatine am Hof des Sonnenkönigs weilte und in ihren Briefen ein schonungsloses, stellenweise recht derb gezeichnetes Bild der ganzen Epoche höfischen Glanzes gibt. Dennoch ist es ein glücklicher Umstand, daß diese Fürstentochter, auf die man in ihrer Kindheit nicht sonderlich achtete, mit Heidelberger und Schwetzinger Kindern spielen durfte und ein richtiger Wildwuchs wurde, der obendrein über die kernige Ausdruckskraft des niederen Volkes verfügte. Das gab ihr Selbständigkeit inmitten der höfisch übertünchten Unmoral von Versailles, schärfte ihren Blick und ermunterte sie zu jenen prachtvollen Briefen, durch die sie einen Platz in der europäischen Kulturgeschichte errang, wie ihn nur wenige deutsche Frauen ihres Jahrhunderts erringen konnten. Insbesondere der Kurfürstin Sophie von Hannover, einer Urgroßmutter Friedrichs des Großen, eröffnete sie ihr Herz in großen und kleinen Nöten, und manches, was uns heute lächerlich oder gar unappetitlich erscheinen will, muß im Rahmen des ganzen unvergleichlichen Briefwerks doch als ein Versuch verstanden werden, sich gegen eine fremde Welt zu wehren, um der angestammten die Treue zu halten.

Ich kann nicht lassen, Euer Liebden einen schönen Dialog zu verzählen, so Monsieur *(Herzog Philipp I. von Orléans)* und ich vergangen gehalten; ich wollte, daß dieses Euer Liebden so von Herzen könnte lachen machen als meine zwei Kinder. Wir waren alle vier abends allein hier im Kabinett nach dem Nachtessen, nämlich Monsieur, ich, mein Sohn und meine Tochter. Monsieur, so uns nicht eben für eine gute Kompagnie hielt, mit uns zu reden, ließ nach langem Stillschweigen einen großen, lauten Furz met Verlöff *(mit Verlaub)*, drehte sich zu mir und sagte: »Was ist das, Madame?« Ich drehte den Hintern zu ihm, ließ einen streichen im selbigen Ton und sagte: »Das, Monsieur!« Mein Sohn sagte: »Wenn sich's nur darum handelt, dazu habe ich ebensoviel Lust als Monsieur und Madame«, und ließ auch einen braven gehen. Damit fingen wir alle an zu lachen und gingen alle aus dem Kabinett heraus. Das seind fürstliche Konversationen, wie Euer Liebden sehen, und sollte man noch immer neugierig sein, meine Briefe aufzubrechen, so offeriere ich zum Neuen Jahr dem, der als erster diesen Brief vor Euer Liebden aufbrechen und lesen sollte, diesen Weihrauch . . . (1. 1. 1693)

Besonderen Abscheu erregte der guten Liselotte das, was sie die Interessiertheit der Franzosen nennt, also den Hang, aus allem Geld zu machen und bei allem finanzielle Vorteile zu suchen. Sie war schon vierzig Jahre am Hof von Versailles, als es in ihrer nächsten Umgebung zu einer Szene kam, die sie voll Entrüstung der Raugräfin Luise berichtete. Es war die Zeit der größten Erfolge des schottischen Finanzgenies John Law. Niemand anderer als Liselottens Sohn, der Regent, hatte Law 1718 die Möglichkeit zu größten Transaktionen gegeben, und die Damen des Hofes scheuten keine Mühe und kein Mittel, ein Rinnsal des großen Goldstromes in ihren Schoß zu lenken.

> Eine Dame, die Monsieur Law nicht empfangen wollte, erdachte eine wunderliche Manier, mit ihm zu sprechen; sie befahl ihrem Kutscher, sie vor Monsieur Laws Tür umzuwerfen, rief: Kutscher, wirf um! Der Kutscher wollte lange nicht dran; endlich folgte er seiner Frauen Befehl und wurf die Kutsch vor Monsieur Laws Tür, daß er weder aus noch ein konnte. Er *(Law)* lief ganz erschrocken herzu, meinte, die Dame hätte Hals oder Bein gebrochen, aber wie er an die Kutsch kam, gestund ihm die Dame, sie hätte es mit Fleiß getan, um ihn sprechen zu können.
> Dies alles geht noch wohl hin, aber was sechs andere Damen von Qualität getan haben, aus Interesse, ist gar zu unverschämt. Sie hatten Monsieur Law im Hof aufgepaßt *(abgewartet)* umringten ihn und er bat, sie möchten ihn doch gehen lassen. Das wollten sie nicht tun; er sagte endlich zu ihnen: »Meine Damen, ich bitte tausendmal um Entschuldigung, aber wenn Sie mich nicht gehen lassen, werde ich bersten, denn ich habe eine solche Notdurft zu pissen, daß ich mir's nicht mehr verhalten kann.« Die Damen antworteten: »Nun gut, pissen Sie doch, nur daß Sie uns anhören!«
> Er tat es, und sie blieben bei ihm stehen; das ist abscheulich; er will sich selber krank darüber lachen . . .
>
> (25. 11. 1719)

Liselotte, die nirgends so gut schlief wie in der Kirche und in Perioden der Schlaflosigkeit Klöster besuchte, um von Nonnenchören eingelullt zu werden, die freisinnige und tolerante Pfälzerin Liselotte vermochte sich mit dem Mangel an Hygiene in den französischen Schlössern ihr Leben lang nicht abzufinden, vor allem natürlich, weil diese Mißstände stets auch die Zerrüttung der Moral zur Folge hatten. Law war zweifellos auf den Hof gegangen, weil er im Hause kein geeignetes Kämmerchen hatte, und eben das hatten die Damen sich zunutze gemacht, um ein paar todsichere Tips zu erpressen. Wie schlimm die erzwungene Öffentlichkeit dieser Vorgänge war, erfuhr Liselotte am eigenen Leib, als der Hof in Fontainebleau weilte, einem der schönsten Schlösser Frankreichs. Der Brief vom 9. Oktober 1694, in dem Liselotte die geheimen Mißstände dieses schönen Ortes ihrer Tante, der Kurfürstin Sophie, entschleiert, ist so drastisch, daß sie selbst ihn französisch hielt, wobei man es noch heute am besten beläßt:

> Vous êtes bien heureuse d'aller chier quand vous voulez . . . Nous n'en sommes pas de même ici, ou je suis obligée de garder mon étron pour le soir; il n'y a point de frotoir aux maisons du côté de la forêt. J'ai le malheur d'en habiter une, et par conséquent le chagrin d'aller chier dehors, ce qui me fache, parce que j'aime à chier à mon aise, et je ne chie à mon aise quand mon cul ne porte sur rien. Item, tout le monde nous voit chier; il y passent des hommes, des femmes, des filles, des garçons, des abbés et des Suisses. Vous voyez par là que nul plaisir *(est)* sans peine, et que si on ne chiait point, je serais à Fontainebleau comme le poisson dans l'eau.

Nicht minder köstlich ist die Antwort der Kurfürstin, die Liselotte, damals doch immerhin eine Vierzigerin, tröstete, als ob diese ein kleines Mädchen wäre, und ihr wie ein weiblicher Knigge versicherte, unter solchen Verhältnissen dürfe auch eine Dame von Adel »auf Straßen und Alleen, ja auf öffentlichen Plätzen und selbst vor der Türe eines anderen« sich erleichtern, und die Schande des Vorgangs falle auf jene zurück, die nicht beiseite blickten. (Sophie von Hannover, Brief vom 31. 10. 1694)

Man sieht, wie es um die vermeintliche Gleichgültigkeit und Großzügigkeit jenen Dingen gegenüber bestellt war: Eben weil es am Nötigsten mangelte, wurden natürliche Vorgänge zu Problemen, über die sich selbst Damen unterhalten mußten und zu ihrer seelischen Erleichterung auch unterhalten durften, die sonst im Briefwechseln mit Gelehrten, wie Leibnitz, mit Fürsten und Königen standen. Das Fehlen der Abtritte vergiftete nicht nur die Luft der Burgen und Schlösser, die man atmete, sondern auch die Atmosphäre, in der sich das gesellschaftliche Leben, ja selbst das Denken abspielte, und es kam schließlich zu so grotesken Gewohnheiten wie der Konversation vom Leibstuhl aus, die nicht etwa nur der Dauphin schätzte, sondern die man auch einem Jean-Jacques Rousseau nachsagt.

Der Wandel kam sehr langsam. Längst standen in den Schlössern die herrlichsten Kunstwerke der Ebenisten, Schreibtische, Ladenschränkchen, Tische und Stühle, an die einfallsreiche und sorgfältige Kunstschreiner monatelange Mühe gewendet hatten. Aber über den Betten spannten sich noch immer jene Baldachine, aus denen das Ungeziefer stets nur für kurze Zeit zu vertreiben war. An den Wänden zogen sich Täfelungen hin, hinter denen Ratten, Mäuse, Asseln und anderes Getier ungestört dahinlebten. Die Küchen quollen über von Messing- und Zinngeschirr, und auf die Zubereitung der Speisen verwendete man eine Sorgfalt, wie man sie dem Äußeren nicht angedeihen ließ, sieht man von jener weißen Paste ab, die manche Damen sich ins Gesicht schmierten und die so stank, daß Liselotte es vorzog, ihre Blatternarben zu behalten und noch Runzeln dazuzubekommen. Doktor Cabanès, der sein Leben diesen dunklen Winkeln der Menschheitsgeschichte gewidmet hat, vertritt die Ansicht, daß kein Höfling Ludwigs XIV. den Kopf ins Wasser gesteckt hätte, es wäre ihm denn vorher von seinem Arzt befohlen worden. Man trug Pelzbesätze am Ärmelrand, um das Ungeziefer dorthin zu locken, man ergab sich geduldig den Händen der Mägde, die Herren wie Damen die Läuse vom Kopf lasen, man lebte mit drei Sorten von Läusen dahin, die alle gleichermaßen schwer zu vertreiben waren, und war doch mit Leibniz überzeugt, daß man sich in der besten aller möglichen Welten eingerichtet habe.

Im Jahrhundert des Zweifelns bemächtigte sich der Skeptizismus endlich auch dieser Überzeugungen. In dem Maße, wie Dichter und Gelehrte gesellschaftsfähig und bei Hofe zugelassen wurden, erhellte sich auch der Horizont der adeligen Herren und Damen. Sie begriffen zwar nicht alles, was die plötzlich so geschätzten Chemiker und Geometer, die Naturphilosophen und Gedankenlyriker bei den Abendgesellschaften vortrugen. Aber da es im achtzehnten Jahrhundert zum guten Ton gehörte, daß man »seinen Geometer« habe, da außerdem ein wachsender Zustrom gepflegter und geistvoller Abenteurer ungewisser Herkunft zu verzeichnen war, sahen die Herren von Stand sich genötigt, auch in ihrem eigenen Leben Wandel zu schaffen und der Körperpflege mehr Aufmerksamkeit zu schenken als bisher.

Sich auffällig zu pflegen wurde zunächst als beinahe anrüchig empfunden, denn jene französischen Könige, die stets angenehm dufteten und sauber gekleidet waren – Heinrich II. und Ludwig XIII. –, hatten, wie man wußte, von Frauen wenig oder gar nichts, von Jünglingen dafür um so mehr gehalten. Ja hätte der Graf von Luynes den dreizehnten Ludwig nicht mit Gewalt zu einer ehelichen Nacht gezwungen, so wäre offenbar, was sich nun immerhin verhüllen läßt – daß Anna von Österreich den entscheidendsten Beitrag zum Ruhm Frankreichs in diesem Jahrhundert leistete, indem sie den Thronerben von einem bis heute nicht mit Sicherheit festgestellten Mann empfing, nicht aber von Ludwig XIII., von dem eine so gute Mischung nicht zu erwarten gewesen wäre.

Die Bäder, die man in Fontainebleau und Versailles eingerichtet hatte, ohne die Kosten zu scheuen, erwiesen sich als unbequem. Ludwig XIII. zog bis zuletzt seine hölzerne Wanne dem prächtigen Marmorbad vor, das einfach zu kalt war und eine Menge besonderer Draperien nötig machte. Und Ludwig XIV. hielt es mit dem aus rosenfarbenem Marmor angelegten, zehn Fuß langen und drei Fuß tiefen Badebecken ebenso: Sein Stubenbad im Schlafzimmer genügte ihm völlig. Selbst Ludwig XV., ein Weltmann und Frauenheld, empfand kein Verlangen nach der kühlen Riesenwanne, aber es gefiel ihm, die Marquise von Pompadour darin herumplätschern zu sehen, weswegen das ungeheuer schwere Becken von zweiundzwanzig Männern auf Rollen zum Fenster geschoben, durch dieses an Seilwinden hinabgelassen und in die Gemächer der Marquise gebracht wurde.

Auch die Herrschaft des Leibstuhls ging zu Ende. Man gab dem Möbel, das in Frankreich gemeinhin *la chaise percée* hieß, nach und nach so viele verhüllende Namen, daß es schließlich in seiner Lächerlichkeit offenbar wurde. Ludwig XIV. hatte es noch zuwege gebracht, den britischen Gesandten Lord Portland auf den Nebensitz einzuladen (worüber der Lord höchst erfreut nach London berichtete); ja der Sonnenkönig hatte von diesem Thron aus der frommen Madame de Maintenon verkündet, daß er sie zur Frau nehmen werde (Wright). Der fünfzehnte Ludwig hatte da entschieden mehr Geschmack. Er ließ sich ein Möbel aus zierlicher Lackarbeit fertigen, auf dem Doppelsitzungen von vornherein unmöglich waren, und er bezahlte auch der Marquise von Pompadour einen jener Wundertischler, die sich auf derlei besonders gut verstanden: den Ebenisten Pierre Migeon, dem dieses Kunstwerk eine lebenslängliche Pension einbrachte.

Es waren die letzten, gleichsam schon für das Museum gefertigten Stücke eines schon zum Aussterben verurteilten Behelfes, denn die Migeons arbeiteten noch, als es in Paris schon eine ganze Anzahl jener Klosette gab, die aus bis heute nicht offenbaren Gründen als englische bezeichnet werden. Aus keiner einzigen britischen Quelle geht nämlich hervor, daß es in London vor 1750 WCs gegeben habe, in Paris aber hatte die Tänzerin Deschamps in diesem Jahr bereits eine zweifellos sehr kostspielige Installation in Besitz: Ihr Bad und das WC lagen nebeneinander und wurden aus einer Wasserleitung versorgt, und beide Räume waren vollkommen mit Spiegeln ausgekleidet. So verständlich es ist, daß Mademoiselle Deschamps sich in ihrem Bad bespiegelte, so können die Spiegelwände auf dem WC wohl nur durch die Neuartigkeit der Maschinerie entschuldigt werden – durchgesetzt haben sie sich gottlob nicht.

Marie Antoinette trat ein schweres Erbe an. Ausländische Damen waren im Gespinst der Pariser Hofintrigen stets hilflos gewesen, und doch hatte Anna von Österreich dem Land seinen Sonnenkönig beschert, Lieselotte von der Pfalz durch ihren Sohn die *Régence*. Die Französische Revolution gönnte Marie Antoinette nicht soviel Zeit, wie ihre Vorgängerinnen gehabt hatten; es reichte eben noch zur Halsbandaffaire und – zum ersten WC in

Versailles. Dieses und ein gewisser Luxus im häuslichen Bad wurden der armen Königin bald darauf öffentlich vorgeworfen!

Was man Marie Antoinette vorwarf, verzieh man von allem Anfang an ihrem Günstling, dem Grafen von Tilly, einem bekannten Lebemann. Der Frauenheld und Abenteurer war zum Leitbild der Epoche geworden, und während man im siebzehnten Jahrhundert noch den Haudegen goutierte, legten die Damen des *Ancien régime* schon größten Wert auf eine gepflegte Erscheinung des Mannes, dem sie sich zu ergeben gedachten.

So, wie Mademoiselle Deschamps ihre Spiegelkabinette und Wasserkünste nicht in erster Linie zum eigenen Gebrauch bestimmt hatte, erbauten die Herren, die sich als Verführer etablieren wollten, kleine Lusthäuser, in denen sich die zweckmäßigen Installationen leichter und billiger anbringen ließen als in den großen alten Stadtpalästen, und die obendrein den Vorteil der verschwiegenen Lage für sich hatten. Diese Häuser, mit der unnachahmlichen französischen Diskretion natürlich nicht Lusthäuser, sondern schlicht *Petites Maisons* genannt, wurden in der näheren Umgebung von Paris errichtet oder entstanden versteckt in großen Parks. Auch England und Deutschland ahmten sie bald nach, und so entstanden diese Pavillons in ganz Mitteleuropa etwa gleichzeitig und nach dem gleichen Typus, ob sie nun wie der des Herzogs von Richelieu an der Barriere von Vaugirard lagen oder in der Au zu Kassel, im Nymphenburger Schloßpark oder im Georgianischen London. Da sie alle mit galanten Wandgemälden geschmückt werden mußten, hatten die Jünger Fragonards und Bouchers alle Hände voll zu tun, und da üppige Bäder und geruchlose Toiletten ebenfalls zum Ensemble behörten, erlangten diese bislang vernachlässigten Räumlichkeiten der Oberschicht nun eine gewisse Bedeutung. Seit Jahrhunderten gewöhnt, sein Geld für Pferde und Frauen auszugeben, nahm der Adel Europas diese neuen Belastungen willig auf sich und buchte sie auf das Konto Frauen . . .

Sehr aufschlußreich bestätigt diese Zusammenhänge der glanzvollste Abenteurer des Jahrhunderts, Giacomo Casanova, Sohn einer Schauspielerin und eines venezianischen Patriziers, Ritter vom Goldenen Sporn und von eigenen Gnaden Graf von Farussi.

Solange er noch einigermaßen bei Kasse war, begannen seine Eroberungszüge stets damit, daß er nicht etwa eine Wohnung mietete, in der sich die sanitären Einrichtungen nachträglich schwerlich einbauen ließen, sondern ein ganzes Haus, das mit allem versehen war oder versehen werden konnte. So geschah es in London, in Solothurn, in Turin und am überzeugendsten in Paris, wo er nach langem Suchen das außerhalb der Bannmeile liegende kokette Anwesen *Petite Pologne* fand:

> Das Haus war gut möbliert und lag auf einem kleinen Hügel hinter den Gärten des Herzogs von Gramont . . . Es hatte zwei Gärten, von denen einer auf der Höhe der ersten Etage lag, drei Herrschaftszimmer, einen Stall für zwanzig Pferde, Badezimmer, einen guten Keller und eine große Küche mit allem Nötigen . . . Das Leben, das ich dort führte, machte *La Petite Pologne* schnell berühmt . . . Damen von Rang, aber auch von der galanten Spezies kamen schon am Morgen heraus, um sich in meinen Gärten zu ergehen, und mit ihnen kamen scheue Liebhaber, die den Mund nicht aufzutun wagten, und oft lieh ich das Haus einem Matador der Liebe, der hier mit einer jener Damen soupierte, die gemeinhin über jedem Verdacht stehen. *La Petite Pologne* wurde nach und nach zu einer Freistatt, deren Grenzen ich selbst kaum zu überschreiten wagte, denn wiewohl ich alles sah und wußte, verließ man sich doch allgemein auf meine Diskretion.

Casanova führte uns auch auf eine andere Spur. Es scheint, daß die reicheren und bequemeren privaten Bilder in vornehmen Wohnungen auch aus sozialen Gründen häufiger wurden. Man war von der großen Revolution zwar noch einige Jahrzehnte entfernt, aber das arglos-patriarchalische Verhältnis zwischen der Herrschaft und dem Dienstpersonal war doch nicht mehr so ungetrübt. Die Aufklärung auf der einen, der sichtbare Sittenverfall auf der anderen Seite hatten zumindest dem qualifizierten Hauspersonal die Augen geöffnet. Ein Kammerdiener wie Lebel beherrschte eine Region des höfischen Lebens, die unter Ludwig XV. wichtiger geworden war als je zuvor, und prägte den Typus des *Pourvoyeurs*, was man heute gern mit *talent scout* übersetzt. Berühmte Reisende der Epoche wie die Lady Montagu oder James Boswell hatten Diener, mit denen sie schon darum *au pair* verkehren mußten, weil diese Dienstboten einfach zuviel wußten. Und als Casanova in Solothurn eine hübsche Haushälterin namens Dubois engagierte, bedang sich diese als erstes aus, ihn nicht im Bade bedienen zu müssen. Ein Casanova war zwar um einen Ausweg nicht verlegen: Er besuchte mit der Dubois die Berner Mattenbäder, wo sie gemeinsam von zwei jungen Schweizerinnen im Bade bedient wurden (vgl. S. 42), aber nicht jeder, dem diese Dienste zu Hause verweigert wurden, hatte diese Möglichkeit. Man begann, sich selbst zu waschen, und das war in einem richtigen Badebecken mit Wasser in Reichweite nun einmal angenehmer als in jenen Bottichen oder Miniaturbadewannen oder Schüsseln, deren man sich bis dahin bedient hatte.

Nach der festlichen Gemütlichkeit des gemeinsamen Badens, wie man es im Mittelalter kannte, nach der minniglichen Augenorgie der Ritterburgen, wo Rosenblätter die nackten Ritter bedeckten, nach der Gleichgültigkeit gegenüber allem Schamgefühl, wie sie unter dem Regenten entstanden war, erzwang die Austerity der Aufklärung das einsame Bad, das es nie zuvor gegeben hatte. Aus dem Fest war eine Notwendigkeit geworden, aus dem Vergnügen eine Pflicht. Man ließ sich nicht mehr bedienen, da nun alle gleich waren, und man führte von der Wanne aus auch keine Konversation, denn die Herrschaft der Vernunft hatte Neben- und Hintergedanken geächtet. Der glühende Vorkämpfer der Menschenrechte, der Mann, der für die Revolution Tausende von Köpfen rollen ließ, wurde das erste Opfer der neuen Prinzipien. Hätte Jean-Paul Marat sich im Bade bedienen lassen, wäre Charlotte Corday nie an ihr Ziel gelangt.

SAUNA UND SEELENBAD

Nicht alle Völker der alten Welt hatten das Glück, in den milden, von der Sonne beschienenen Landstrichen am Mittelmeer zu leben. Lagen ihre Wohngebiete gegen Osten, so waren sie den

Stürmen aus den weiten asiatischen Steppengebieten preisgegeben; gegen Norden schützte kein Gebirge, und die Winterkälte erreichte Ausmaße, wie man sie in Italien, Griechenland oder Syrien nicht kannte. Das waren die Völkerschaften an den Ufern des Schwarzen Meeres; sie kannten die Griechen seit Jahrhunderten, weil diese das Getreide bei ihnen abholten. Die Griechen wiederum hatten Städte errichtet, in denen sich der Erlös aus den Getreideverkäufen auf höchst angenehme Weise verbrauchen ließ.

In der Geschichte hat die Gruppe der teilweise nomadisch, meist aber vom Getreideanbau lebenden Völker am Nord- und Ostrand des Schwarzen Meeres den Namen *Skythen*, und lange Zeit verstand man unter dem Skythenland den ganzen Osten Europas, der heute von Slawen besiedelt ist. Die Skythen hatten Könige, sie entwickelten eine sehr originelle, mit gefälligen Ornamenten arbeitende Kunst, sie gaben durch eine ganze Anzahl eigenartiger Bräuche ihrem Bild in der Kulturgeschichte Charakter. Als die von großem Geschmack und früher künstlerischer Kultur zeugenden Grabbeigaben der Skythen ans Tageslicht kamen, da hätte die sowjetische Wissenschaft diese ersten geschichtlich bekannten Einwohner Rußlands allzugerne als Slawen in Anspruch genommen, aber der Versuch mißlang. Die Skythen sind ein im Laufe der Jahre immer anziehender gewordenes, durchaus eigenständiges Forschungsproblem, und der erste, dem dies klarwurde, war Herodot von Halikarnassos, nicht gerade der Erfinder der Geschichtsschreibung, aber doch ihr erster großer Meister und heute so gut und angenehm zu lesen wie im fünften vorchristlichen Jahrhundert, als sein Werk entstand.

Herodots Neigung gehörte offensichtlich den östlichen Ländern. Er, der sich nie über die Alpen gewagt und auch Spanien nur aus Erzählungen kennengelernt hatte, bereiste Ägypten bis Elephantine, das Persische Reich bis Susa und den ganzen Schwarzmeerraum. Er besuchte die Skythen selbst und berichtete ohne jede Arroganz, nur mit der entschuldbaren Skepsis des Kulturmenschen, über ihre Gebräuche und die erstaunlichste ihrer Gewohnheiten: das Dampfbad.

Im Lande der Skythen wächst Hanf, der große Ähnlichkeit mit Flachs hat, aber größer und dicker als Flachs ist; denn darin übertrifft ihn der Hanf bei weitem. Er wächst wild, wird aber auch angebaut. Die Thraker machen sich Kleider daraus, die fast so aussehen wie leinene, so daß jemand, der es nicht genau kennt, gar nicht unterscheiden kann, ob sie von Leinen oder von Hanf sind . . .

Den Samen von diesem Hanf nehmen die Skythen mit in ihre Filzzelte und werfen ihn auf glühende Steine, auf denen er verdampft und einen Qualm verbreitet wie kein griechisches Dampfbad. Den Skythen aber ist solch ein Dampfbad ein Hochgenuß, und sie kreischen dabei vor Behagen. Das dient ihnen als Bad; denn im Wasser baden sie sich überhaupt nicht . . .

Herodots Deutung verrät Scharfblick und ist nicht zu bezweifeln. In Indien wurden Hanfblätter getrocknet und als *Bhang*, den man rauchte, in den Handel gebracht. Aus den Geschichten von Tausendundeiner Nacht kennt jeder die Bhang-Betäubungen; so schufen sich eben auch die Skythen ein Bad besonderer Art. Zum Fest der Reinigung kamen noch die Sensationen der Erhitzung und des gemeinschaftlichen Rausches, der Ekstase. Schon vor zweieinhalb Jahrtausenden und vermutlich sogar vor noch längerer Zeit war das Bad ein gemeinschaftlich begangenes Fest, in dem sich die Männer, vielleicht aber auch die ganze Familie vereinten. Die Filzzelte ließen nur wenig Luft durch, die heißen Steine trieben Aroma und Betäubungsstoffe aus den Hanfsamen, und die Hitze, der Schweißausbruch, die Ermattung taten ein übriges, um den Menschen in einen Zustand der Entrückung und Verzückung zu versetzen.

Während die Männer den Rausch suchten, trachteten die Frauen nach der Schönheit. Die rauhe Kleidung, zu der sie das Leben in der Steppe zwang, und die scharfe Luft bei oft großer Kälte nötigten sie einfach, es nicht bei der bloßen Reinigung bewenden zu lassen, sondern einen Vorstoß ins Gebiet der Kosmetik zu versuchen.

Die Skythenweiber reiben Zypressen-, Zedern- und Weihrauchholz auf einem harten Stein, gießen Wasser darauf, und wenn daraus ein steifer Brei geworden ist, bestreichen sie sich damit das Gesicht und den ganzen Leib. Davon bekommen sie nicht nur einen angenehmen Geruch, sondern, wenn sie am andern Tag die Paste wieder abwaschen, auch eine reine und glänzende Haut.

Das Zypressenholz schätzten schon die Völker des Zweistromlandes und die Hochlandkönige von Urartu. Sie achteten darauf, daß die Balken der Hallen in ihren Burgen stets aus Zypressenholz waren, dann erfüllte angenehmer Duft die Räume. Dieses Wissen besaß der Orient mindestens schon tausend Jahre, als Herodot zu den Skythen kam, und die Skythenfrauen machten es sich zunutze. Sie verfertigten ganze Masken, Gesichtsmasken wie die moderne Kosmetik, und jene, die besonders auf sich hielten, trieben die Körperpflege so weit, sich, vermutlich von Sklavinnen, am ganzen Leib bekleistern zu lassen – zweifellos mehr für sich selbst als für die rauhen Hände der Skythenbauern.

Die Funde, die vor allem sowjetischen Archäologen seit 1929 im Altaigebirge gelangen, brachten die Bestätigung, daß Herodot nicht geflunkert hatte. In einem einsamen Tal namens Pazirik, unweit des kleinen Telezker-Sees, fand C. J. Rudenko unter ewigem Eis fünf große Kurgane, Begräbnisstätten vornehmer Skythen eines nomadischen Stammes. Die Pazirikschen Kurgane lieferten den Beweis dafür, daß Männer wie Frauen der Skythen ihre eigenen Hanfrausch-Garnituren hatten. Daraus ist zu schließen, daß die Geschlechter sich dem Rauschbad mit den Hanfsamendämpfen getrennt hingaben. Steinerne Öllampen erhellten den Raum, in dem es vor sich ging, und während die Skythenzelte sonst meist völlig schmucklos waren, zeigte das erhaltene Hanfrausch-Zelt aus Leder einen Fries mit einem jener Tiermotive, die bei den Skythen so beliebt waren: Greifen stürzten sich auf Hirsche.

Im Völkersturm der Awarenzeit gingen die Städte und kleineren Siedlungen zugrunde, in denen sich Skythen, Griechen, Römer und zuletzt Goten vermischt hatten. Jahrhunderte vergingen, ehe sich die nächsten Reisenden aus dem Abendland in die weiten Steppen wagten. Einer von ihnen war der gebildete Mönch Wilhelm von Rubruk, auch Rubruquis genannt, ein Flame, gleichermaßen deutscher und französischer Kultur verpflichtet und ein weltgewandter, energischer Mann. Er reiste in den Jahren 1253 bis 1255 im Auftrag des Papstes zum Hof des Großkhans, um die Verbindung zwischen dem geistlichen Haupt des Abendlandes und dem mächtigsten Monarchen des Morgenlandes herzustellen – eine Verbindung, durch die man den Mohammedanern Schwierigkeiten zu machen hoffte . . .

Rubruk trat seine Reise in Konstantinopel an, überquerte das Schwarze Meer und befand sich bald in jener Steppe, die unter skythischer Herrschaft die Getreidekammer der griechischen Stadtstaaten gewesen war. Nun herrschten hier die Tataren in Zelten und Wohnwagen, und Rubruk, der die antiken Berichte über diese Landschaften sorgfältig studiert hatte, notierte eifrig alles, was sich gegenüber jenen fernen Zeiten verändert hatte.

Er sah, daß die Frauen in hübschen Wohnkarren hausten, die sie bemalten und verzierten, und daß jede ihrer Dienerinnen und das Gepäck wiederum Karren benötigten, so daß jeder vornehmen Dame ein Dutzend Karren zur Verfügung stand. Und da der Tatarenfürst sechsundzwanzig Frauen hatte, wohnte er folglich inmitten einer kleinen Stadt. Das war erstaunlich, aber hinzunehmen; doch wo war die Reinlichkeit der Skythinnen und ihre kunstvolle Körperpflege geblieben?

> Die Frauen sind fürchterlich fett. Jene, die sich der kleinsten Nase rühmen kann, gilt als die Schönste. Dabei entstellen sie sich noch dadurch, daß sie ihre Gesichter bemalen.
> Ihre Hauptbeschäftigung ist das Lenken der Wagen, die Aufstellung der Behausungen und das Melken der Kühe. Außerdem machen sie Butter, gerben das Leder und verstehen es auch zu nähen; anstelle eines Zwirns verwenden sie Tiersehnen . . . So verfertigten Sie Schuhwerk, Socken und andere Kleidungsstücke. Wäsche waschen sie niemals, denn sie sind der Meinung, daß Gott dies übelnehmen würde; sie sind sicher, daß ein Gewitter kommen würde, wenn sie die Wäsche zum

Trocknen aufhängten. Darum stürzen sie sich auf die wenigen Frauen, die dennoch zu waschen wagen, schlagen sie und reißen ihnen die Wäschestücke aus den Händen. Offensichtlich fürchten sie den Donner mehr als alles andere, und wenn ein Gewitter aufzieht, jagen sie alle Fremden aus der Umgebung ihrer Wohnstätte weg, hüllen sich in eine dicke schwarze Filzdecke und verbergen sich darin, bis alles vorbei ist.
Selbst ihr Geschirr spülen sie niemals. Haben sie Fleisch gekocht, so lösen sie etwaige Rückstände in den Töpfen mit der Brühe auf und verwahren diese Suppe bis zur nächsten Mahlzeit . . . Wollen sie sich den Kopf oder die Hände waschen, so nehmen sie Wasser in den Mund und lassen es aus diesem langsam auf die Hände rinnen. Auf diese Weise verstehen sie es auch, ihre Haare naß zu machen und zu waschen.

Was für die Skythen nicht gelang, nämlich ihre Verbindung zu den heutigen Russen herzustellen, das scheint sich nach diesem Bericht zumindest für die Tataren anzubieten. Denn in einem Buch des französischen Reisenden Victor Tissot, das 1890 in Paris erschien, finden wir die Feststellung:

> Der Muschik wäscht sich mit Wasser, das er in seinem Munde vorgewärmt und in die Hände gespuckt hat . . . Die Kinder werden mit liebreichen Worten bedacht, aber nicht gepflegt . . .

Sollte das Dampfbad wirklich ganz verschwunden sein? Es war nur, wie viele altrussische Gewohnheiten, durch die lange Tatarenherrschaft überdeckt, hat sich aber im Norden und im Süden der Tatarenzone erhalten. Ob es nun, als Sauna, tatsächlich eine finnische Erfindung ist oder ob es persischen Ursprungs und folglich im Türkischen Bad am meisten ausgeprägt ist, wird sich nicht mehr ergründen lassen. Sicher ist, daß das Dampfbad eine Einrichtung der alten Kulturnationen ist, daß es die Griechen seit dem achten vorchristlichen Jahrhundert kannten, die Perser aber noch länger und die Nordeuropäer – wenn man dem wortreichen Reformer Waerland glauben darf – gar seit neuntausend Jahren. Nicht zu leugnen ist, daß die Russen eine besondere Beziehung zu dieser eigenartig ekstatischen Badefreude haben, weil sie immer bereit sind, den Alltag abzustreifen und sich an die Freuden des Augenblicks hinzugeben.

Alexander Puschkin hatte die Bäder des Kaukasusgebiets schon als junger Mann kennengelernt. Auf dem Feldzug des Jahres 1829 kam er noch einmal in das russisch-persische Grenzgebiet und schildert in seiner *Reise nach Erzerum während des Feldzugs von 1829* seine Begegnung mit einer Art Sauna in beinahe hymnischen Worten:

> Der türkische Bademeister Hassan führte mich in einen mit Kacheln belegten heißtrockenen Raum und hieß mich auf dem harten, mit einer Leinenmatte bedeckten Boden niederlegen. Allmählich steigerte sich die Temperatur des Raumes und des von unten angeglühten Kachelbodens. Wohlige Wärme durchdrang meine Glieder. Hassan brachte brennende, nach Harz riechende Zweige, deren Duft das Wohlbehagen steigerte. Danach begann er, mich kräftig zu massieren, streckte mir die Gelenke, bohrte seine eisernen Finger in mein Fleisch, schlug mich mit seiner breiten Hand und auch mit der geballten Faust, doch fühlte ich nicht den geringsten Schmerz, sondern im Gegenteil eine wohlige Erleichterung! Später wurde mir erzählt, daß die orientalischen Bademeister sich bei der Massage derart begeistern, daß sie dem Badenden auf die Schultern springen und auf dem Rücken tanzen, ohne daß jemals ein Knochenbruch vorkommt.
>
> Endlich ließ Hassan mich los, um die Reibmassage mittels eines wollenen Handschuhs zu beginnen. Nach einiger Zeit wurde ich himbeerrot, und nun wusch er mich mit einer Leinenblase, die mit heißem Seifenwasser gefüllt war. Das dabei enstehende wohlige Gefühl ist kaum zu beschreiben. Diese Heißblasenmassage müssen wir auch in unseren russischen Badestuben einführen. Die Liebhaber des Schwitzbades werden für diese Neuerung sehr dankbar sein!
>
> Zum Schlusse mußte ich noch in ein Bad, das aus dem Felsen gehauen war und von einer heißen Schwefelquelle gespeist wurde. Ein Ruhebett mit Einpackung in einem Raum, in dem

nicht gesprochen werden durfte, beschloß dieses unvergeßliche Erlebnis.

Skeptiker werden einwenden, daß Puschkin eben ein Dichter und obendrein in einer Landschaft unterwegs war, die seine Phantasie besonders anregte und beschäftigte. Dort, wo er seinen *Gefangenen im Kaukasus* geschrieben und *Eugen Onegin* entworfen hatte, konnte ihm wohl nur Wunderbares widerfahren. Aber auch der als nüchtern geltende Helmuth Graf von Moltke, etwa gleichaltrig mit Puschkin, bekennt in seinen *Briefen über Zustände und Begebenheiten in der Türkei*, so ganz und richtig sauber wie nach dem ersten orientalischen Dampfbad mit kunstvoller Massage habe er sich trotz allen europäischen Waschens und Badens nie zuvor gefühlt. Während er am meisten darüber staunte, daß man sich trotz gelegentlich offener Türen und anschließender Bewegung in der Winterkälte keine Erkrankung zuziehe, war der Schwerenöter Casanova vom traulichen Durcheinander der Geschlechter am meisten beeindruckt.

Im Mai war Zaira so schön geworden, daß ich nicht den Mut hatte, sie in Petersburg zu lassen, als ich Lust bekam, eine Reise nach Moskau zu machen. Ich verzichtete daher auf einen Bedienten und nahm sie mit. Es bereitete mir ein außerordentliches Vergnügen, wenn sie in ihrer reizenden Weise venezianisch radebrechte. Samstags ging ich mit ihr ins russische Bad. Dort sind dreißig oder vierzig Männer und Weiber beisammen. Alle sind vollkommen nackt; da aber niemand den anderen ansieht, so hat man gar nicht das Gefühl, gesehen zu werden. Dieses Fehlen des Schamgefühls entspricht angeborener Unschuld. Vor allem überraschte es mich, daß niemand Zaira betrachtete, die doch so schön war wie die Psyche-Statue, die ich in der Villa Borghese gesehen hatte.

Die folgenden Seiten handeln so ausschließlich von Zaira, daß Casanova darüber das Bad ganz vergißt; er war schließlich kein Russe, hatte für das Mädchen ganze hundert Rubel bezahlt und nahm sich daher die Freiheit, sie zu betrachten. Dabei muß er, wenn man anderen Berichten über die russischen Bäder jener Zeit glauben darf, über allerlei hinweggesehen haben. Viele Reisende klagen über das Ungeziefer in den Umkleideräumen und Scharen von Schaben, die sie aus den abgelegten Kleidern schütteln müssen, ehe sie sie wieder anlegen können. Die strengsten Rügen erteilen die Franzosen, berichten von erstickendem Gestank, vom ekelerregenden Menschengedränge, von schmutzigen Räumen und preisen im Gegensatz dazu Konstantinopel, wo »ausgesuchteste Sauberkeit, lauterstes Wasser und die Düfte der Seife von Kandia« den Eindruck bestimmen.

Aber es sind nicht die Ausländer allein, die Anstoß nehmen. Gontscharow hat seinen schmutzigen Sachar, den Diener Oblomows, sicherlich mit Absicht so ausführlich charakterisiert, der wohlwollende Gorki sagt lapidar: »Sie kommen aus dem Bad und legen sich in die schmutzigen Betten«, und Dostojewski schildert, allerdings aus der verzweifelten Stimmung eines Strafverschickten und Zuchthäuslers heraus, das Bad im Totenhaus:

> Als wir die Tür zur eigentlichen Badstube aufmachten, glaubte ich, die Hölle offen zu sehen. Man stelle sich eine Stube von ungefähr zwölf Schritt Länge und gleicher Breite vor, in der vielleicht an hundert Menschen eingesperrt sind. Ein Dampf war in dem Raum, daß es einem dunkel vor den Augen ward, dazu Qualm, Schmutz und eine Enge, die keinen Fußbreit Platz ließ, wo man hätte hintreten können.
>
> Ich erschrak und wollte zurück, doch Petrov ermutigte mich und zog mich schnell hinein. Ich weiß selbst nicht wie, jedenfalls aber mit den größten Schwierigkeiten gelangten wir endlich zu den Bänken, nachdem wir über unzählige Köpfe der auf dem Boden Sitzenden hinübergestiegen waren, immer wieder mit der Bitte, sie möchten sich ein wenig bücken, damit wir mit unseren Ketten bequemer hinüber könnten. Auf den Bänken waren alle Plätze besetzt. Petrov erklärte mir, daß ich einen Platz kaufen müsse, und trat sofort für mich in Unterhandlung mit einem, der sich am Fenster niedergelassen hatte. Der Sträfling überließ mir für eine Kopeke seinen Platz, erhielt von Petrov das Geld, das dieser vorsorglich mitgenommen und die

ganze Zeit in der Hand gehalten hatte, und tauchte ohne weiteres unter die Bank, gerade unter meinen Platz, wo es dunkel und schmutzig war und glitschige Feuchtigkeit einen halben Finger dick den Boden bedeckte. Doch selbst diese Plätze unter den Bänken waren alle besetzt, auch dort wimmelte es von nackten Körpern und Gliedern.

Überall saßen gekrümmt und sich reibend die Gefangenen und begossen sich aus ihren Waschschalen mit Wasser. Andere wuschen sich zwischen ihnen stehend, während das schmutzige Wasser auf die zur Hälfte rasierten Köpfe der auf dem Boden Sitzenden hinabfloß. Auf der Schwitzbank und auf allen Stufen, die zu ihr emporführten, saßen gekrümmt und gedrängt, fast einer auf dem andern, sich waschende Gestalten. Genau gesagt wuschen sie sich nicht allzusehr. Die einfachen Leute waschen sich nur wenig mit Seife und heißem Wasser, sie lassen aber gehörig Dampf geben und schwitzen, was sie nur schwitzen können, um sich dann mit kaltem Wasser zu übergießen – das ist ihr ganzes Bad.

Dostojewski hatte als Kettensträfling damals noch keine Gelegenheit gehabt, die eigentlichen Einwohner Sibiriens, also nicht die Verschickten, sondern die Eingeborenen, näher kennenzulernen. Diese hatten nämlich zweifellos seit vielen Jahrhunderten eine Abart des Saunabades entwickelt, in der die Reinigung nicht mehr der oberste Zweck war. Menschen aus anderen Zonen mochten ihnen daraus einen Vorwurf machen, für die Sibiriaken war es wichtiger, sich gegen die außerordentlich krassen Temperaturunterschiede des extrem kontinentalen Klimas zu wappnen.

Die Hütte, die sie mehr als Klimakammer denn als Badstube benützten, heißt *Banja*, ist aus rohen Balken gezimmert und erhebt sich in der Nähe der Wohnhäuser. Wichtigster Einrichtungsgegenstand ist ein kleiner Herd, der mit Holz so lange angeheizt wird, bis die auf ihm liegenden, zu Haufen geschichteten Granitsteine zu glühen beginnen. Da es einen anderen Rauchabzug nicht gibt, bleibt während dieser ganzen Prozedur die Tür weit offen; dennoch kann man, wenn die Steine erst richtig heiß sind, in der Banja nur mit Mühe und Vorsicht atmen. In dieser trockenen Hitze beginnen die Pelztierjäger, Fallensteller und Viehhirten dann zu schwitzen, worum es ihnen, nach Dostojewski, ja in erster Linie geht, und treiben die Körpertemperatur um so höher, je kälter es draußen ist, eine bewußte Wärmetherapie als Vorkehrungsmaßnahme.

Selbst die Tatsache, daß so eine *Banja* ganz aus Holz erbaut war, spielte eine Rolle. Als man nämlich in neuerer Zeit im nun dichter besiedelten und industriell erschlossenen Sibirien zu Saunabauten mit Ziegelwänden überging, zeigte es sich, daß man diese wieder mit Brettern verkleiden und die Betonböden mit Holzrosten bedecken mußte. Nur das Holz nämlich nimmt die überschüssige Luftfeuchtigkeit auf und verhindert die unangenehmen Schockwirkungen des plötzlichen Wärmestoßes.

Sieht man auch Finnland als die Heimat der Sauna an, so bleibt es doch eine Tatsache, daß die finnisch-ugrischen Völker noch vor zwölfhundert Jahren weite Gebiete des heutigen Rußland besiedelten und vor dem Druck der Zentralrussen erst langsam nach Nordwesten auswichen. Nimmt man die sibirischen Sauna-Gewohnheiten und die Nachrichten von den Skythen hinzu, so ergibt sich das überraschende Bild einer Sauna-Gemeinschaft auf dem Boden der heutigen Sowjetunion. Woher die vielen Völker immer kamen, in ihrer Liebe zu Dampfbad und Birkenreisern, zu Wärmestößen und Heiß-Kalt-Therapien waren sie sich offenbar immer einig. Ist Deutschland mit Hahnemann, Prießnitz und dem Pfarrer Kneipp die Heimat der Kaltwasserbehandlung, so haben die russischen Völker im weitesten Sinn die Tradition des Dampfbades aus vorgeschichtlichen Zeiten in die Gegenwart herübergerettet. Es mochte seine Verbreitung unter Slawen und Finnen dem Umstand verdanken, daß der neurasthenische, labile Menschentyp, die Migräne-Naturen und von ihrem Blutdruck Geplagten unter ihnen verhältnismäßig selten sind. Den Phlegmatikern hingegen und den erkältungsgefährdeten Bewohnern kühlerer Zonen mußten die belebenden Wirkungen der Saunabäder besonders willkommen sein, und daß man dabei auch noch sauber wurde, das löste auf die angenehmste Weise das andere Problem der gelegentlich als lästig empfundenen Reinigung.

»Verstehst du«, sagte Oblomow zu seinem Diener Sachar, »daß durch den Staub Motten entstehen? Ich sehe manchmal sogar eine Wanze an der Wand!«
»Ich habe auch Flöhe«, antwortete Sachar gleichmütig.
»Ist denn das schön? Das ist ja Schmutz!«
Sachar schmunzelte über das ganze Gesicht, so daß das Grinsen selbst die Brauen und den Backenbart erfaßte, der sich seitwärts auseinanderschob, und ein roter Fleck sich über das ganze Gesicht vom Hals bis auf die Stirn hinauf ausdehnte.
»Ist es denn meine Schuld, daß es auf der Welt Wanzen gibt?« sagte er mit naivem Erstaunen, »hab denn ich sie ausgedacht?«

Der Diener Sachar wie sein Herr Oblomow, der nie ausgeht und jede gründliche Reinigung schon dadurch verhindert, sind Typen, die auch im alten Rußland nur einen Teil der Bevölkerung vertraten und die heute lediglich als Symbole einer hinabgegangenen Lebensweise angesehen werden können. Aber sie eignen sich für eine Probe aufs Exempel. Können wir uns die beiden in einem gekachelten, nickelblitzenden modernen Bad vorstellen? Würden sie es wagen, ihre Füße auf die feuchten Fliesen zu setzen, scharfe Wasserstrahlen auf ihre Körper zu lenken und dann mühsam den ganzen Leib abzureiben, bis man endlich wieder trocken ist? Eher passen sie schon in Dostojewskis Dampfstube, wo man kauernd vor sich hinbrütet, von Wolken umgeben und der Wirklichkeit enthoben, wo der Dampf etwas bewirkt, was nach einem langen und angenehmen Dämmerzustand immerhin als Reinigung angesehen werden kann.

Den letzten Schritt, die literarische Verherrlichung der lebenserhaltenden Saunastube und die sinnbildhafte Darstellung ihrer den Tod überwindenden Erneuerungswirkung, wagte allerdings kein russischer Autor, sondern Christian Mégret in seinem Rußlandroman *Le Carrefour des Solitudes*, der Geschichte einer jungen russischen Sportlerin namens Kristiaschka und eines Negers aus den Slums von New York, die bei der Invasion in der Normandie zueinanderfinden.

Kristiaschka saß auf einer Stufe der Saunakabine, ganz oben, schon beinahe unter dem Dach. Sie war völlig nackt. Sie war nicht allein, es waren sechs Menschen in der Hütte, alte Männer, Frauen und auch ein paar Kinder, und alle waren so nackt wie sie. Die Steine vor dem Ofen waren ganz heiß, und eine schwere Frau mit Hängebrüsten schüttete einen Scheffel Wasser darüber aus. Im nächsten Augenblick schon war die kleine Hütte, die sorgfältig gegen Zugluft abgedichtet war, voll von heißem Dampf. Der Schweiß rann über die nackten Körper, und Kristiaschka meinte zu ersticken, denn dort oben, wo sie saß, war die Hitze am größten.

. . . dann begannen sie mit Birkenreisern aufeinander einzuschlagen. Das war lustig und tat wohl, und man hatte den Eindruck, daß alles aus dem Körper entweiche, was ihm nicht guttat, alle stockenden Säfte, alle widerspenstigen Fasern. Kristiaschka schrie vor Vergnügen unter den Schlägen zweier Knaben, die ihrerseits wieder von einem Mädchen gegeißelt wurden. Sie fühlte sich leicht, ja beinahe schwebend, hell und klar im Innern und reingebrannt an der Oberfläche. Der alte Nikitin hatte also offenbar doch recht: Der Krieg war kein Grund, plötzlich keine Dampfbäder mehr zu nehmen; man war es doch gewöhnt, man hatte jeden Samstag eines genommen. Die Bauern dieser Gegend waren viel reinlicher als jene in ihrem Heimatdorf, viel reinlicher als Agafon, ihr Vater, der sich überhaupt nur während der warmen Monate gewaschen hatte. Um zu zeigen, wie abgehärtet man war, gingen Männer und Frauen bisweilen aus dem Dampfbad hinaus und wälzten sich, nackt wie sie waren, im Schnee; man rieb sich die Haut mit dem Schnee ab, bis sie rot und wie gesotten aussah.

Das tat auch Kristiaschka. Sie ging hinaus und trat in den tiefen Schnee neben dem Weg. Sie sank bis zum Bauch ein, und für einen Augenblick blieb ihr der Atem weg; ihre Zähne schlugen aufeinander, aber es erfüllte sie ein unerklärliches Wohlgefühl. Sie schlüpfte in den Schnee, bis er sie wie ein weißes Daunenbett bedeckte. Niemand war so kühn wie sie, niemand hatte es gewagt, ihr zu folgen, und sie war ganz stolz, daß sie, die hier fremd war, den anderen ein Beispiel von solchem . . .

Das ohrenbetäubende Krachen einer Explosion ließ Schneepakete aus den Zweigen herabfallen und hallte lange wider in den weiten Wäldern, zugleich erzitterte die Erde. Kristiaschka wurde von einer Wolke dichten Schneestaubs verschüttet, konnte sich aber nach ein paar kräftigen Drehungen der Hüften befreien und schließlich mit den Armen auch noch den Schnee vor dem Gesicht beiseite schieben. Die Badehütte war nur noch ein rauchender Trümmerhaufen; sie sah aus wie eine Zündholzschachtel, auf die man versehentlich getreten ist, und in dem großen Schweigen nach der Explosion erhob sich ein vereinzelter Klageruf.

Es ist ernst gemeint, das Bild von dem lebensstrotzenden russischen Mädchen, das, krebsrot im Schnee liegend, den Volltreffer überlebt, weil es die Saunagebote bis zur letzten Konsequenz befolgt. Und wenn die Sauna heute etwas ins Zwielicht geraten ist, dann tragen daran eben jene letzten und allerletzten Konsequenzen die Schuld, die von eifrigen Sauna-Aposteln proklamiert und gefordert werden. Sie versuchen, aus einer durchaus natürlichen, vielen Völkern und Zeiten vertrauten Einrichtung des täglichen Lebens wiederum einen Kult zu machen, wenn die dazu nötigen Nebel auch nicht mehr von Hanfkörnern, sondern von Nietzsche-Kernsätzen erzeugt werden. So gesehen, wäre die Sauna nicht nur ein Körper-, sondern auch ein Seelenbad.

Ursprünglich war das Seelenbad nichts anderes als eine wohltätige Stiftung. Da das Baden Geld kostete (wenn auch nicht viel), da aber auch die Armen in den Genuß eines Bades kommen sollten, lag es nahe, Bäder zu stiften, so wie man heute Freitische, Stipendien oder Freiplätze in Altersheimen stiftet, wenn man nicht reich genug ist, ein ganzes Heim zu erbauen. Der Gedanke, der dem Brauch zugrunde lag, war zweifellos die schöne biblische Szene von der Fußwaschung und die Erinnerung an die von vielen Heiligen überlieferten mildtätigen Waschungen an Kranken, Aussätzigen und Armen. Friedrich der Weise (Friedrich III., Kurfürst von Sachsen) stiftete acht Jahre vor seinem Tode, also 1517, im Rahmen einer letztwilligen Verfügung solche Seelenbäder, doch waren zu allen Zeiten die bürgerlichen Stifter häufiger, weil sich solch ein Legat an jedes Vermögen anpassen ließ.

Die Zahl der Bedachten wechselt daher in den überlieferten Stiftungen nicht minder als die ergänzenden Bestimmungen. In Wien bedachte man im vierzehnten und fünfzehnten Jahrhundert vor allem die Spitalinsassen, in Hannover, Hessen, Halle, Zittau und an anderen Orten unterschiedslos alle Armen, in Lübeck vorwiegend zahlenmäßig bestimmte Gruppen, und gelegentlich finden wir sogar das »Schröpfen um Gott's willen« in die Stiftung einbezogen. Da der Badende sich der Vergünstigung durch die Teilnahme an Vigilien oder Seelenmessen würdig erweisen mußte, stand er an diesem Tage von morgens bis abends im Dienste des Verblichenen, aber auch der eigenen inneren wie äußeren Reinigung. Gelegentlich gab es auch Mähler im Bad (in Wien waren sie, wie nicht sehr verwunderlich, eine feste Einrichtung); in Halle gab es immerhin Semmeln und Eier, in Lübeck, Freiberg und anderen Orten auch Bier oder Bargeld. Darum hieß der Ausrufer, der die Armen zu solch einem Bade holte, auch oft Bierrufer: »Ein Seelenbad, ein gutes Bad haben unsere Domherren aufgetan hinter Unserer Lieben Frauen Berge; wer dort baden will, soll gar nicht geben«, lautete nach Martin der Ruf in den Gassen; Anschläge faßte man meist amtlicher: »Desgleichen hat der Rat auf morgen, Montag, ein Seelenbad zu der oberen *(Bad)*Stuben bestellen lassen; wer um Gottes willen baden will, mag sich dahin *(ver)*fügen.«

Es kam vor, daß ein Totschläger dem Gedächtnis seines Opfers Seelenbäder stiften mußte. 1499 wurde so eine Regelung in Schneeberg in Sachsen getroffen, 1504 in Halle und mehrfach im sächsischen Freiberg. So ein Bad reinigte also nicht nur jene, die es nahmen, und pflegte nicht nur das Gedächtnis des Verblichenen, sondern entsühnte auch den Täter. Die reinigende Wirkung des Wassers als Element mag in diesem Brauch stärker sein als die christliche Überlegung der Sühne durch Wohltätigkeit. In jedem Falle aber erweist sich das Seelenbad damit als eine tief im Volksbewußtsein wurzelnde Einrichtung, die gleichermaßen das religiöse und das Rechtsempfinden berührte.

Wurden die Seelenbäder dieser Art auch im Laufe der Jahrhunderte immer seltener, so verging doch beinahe ein halbes

Jahrtausend, ehe sie ganz erloschen. In der zweiten Hälfte des neunzehnten Jahrhunderts verzeichnete man in Deutschland die letzten Stiftungen dieser Art; in der Schweiz, aber auch in einzelnen deutschen Reichsstädten, wie Frankfurt, war der Brauch allerdings nie heimisch geworden, hingegen findet er sich auch außerhalb Deutschlands dort, wo Deutsche Einfluß gewannen, wie etwa in der Hansestadt Bergen in Norwegen.

Im Grenz- und Übergangsgebiet zwischen deutschen und russischen oder deutschen und finnischen Volksteilen kommt es zu den merkwürdigsten Vermischungen von Seelenbad und Sauna. In Lettland zum Beispiel wurde am Allerseelentag in der Saunahütte für die Toten gedeckt. Die Hütte wurde geheizt, als wolle die Familie baden; auf Tischen wurden Speisen und Getränke bereitgestellt, und auch im Hause selbst blieben Speisekammer und Eingangstüre die ganze Nacht über offen. In dieser Nacht durfte jeder Fremde eintreten und wurde freundlich aufgenommen; Bad und Speise, Trunk und Nachtlager warteten auf ihn, denn in seiner Gestalt konnte ja einer der Abgeschiedenen wiedergekommen sein und nun erproben wollen, ob man den alten Brauch des Allerseelenwillkomms auch einhalte. Die Badstube, bei den Esten *Saun* oder *Sann* genannt, gilt das ganze Jahr über, nicht nur zu Allerseelen, als der Ort, an dem die Toten der Sippe zusammenkommen, freilich erst, wenn die Lebenden gebadet haben und die Saunahütte leer ist. Dann steigen die Toten aus ihren Gräbern und baden, und einmal im Jahr finden sie auch frische Totengewänder. Man legt ihnen so viele bereit, wie man (auf Grund der Erinnerung an die verstorbenen Familienmitglieder) Besucher aus dem Totenreich erwartet.

Die Toten in dieser Zeit zu stören, die seit alters ihnen gehört, gilt als schwere Schuld und zieht die Rache der Abgeschiedenen nach sich. In einem estnischen Märchen ist von einem Mädchen die Rede, das in der Neujahrsnacht ergründen wollte, wem es wohl angetraut werden würde. Ein Fremder hatte ihr erklärt, wie sie es anstellen müsse, und so ging sie heimlich, als alles schlief, mit einem Spiegel und zwei Lichtern in die verlassene Badstube hinüber, lehnte den Spiegel an die Wand, zog sich aus wie zum Bad und setzte sich davor. Sie starrte in den Spiegel, bis sich auf dem Grund des Glases ein schemenhaftes Bild zeigte: ein Soldat, der seinen Degen zog und nach dem Mädchen schleuderte. Haarscharf an ihrer Schulter flog der Stahl vorbei und blieb zitternd in der Holzwand stecken. Im gleichen Jahr heiratete sie tatsächlich einen verabschiedeten Soldaten. Als er seine Sachen in einen Schrank räumte, entdeckte er den Degen, den das Mädchen verborgen hatte und fragte, woher sie ihn habe. Verlegen gestand sie, welche Bewandtnis es mit dem Degen habe.

»Du also warst das, du Hexe!« rief der Soldat wütend. »Monatelang saß ich im Arrest, weil ich den Degen verloren hatte, und um ein Haar hätte man mich Spießrutenlaufen lassen. Da habe ich geschworen, den umzubringen, der ihn mir entwendet hat.« Nach diesen Worten drang er auf seine Frau ein und erstach sie.

Totenmähler in der Badstube sind schon wesentlich schwerer zu erklären als die christlichen Stiftungen von Seelenbädern, also Bädern zum Gedächtnis der Toten. Aber daß beides zusammengehört, ist doch wohl deutlich, und die gemeinsame Wurzel muß demnach in früheren, vermutlich vorchristlichen Zeiten liegen. Einige Wasser- und Badebräuche, die uns heute nicht mehr sehr pietätvoll erscheinen, geben vielleicht Aufschluß:

In manchen Gebieten Niederdeutschlands und im östlichen Holland stellt man unter das Totenbett eine flache Schüssel mit Wasser, in Böhmen stellt man neben den Toten auf einem Tischchen ein Glas mit Wasser bereit. Beides bedeutet offenbar dasselbe, nämlich das Bad für die Seele, die aus dem Leibe entflieht und allen Erdenschmutz von sich abwaschen will, ehe sie ins Jenseits eingeht. Da es sich um winzige Wassermengen handelt, kann der Sinn des Brauches nur die Reinigung sein, und da niemand weiß, wie groß eine Seele ist, können Waschschüssel oder Wasserglas als geeignet angesehen werden. Jahrtausende vorher, als das Heidentum noch mächtig war und das Wasser das Reich der Lebenden von dem der Toten schied, da war es ein mächtiger Strom, der im Dunkel dahinrauschte und den man nur mit der Hilfe Charons, des Fährmanns, bezwingen konnte.

Nur dort, wo das Römertum jahrhundertelang festsaß und seine stärksten Bastionen auf deutschem Boden hatte, am Rhein, da verschwamm die antike Vorstellung vom Totenstrom mit jenem Fluß, und man sagte – wie Cäsarius von Heisterbach um 1250 berichtet – von jemandem, der gestorben sei: *Er ist an den Rhein gegangen.* Vom Tod sprach man nicht gern, man verhüllte sein Auftreten, man täuschte sich über seine Allgegenwart. Der vertraute und urmächtige Strom aber, der nach Norden floß, wo die Welt dunkler wird, eignete sich recht gut als ein deutscher Styx; hundert Jahre nach Cäsarius von Heisterbach erlebte ihn der Dichter Petrarca in dieser Rolle, als er Frauen und Mädchen die reinigenden Wasser des Stromes gebrauchen sah und begeistert ausrief: »Oh, Ihr Glücklichen, denen es vergönnt ist, nahe am Rheine zu wohnen; er spült Euer Elend fort.«

Seit dem späten achtzehnten, vor allem aber im neunzehnten Jahrhundert mehrten sich die Ärzte, Kurpfuscher, Reformer und Populärphilosophen, die zwischen den Menschen und den Elementen eine erneuernde und somit heilkräftige Verbindung herzustellen trachteten. Vor allem werden Feuer und Wasser in diesen Absichten bemüht, Feuer in allen Erscheinungsformen, von der reinen Flamme bis zum glühenden Mineral, Wasser in allen Formen, vom kalten Bergbach bis zum heißen Dampf. Und wie die Skythen es sich einst in dem narkotischen Brodem ihrer Hanfsauna wohl sein ließen und sich lustvollen Träumen hingaben, so erscheint die Sauna bis herauf in unsere Tage als die einzigartige und wirkungsmächtige Verbindung elementarer Kräfte. Erhitzen die Flammen nicht die Steine? Lassen die Steine mit den in ihnen schlummernden Stoffen und Salzen nicht geheimnisvolle Wirkungen in den Wasserdampf aufsteigen? Wurden nicht die abgedrängten, verscheuchten und doch lebenspendenden Kräfte frei, wenn man etwa Bilsenkraut oder Bilsensamen auf die heißen Steine warf (»Willst du machen, daß die Weiber nackend aus der Badstube gehen, so leg Bilsensamen unter die Schwelle«, sagt ein alter Spruch)?

Aber während wir selbst im Bilsenkraut und im Hanfsamen einen Sinn erkennen können, den kathartischen Auftrag der regelmäßigen Reinigung und Befreiung des äußeren wie des inneren Menschen in Traum und Tat, bleibt die neuere Sauna-Philosophie tatsächlich Seelenbaderei, worin eine höfliche Form des Wortes Salbaderei erblickt werden möge.

Wo immer etwas im Kosmos geschieht, ist der Gegensatz der Urquell. Welteis ist wie Weltglutstoff von Anbeginn vorhanden, und neben Glutsternen gibt es auch Eiskörper. Zwischen diesen Gegensätzen vollzieht sich auch das organische Leben auf Erden. Wer dieses bipolare Spiel am besten verträgt, der ist der Stärkste. Da es aber seit der Eiszeit mehr kalt als warm gab, so mußte der Mensch nach der ausgleichenden Wärme suchen. Er erfand die Anfachung des Feuers. Das Feuer nützte er zu allen möglichen Zwecken; so baute der Mensch sich später auch die Sauna . . .

Hörbigers Welteislehre wird ebenso unbekümmert zur Sauna in Beziehung gesetzt wie die Eiszeit, auf die der Frühmensch gewiß nicht gewartet hat, um das Feuer als notwendig zu erkennen.

Die russischen Qualmbäder sind keine Wasser-, sondern Feuerbäder, also durch ein Prinzip wirksam, welches der Urquell alles Lebens ist, alle anderen Elemente begeistert, die ganze Natur durchdringt, Tiere und Pflanzen aus ihrem Schoße hervorruft, ja sogar jeden Lebensakt derselben zustande bringen muß. Der Mensch kann sich auch in Feuer baden und sich in alle Elemente eintauchen, um darin seine verlorene Gesundheit wiederzusuchen.

Jede neue Entdeckung, die Erkenntnisse der Physik, der Chemie, der medizinischen Wissenschaften werden unbedenklich in die Sauna-Apologie eingebaut und vor allem dazu benützt, die unvermeidlichen Niederlagen (nicht der Sauna selbst, sondern der Pansaunisten) mit neuen Argumenten wettzumachen. Als nach langem Zaudern die Physikalisch-Technische Reichsanstalt in Berlin vor etwa zwanzig Jahren damit begann, in Saunaräumen radioaktive Messungen vorzunehmen und keine Strahlungen feststellte, tönte es aus dem Saunalager zurück:

Wir brauchen uns nicht zu wundern, daß die unvollkommenen Messungen der Reichsanstalt keine Strahlung in der Sauna vorfanden. Recht hat hier, wie immer, das intuitive Wissen behalten: nämlich der finnische Bauer, der behauptete, daß der Sauna eine Strahlung innewohnen müsse, weil sie seit undenklichen Zeiten dem Menschen Wohl spende.

Und selbst wenn das Leben zu Ende ist, erlahmt die Saunawirkung noch nicht. Die geheimnisvollen Wirkungen der Granitbrocken, die in Millionen von Jahren Sonnenkraft speicherten und vom Wasser abgeschliffen wurden, helfen dem Menschen auch aus dem Diesseits ins Jenseits, wo er dann allerdings vermutlich die Sauna entbehren muß:

> Die Allbejahung des Lebens geschieht immer im Zeichen der Nietzeschen Lobpreisung der Gefahr. Der Durchschnittsmensch flieht sie, wenn sie ihm begegnet. Der Hervorragende aber geht seinen Schicksalsweg mit *Amor fati*, das heißt der Liebe zum Unabwendbaren. So zeigen uns auch die Saunagesänge der *Kalevala*, des finnischen Nationalepos, den Weg der Selbstbehauptung und des Schicksaltragens . . . Deshalb stirbt der alte finnische Bauer ohne Furcht und Krampf und erleichterten Herzens in seiner Sauna, die ihm geholfen hat, seinen Körper zeitlebens rein zu halten.

Man lächelt, weil man die Diktion zu kennen meint: Urquell, Allbejahung, die Gegenüberstellung der Durchschnittsmenschen und der »Hervorragenden«, und weil man sich die Sauna als Produktionskammer des Übermenschen trotz kräftiger Zugaben von Bilsensamen nicht recht vorstellen kann. Dennoch ist an der Aufrichtigkeit dieser Lebensreformer und ihres Saunaglaubens nicht zu zweifeln. In ihnen ist, wie seit Jahrtausenden in vielen, die diese Form des Bades kennenlernten, die Überraschung des ersten Erlebnisses zu tiefer Dankbarkeit geworden, und diese Dankbarkeit hat so manchem die Zunge gelöst, ihn zum Apostel gemacht. Damit beweisen auch sie, stammelnd oder psalmodierend, wie tief eine Reinigung gehen, wie tief ein Bad zu dringen vermag. Es birgt aber auch die Gefahr, daß nicht alle eingedrungenen Dämpfe sich wieder verziehen . . .

SANKT MARTIN UND DER TEUFEL

Hatten die Menschen auch nicht zu allen Zeiten das gleiche Bedürfnis nach körperlicher Säuberung, so plagten sie doch immer wieder die gleichen Krankheiten. Darum gab es kaum ein Zeitalter, in dem man nicht in Bädern Heilung suchte und jenen Quellen Aufmerksamkeit schenkte, die durch Temperatur, Geruch oder andere Umstände verrieten, daß aus ihnen kein alltägliches Wässerlein sprudle.

Natürlich mußte man von diesen Quellen wissen; sie waren ja stumm und auf die Fama angewiesen, auf die Erzählungen der glücklich Geheilten, die den Ruhm eines Badeortes ausmachten. Als die alte Welt zerfiel und zerstampft wurde, erlitt diese Fama eine langwährende Unterbrechung. Die römischen Reiseführer (Itinerarien) wurden nicht mehr gelesen, das römische Wissen von den heilkräftigen Bädern geriet in Vergessenheit, die Reisenden aus dem so großen und doch so geschlossenen Römischen Reich blieben in Aix und in Aachen, in Baden bei Wien und in Baden bei Zürich zunächst einmal aus.

Es kam sogar noch schlimmer. Kein Geringerer als Martin von Tours, der sonst so sympathische Heilige und Beschützer der Fahrenden und Bedrängten, soll auf einem Zuge durch Frankreich alle alten Badeanlagen zerstört haben; seine Anhänger stürzten, von Martins Predigten dazu begeistert, die Säulen um, schleiften die Mauern der Thermen, zerschlugen die Becken und Brunnen. Martin, ein großer Wundertäter, konnte sich so eine Verschwendung vielleicht leisten und war offenbar der Meinung, daß man nicht in Gottes Ratschluß eingreifen dürfe, der schließlich auch die Krankheiten in die Welt schickte; vielleicht hatte ihn der Schwefelgestank so mancher Therme auch auf die Vermutung gebracht, hier seien Pforten der Hölle offen und teuflischer Brodem trete an die Erdoberfläche, um die Menschen anzulocken.

Sankt Martin von Tours wurde der ersten einer, die allgemeine Verehrung in der Christenheit genossen; aber mit den Heilquellen hielten es sein frommen Nachfolger bald anders. Die Mönche waren die ersten, die nach den unruhigen und blutigen Zeiten der wandernden Völker und plündernden Streifscharen wieder zur

Arbeit riefen und zur Wiederbesinnung auf die Güter des Diesseits und des Jenseits. Sie rodeten Wälder und legten Fischteiche an, sie ermunterten die Bauern zu planmäßigem Anbau, zur Bienenzucht und zum Handel mit den landwirtschaftlichen Erzeugnissen. Ihrer konsequenten Erschließungsarbeit konnten die Möglichkeiten nicht entgehen, welche die Heilquellen boten. Der Nutzen mußte sich zwar erst erweisen, aber er lag andererseits auch zum Greifen nahe. Man mußte nicht, wie beim Erzbergbau, mühsam Stollen in die Berge treiben; die warmen, sauren oder sonst bemerkenswerten Quellen entströmten der Erde unaufhörlich und zunächst auch ohne Zutun; es wäre Leichtsinn und Verschwendung gewesen, an ihnen vorbeizugehen. Und da sie offensichtlich ein Stück Natur und ein Stück Schöpfung waren, avancierten die warmen Quellen trotz bisweilen recht penetranten Geruchs zu Gottesgaben an die leidende Menschheit – was sie, nun im Ernst gesprochen, auch zweifellos sind.

In einer Zeit, in der fast alle Gebildeten dem geistlichen Stand angehörten, erwarb sich dieser auch die ersten Verdienste um eine ganze Anzahl später berühmt gewordener Bäder. Schon im Jahre 675 nahmen sich die Äbte von Weißenburg (heute Wissembourg) der Quellen von Baden an; das Benediktinerkloster von Fulda baute die Salinen von Kissingen aus, und auch im Rippoldsauer Bad mit seinen kohlensäurereichen salinischen Eisenquellen waren es die Benediktiner, die sich um erste zweckdienliche Badeeinrichtungen bemühten. Bischof Gottfried III. von Würzburg ließ die Quellen des einst sehr berühmten Wildbades Burgbernheim in Mittelfranken fassen, und Würzburger Bischöfe waren es auch, die sich des alten, schon 841 erwähnten Heilbronn annahmen. Beiden Bädern aber widerfuhr das immerhin seltsame Mißgeschick, daß ihre Quellen nach starken anfänglichen Heilerfolgen in späteren Jahrhunderten nur noch gutes Trinkwasser lieferten, dem besondere Heilkraft nicht mehr zugesprochen werden konnte.

Trier, vielleicht die älteste Stadt auf dem Gebiet der heutigen Bundesrepublik Deutschland, war schon ein römischer Badeort. Die Bischöfe von Trier aber interessierten sich mehr für das malerische Bertrich in einem Seitental der Mosel, wo die Römer eine Glaubersalztherme entdeckt hatten. Erzbischof Johann wandte zu ihrer Wiederherstellung sechzehntausend Gulden auf und gab fünfzehn Jahre später dem Ort eine starke Wehranlage zum Schutz der Badenden gegen räuberische Überfälle. Auch dieses Bad aber geriet im siebzehnten Jahrhundert in Vergessenheit und war im achtzehnten nicht mehr benützbar.

Aachen hingegen bewahrte seinen Ruf seit der Römerzeit beinahe ununterbrochen, zweifellos, weil Karl der Große sich dort so wohl fühlte und einen guten Teil seines Lebens in Aachen zubrachte. Zuvor aber hatte Pippin der Kurze hier den Teufel besiegen müssen, der offenbar doch in den Gehirnen mancher Thermenbenützer spukte: Als Pippin zur Quelle ging, wirbelten plötzlich Dampfwolken um ihn her; der unerschrockene Vater des Großen Karl zog sein Schwert und zerhieb sie, wobei das Schwert in den Boden fuhr.

Den Teufel auszutreiben, das war damals große Mode, und wenn wir von den Tagen, da der Inkubus mit Vorliebe in den Nonnenklöstern auftrat, auch noch einige Jahrhunderte entfernt sind, aus den warmen Quellen verjagte man ihn schon damals im ganzen westlichen Europa.

Die französischen Kleriker waren darin besonders emsig, als wollten sie den heiligen Übereifer Martins von Tours damit wiedergutmachen. Benediktiner, Kapuziner, Cölestiner, Franziskaner, Barfüßer und andere teilten sich in Bäder, deren Namen heute Weltruf haben wie Clauterets, Plombières, Luxeuil, Aix-en-Provence, Spa, Vichy und so weiter. Und man umwarb die solchermaßen aktiv gewordene Geistlichkeit auch vor allen anderen Ständen, etwa, wenn man bei der Bischofsquelle von Pozzuoli (bei Neapel) ein Schild mit dem Versprechen lesen konnte, daß dieses Wasser besonders geeignet sei, die Gicht zu vertreiben, »wie sie insbesondere bei den Herren Prälaten wegen des überreichlichen Essens aufzutreten pflegt«.

Bald hatten die Herren Prälaten in diesen Bädern jedoch Nachfolger, die es nicht bei der Sünde der Völlerei bewenden ließen. Es begann vermutlich im Süden, dort, wo in dem Winkel zwischen den Pyrenäen und dem Atlantischen Ozean ein tüchtiges Fürstengeschlecht mit einigen aus der Legitimität herausragenden Persönlichkeiten ein Ländchen eigener Prägung geschaffen hatte. Hier kamen sie alle her, mit deren Namen sich das französische Wohlleben, ja bis heute mancher gastronomische Traum verbindet: Margarete von Valois, nach der in Frankreich noch Hunderte von Rôtisserien heißen, die tapfere Jeanne d'Albret, ihr Sohn Henri IV., Genießer, Frauenheld und Erneuerer, und Marguerite von Navarra, die durch ihr *Heptameron* unsterblich wurde.

Und im ersten Abschnitt des berühmten Buches, in der Geschichte *Wie sich die Gesellschaft zusammenfand*, lesen wir:

> In den ersten Septembertagen, der Zeit, da der Besuch in den Badeorten der Pyrenäen sich besonders empfiehlt, befanden sich in Cauterets mehrere Personen verschiedener Nationalität; aus Frankreich, Spanien und anderwärts waren sie gekommen, die einen, um die Quellen zu trinken, die anderen, um zu baden, wieder andere für Moorbehandlung, die in wunderbarer Weise selbst aufgegebene Kranke zu heilen vermag . . .

Eine der in den Pyrenäen häufigen Regenperioden aber verwandelt die freundliche Landschaft in ein Chaos von Wildbächen, vermurten Wegen und rutschendem Erdreich, in dem die Räuber und die Bären über die zurückgebliebenen Reisenden herfallen. Nach manchen Mühen und Gefahren findet sich eine kleine Gesellschaft von Edelleuten an sicherem Orte zusammen und beschließt, als Zeitvertreib – und also kunstlos – Geschichten zu erzählen, bis die Wege wieder passierbar seien.

Die Rahmengeschichte des *Heptamerons* folgt offensichtlich dem Vorbild des Boccaccio, doch während dieser seine Erzähler vor der Pest fliehen läßt, wählt Margarete von Navarra ein realistisches Motiv aus ihrem eigenen nächsten Lebensumkreis. Ganz so war es: Man besuchte die Bäder nicht nur, um Heilung zu erlangen, sondern auch um sich zu zerstreuen und zu erholen, was zunächst in aller Unschuld gedacht war, »denn, wenn man im Bade weilt, muß man wie ein Kind dahinleben und alle Sorgen von sich weisen«. Und es waren notwendigerweise die nächstgelegenen Bäder, die man aufsuchte, denn weite Badereisen waren angesichts der Wegeverhältnisse und der unbequemen Verkehrsmittel einfach undiskutabel.

Um so mehr aber erwartete man sich von den Bädern, die man unter Mühen endlich erreicht hatte. Die Schwefelquellen von Cauterets sollten, wenn man sie trank oder in ihnen badete, zu Kindersegen verhelfen, die Schlammbäder von Dax die Jugend wiederkehren lassen, Bagnères, wo Jeanne d'Albret ein Haus besaß, die hartnäckigsten Hautkrankheiten vertreiben.

Die berühmtesten französischen Bäder jener Zeit aber waren Forges-les-Eaux, heute ein Dorf von zweitausend Einwohnern an der unteren Seine, ferner Vichy und Bourbon-l'Archambault, das heute häufig wegen Frauenleiden aufgesucht wird. Damals jedoch genoß die kalte Eisenquelle von Forges unstreitig den Vorzug, alle, die dies wünschten, fruchtbar zu machen. Guilleaume Colletet, Dichter und eines der ersten Mitglieder der *Académie Française*, beschreibt uns den erstaunlichen Zulauf:

> Tausende junger Frauen, die sich zur Erfüllung ihrer Ehe Kinder wünschen, kommen hierher, um von der Quelle zu erlangen, was irgendeine natürliche Ursache ihnen verwehrt; manche schöne Unzufriedene erhält hier die kräftigsten Hilfsangebote von seiten der Kavaliere, andere wieder sind in ihrer Tugend stark genug, diese zurückzuweisen. Viele kerngesunde Damen üben monatelang zu Hause jene Beschwerden ein, die ihnen trotz der natürlichen Eifersucht ihrer Gatten einen Besuch in Forges-les-Eaux einbringen sollen, und schon die Mädchen verstehen es, ein Jahr lang zu intrigieren und Freundinnen einzuspannen, um zur Zeit der Saison unter irgendeinem Vorwand in Forges zu weilen. Wieder andere bezwecken mit ihrer Badereise nichts anderes als das ungestörte Zusammentreffen mit ihrem Liebhaber an jenem Ort, wo alle Lästerzungen schweigen, obwohl sie hier mehr Stoff zum Klatsch fänden als irgendwo sonst auf der Welt . . .

In Vichy erwartete die Kurgäste eine besonders anstrengende Kur: Man mußte das alkalische, stark kohlensäurehaltige Wasser trinken und eine Weile später ein Glas des Vichy-Wassers neben ein Glas des eigenen Urins stellen. Erst wenn der Urin ebenso klar war wie das Wasser, durfte man in der Quelle auch baden.

Die auf den ersten Blick grotesk wirkende Vorschrift hatte zweifellos den Sinn, eine Hauptgefahr der Bäder abzuwenden: die Ansteckung mit einer Geschlechtskrankheit. Diese wurden allerdings weniger durch das Badewasser als durch das Schröpfen übertragen, aber so genau wußte man das damals noch nicht. Heute ist Vichy, eben weil es von vielen Leberleidenden aufgesucht wird, eines der populärsten Bäder Frankreichs, und *être mise au Vichy* bedeutet, daß man des Guten zuviel getan hat und für einige Zeit Tafel- und Gaumenfreuden entsagen muß.

Zwischen Moulins und Montluçon, aber abseits vom großen Verkehr, liegt heute Bourbon l'Archambault, ein besonders früh entdecktes und frequentiertes radioaktives Bad. Es ist schon dadurch ein Kuriosum der Kultur- und Literaturgeschichte, daß hier einer der frühesten europäischen Romane spielt: die 1234 von einem unbekannten Verfasser veröffentlichte Geschichte der *Flamenca*, das kulturgeschichtlich vielleicht wichtigste Werk in altprovenzalischer Sprache. Nach ihm zu schließen, standen die Badeeinrichtungen von Bourbon schon auf beachtlicher Höhe. Die Bäder gehörten, wie heute zum Beispiel in Badgastein, meist zu den Hotels, doch gab es auch öffentliche Bäder für die weniger begüterten Kurgäste. In jedem Badezimmer floß gewöhnliches und Thermalwasser, und nach dem Bad konnte man in ruhigen Zimmern so lange auf einem Bett liegenbleiben, bis man wieder Lust hatte, sich anzukleiden.

Der Roman berichtet uns auch, daß man sich zu gewissen Zeiten des Badens enthielt; es herrschten also auch in Frankreich jene abergläubischen Vorbehalte wie in Deutschland und der Schweiz. Man befürchtete, daß die an sich heilsamen Bäder an manchen Tagen nicht nur wirkungslos bleiben, sondern sogar schaden könnten.

Wirklich in Mode kam Bourbon l'Archambault jedoch erst, als der französische Hof die für damalige Verhältnisse weite Reise wagte. Im Jahr 1681 zum Beispiel war Ludwig XIV. vom 26. April bis zum 5. Mai unterwegs, ehe er von Versailles aus Bourbon l'Archambault erreichte, und das, obwohl man für den Monarchen eigens die ganze Route überprüft und mit Faschinenbündeln die Löcher gefüllt, mit neuen Bohlen die Brücken verbessert hatte.

So hoher Besuch zog natürlich andere Berühmtheiten nach sich; der Dichter Corneille, der Stückeschreiber Scarron, dessen Witwe die heimliche Gemahlin des Sonnenkönigs werden sollte, die schöne Montespan und die nicht ganz so schöne Madame de Sévigné machten sich zu diesem Ort auf, »der an sich ziemlich bedeutungslos ist, aber Beachtung verdient wegen all der Herren und Damen aus der Gesellschaft, die sich dort zusammenfinden, teils, um ihre Gesundheit zu pflegen, teils, um der Einsamkeit zu entrinnen, und mitunter auch aus anderen geheimeren Motiven . . .«

Männer von Geist, wie Nicolas Boileau, Poet, Historiograph, Advokat, Kritiker – und Asthmatiker, vermochten dieses Treiben nicht recht ernst zu nehmen:

> Nun hat man mich auf alle Arten gepflegt und purgiert, und es scheint keine der Formalitäten zu fehlen, denen man sich unterziehen muß, ehe man die Bäder gebrauchen darf. Die Medizin, die ich heute nahm, hat mir alle Güter der Welt beschert, denn sie ließ mich vier- oder fünfmal in tiefen Schlaf versinken . . . Morgen soll dann das große Werk beginnen: Ich werde würdig sein, die Wirkungen des Wassers zu empfangen . . . Einfach ist das nicht, nach allem, was ich höre, denn die Bäder wirken sehr einschläfernd, aber man darf nur ruhen, nicht schlummern; für einen leidenschaftlichen Schläfer ein fürchterliches Noviziat!

Auf die Befreiung von seinem Asthma wartete Boileau freilich vergeblich, und auch seine Stimme gewann er erst viel später zurück, als er längst wieder in Paris weilte.

Andere wußten sich besser darein zu schicken, so etwa die schwatzhafte Madame de Sévigné: »Um sechs Uhr geht man schon zur Quelle«, erzählt sie in einem ihrer Briefe, »und seltsamerweise sind alle anderen Leute auch schon da; man trinkt und schneidet das obligate Gesicht dazu . . . Dann geht man spazieren, immer auf und ab, hört die Messe, gibt die genossenen Wassermengen wieder von sich und unterhält sich mit den anderen wispernd über die Art, in der dies geschehen ist; bis Mittag ist von nichts anderem die Rede . . .«

Nicht minder unverblümt äußert sich der junge Schweizer Felix Platter über die warmen Salinen von Balaruc bei Montpellier. Er studierte dort Medizin (nicht sein Vater Thomas Platter, wie der sonst gut unterrichtete Doktor Cabanès irrtümlich annimmt) und zog mit anderen Studenten auch gelegentlich in die nähere Umgebung. Als er bei einem dieser Ausflüge Balaruc aufsuchte, in den fünfziger Jahren des sechzehnten Jahrhunderts, war das schon den Römern bekannte Bad ein Dorf mit etwa achtzig Häusern, und die Quellen wanderten, das heißt sie brachen an so verschiedenen Stellen hervor, daß man es nicht wagen konnte, über ihnen größere Gebäude oder Gemeinschaftsbäder zu errichten. Da volkreiche Städte, wie Montpellier, Nîmes und Toulouse, nicht allzuweit entfernt waren, fehlte es dennoch nicht an Zustrom, wenngleich die elegante Welt sich auf Frühjahr und Herbst beschränkte. Im August sah Platter nur Deutsche baden und stellte verwundert fest, daß es ihnen nicht geschadet habe . . .

Da die entsprechenden Badeanlagen noch fehlten, trank man das warme, stark salzhaltige und unangenehm riechende Wasser, das nach Platter so schmeckte wie eine schlechte Gemüsesuppe, die man durch Versalzen genießbar zu machen hoffte, und zwar mit sechs Gläsern beginnend bis zu zwölf auf einmal! Nach dem Bad wanderte man in das dort sehr flache Land hinaus, wobei sich die Damen auf den Arm ihrer Diener oder Ritter stützten; und da das Wasser sehr schnell und heftig auf den Darm wirkte, »ergab sich das kuriose Spektakel, all diese vornehmen Leute in freiem Felde nach besten Kräften arkebusieren zu sehen, und es gab weder einen Baum noch sonst etwas, das sie gegen die Blicke hätte schützen können, denn die Häuser begannen erst am Ufer des Teichs«.

Badeeinrichtungen und Wohnmöglichkeiten für die Kurgäste blieben jahrhundertelang das Hauptproblem selbst stark besuchter, reicher Bäder. Als König Karl III. von Frankreich im frühen zehnten Jahrhundert das Vogesenbad Plombières besuchte, mußte er zunächst ein Haus, das voll von Badegästen war, für sich räumen lassen. Diese Brutalität verziehen ihm die zum Teil recht wohlhabenden Kurgäste nicht; man redete seither soviel Schlechtes von ihm, daß er schließlich als Karl der Einfältige in die Geschichte eingegangen ist und man sogar seine königliche Geburt in Zweifel zog (man nahm damals wohl noch an, daß Könige keine einfältigen Kinder haben könnten . . .).

Dabei war Plombières eines der größten und berühmtesten Bäder des römischen Europa. Vor den Römern hatten die Einheimischen die Quellen gebraucht, deren Temperatur (bis zu 74 Grad Celsius) auch einfachen Menschen auffallen mußte. Ein Gallier namens Actius ließ dann in römischer Zeit die Quellen sammeln, und seit Caesars Zeiten hatten dort Legionäre und Veteranen des Rheuma auskuriert, das sie sich in den feuchtkühlen Wäldern des mittleren Europa zugezogen. Auf einem Hügel zwischen Plombières und Remirecourt soll das Römerlager sich erhoben haben.

Die günstige Lage nahe der im Mittelalter sehr verkehrsreichen Rheinroute brachte schon früh fürstliche Gäste nach Plombières. Herzog Franz I. von Lothringen starb auf dem Weg ins Bad, Herzog Heinrich II. hielt sich dort wiederholt auf und führte die Mode des Trinkens ein – bis dahin hatte man nämlich die verschiedenen Quellen lediglich zum Baden benützt. Als nun aber dieser fürstliche Magen das Wasser nicht nur vertragen, sondern mit Wohlgefallen aufgenommen hatte, festigte sich der Glaube, daß ein Trunk an der Quelle Verdauungsstörungen beheben könne.

Das Baden selbst war allerdings kurzweiliger, denn in den Gemeinschaftsbädern war ebensowenig Platz wie in den Gasthöfen des Ortes, und da Caesar nicht daran gedacht hatte, daß einer seiner Legionäre sich vor den anderen genieren könnte, badeten nach dieser alten Sitte alle Kurgäste von Plombières in den von heißen Schwaden erfüllten Badehäusern gemeinsam. Herren und Damen, Jünglinge und Mädchen, Mönche und Nonnen drängten sich auf engstem Raum, und im Becken selbst stand man wie ein Spargel neben dem andern. Die Badevorschriften legten darum auch größten Wert drauf, daß jeder sich vor dem Betreten des Badhauses sorgfältig säubere, dann Nase und Ohren mit Watte verstopfe und die Augen geschlossen halte, weil die Dämpfe ihnen schaden könnten. Jenen, die dennoch ein Auge riskierten, nahm man die Freude dadurch, daß man die Badstuben nur soweit erleuchtete, als unumgänglich notwendig war.

Als die mittelalterliche Naivität dahinschwand, begann man, an solchem Treiben Anstoß zu nehmen. Männer von Bildung und Distinktion fanden es nun unter ihrer Würde, sich zu diesem arglos plätschernden Völkchen unter die Duschen zu pressen, die ein besonderer Anreiz der Plombières-Bäder waren: Man empfing sie heiß, aus schweren Leinwandsäcken, auf die bloße Haut und wurde unmittelbar darauf in vorgewärmte Badetücher gewickelt. Aber es kamen eben immer mehr, die diese Duschen begehrten, und als gar die Deutschen die Bäder von Plombières entdeckten, die Alemannen, die von jeher gewohnt waren, nicht nur eine Viertelstunde im Bade zu bleiben, sondern den ganzen Tag darin zuzubringen, da wurde es vollends unerträglich. Französische Chronisten gebrauchten von den Deutschen verächtlich die Wendung *grenouiller*, sagten ihnen also nach, daß sie im Bade herumfröschelten, statt es wie guterzogene Menschen zur Kur zu gebrauchen.

Wir wissen das so genau, weil der größte Philologe seines Jahrhunderts, der gelehrte Joachim Camerarius (1500–1574), vom Pferd stürzte. Die Folgen dieses Sturzes versuchte er in Plombières auszukurieren, aber das einzige Ergebnis der Kur war ein lateinischer Traktat über den Badeort, in dem der mißgelaunte Humanist sich einfach über alles beklagte. Die Einwohnerschaft erschien ihm abergläubisch, faul und geldgierig, gleichzeitig aber beschränkt und fremdenfeindlich. Das Treiben im Bade selbst, die ständige Ausstellung von Narben, Gebrechen und Arm- oder Beinstümpfen fand er abstoßend und ekelerregend. Die Kranken stiegen mit Holzgabeln, die ihnen als Stöcke dienten, ins Wasser, »eine dunkle, ungesunde, zitternde, widerliche Menschenmasse«, aus der Camerarius wohl sogleich wieder geflohen wäre, hätte es nicht die Mädchen gegeben, die »strahlend schön, frisch und lächelnd ihre Brüste über das Wasser hoben«.

Michel de Montaigne, der im gleichen Jahrhundert seine berühmt gewordene Badereise durch Mitteleuropa absolvierte, erklärt uns, welche Bewandtnis es mit diesen Mädchen hatte, und daß der gelehrte Camerarius nicht der einzige war, der sich an dem freute, was die jungen Dinger – über und unter Wasser – zeigten.

Montaigne weilte zwar nur kurz in Plombières – elf Tage –, und es ist, sehr zum Ärger mancher französischen Patrioten, auch das einzige französische Bad, das er ausführlicher beschreibt. Aber er gibt uns ganz genau an, wieviel er täglich getrunken und welche Wirkungen er verspürt habe. Da er von den Ärzten nichts hielt, begegnete er auch den Heilbädern mit einer gewissen Skepsis. In Plombières konnte er immerhin nach einigen Tagen feststellen, daß keines seiner Leiden sich durch den Gebrauch der Bäder oder durch die Trinkkur verschlimmert habe, und das sei schon etwas wert. Befriedigt verzeichnet er auch, daß es schon damals Stop-Preise gab, offenbar, weil sie nötig waren; jeder Herbergswirt, der mehr verlangte, als vorher festgelegt, wurde mit einer empfindlichen Strafe bedacht.

Montaigne schied von Plombières, nachdem er noch sein Wappen hatte malen und am Hause anbringen lassen, in dem er gewohnt hatte. Sein Schreiber aber mußte die teils in französischer, teils in deutscher Sprache gehaltene Badeordnung in ihrer ganzen respektablen Länge kopieren, und aus ihr erfahren wir, auf welche Weise die gesunden und strahlenden Mädchen ins warme Wasser kamen:

> Es wird allen Personen, gleich welchen Ranges sie sind und woher sie kommen, strengstens verboten, Dirnen oder andere schamlose Frauenzimmer in den Ort einzuladen oder mit sich zu bringen. Wird ein solches Mädchen aufgegriffen, so erhält es die Peitsche an den vier Ecken der Mauer. Der Mann, der sie eingeschleppt, wird eingesperrt oder an seinem Vermögen gestraft . . .

Es muß also manch eine durch die Maschen des Gesetzes geschlüpft sein . . .

Montaigne reiste nach damaliger Sitte nicht allein, sondern in Begleitung von vier Herren, deren einer sein jüngster Bruder Bertrand-Charles war, mit seinen einundzwanzig Jahren nicht einmal halb so alt wie der berühmte Essayist und auch keineswegs genötigt, die Bäder der verschiedenen Kurorte zu gebrauchen, die man besuchte; er wollte vielmehr nach Rom, um dort das Fechten zu erlernen, trank aber gleichsam zur Information brav von allen Wässerchen, die sich die älteren Herren der Reisegesellschaft zu Gemüte führten.

Daß diese Reise bald mehr nach einer Kavalierstour aussah als nach beschwerlichen Fahrten zu einer Kur, braucht uns nicht zu verwundern, und einem kleineren Geist als Montaigne hätte die Nachwelt die kuriose Mischung balneologischer und sittengeschichtlicher Eindrücke, die sein Reisetagebuch wiedergibt, auch kaum verziehen. Montaigne berichtet mit genau der gleichen *désinvolture* über die Farbe seines Harns und die Qualitäten der römischen Kurtisanen, über die Preise der Herbergen in Lucca und die Größe der abgegangenen Steine. Er macht nicht die geringsten Anstalten, seiner daheimgebliebenen Frau treu zu bleiben, denkt aber zärtlich an sie, wenn an einem Wallfahrtsort ein Votivtäfelchen anzubringen ist oder wenn es ein Bad gegen Gesichtsröte gibt, dessen Wasser er seiner Frau zu empfehlen vorhat.

Sieht man von den schlechten Wegen ab, so bestand die Hauptschwierigkeit des Reisens im sechzehnten Jahrhundert darin, daß meist nur wenige und schlechte Unterkünfte zur Verfügung standen. Italien und vor allem seine Badeorte scheinen aber schon früh mit Fremdenverkehr gerechnet zu haben, denn Montaigne sagt in einem Rückblick, daß er außer in Venedig in ganz Italien gut und preiswert gewohnt habe; einem seiner Herbergsväter bewahrte er sogar ein beinahe zärtliches Andenken, und wir werden auch erfahren, warum . . .

> Mein Wirt, Kapitän Paulini – er ist auch wirklich Kapitän –, gab mir ein Wohnzimmer, drei Schlafzimmer, eine Küche und ein Nebenzimmer für unsere Leute. Wir hatten acht Betten, darunter zwei mit einem Baldachin. Er lieferte das Salz, an je-

dem Tag ein Handtuch, alle drei Tage ein Tischtuch, dazu Küchengeräte und Leuchter, alles für elf Taler; in zwei Wochen machte das einige Sous weniger aus als zehn Pistolen *(1 Pistole etwa 25 DM)*. Schüsseln und Teller, die hier irden sind, kauften wir selbst, ebenso Gläser und Messer. In jeder Wohnung bieten sich die Leute an, den Haushalt zu führen ... Da die Koliken fortfuhren, mich zu quälen, und so taten, als wollten sie meinen Leib zerreißen und die Schmerzen nacheinander in den verschiedensten Partien meines Unterleibs auftraten, erkannte ich, daß sie durch Winde, nicht durch Steine verursacht seien, und verlangte einen Einlauf. Er wurde mir abends gegeben, war mit Öl ausgezeichnet gebunden und enthielt außerdem Kamille und Anis ... Kapitän Paulino applizierte ihn mir selbst, und zwar mit größter Geschicklichkeit ...

Das ist eine der Stellen, die Montaigne so herbe Kritiken eingetragen haben wie jene der *Correspondance Littéraire*, die 1774 behauptete, von dem ganzen Werk seien überhaupt nur zwanzig Seiten der Veröffentlichung würdig gewesen (und das immerhin beinahe zweihundert Jahre, nachdem es geschrieben wurde); für uns aber zeigt sich doch, daß die Badeorte und die Menschen, die ständig in ihnen lebten, eine Art Vortrupp des modernen Tourismus waren. Lange, ehe das Reisen zu einer Millionenbewegung wurde, gab es in vielen Dutzenden französischer, italienischer, deutscher und schweizerischer Orte schon Gaststätten, Wirte und Bedienungspersonal, die so ausschließlich auf den Fremdenverkehr eingestellt waren wie ihre Kollegen des zwanzigsten Jahrhunderts.

Wesentlich altertümlicher als die Unterbringung muten uns die Ärzte an; die medizinische Betreuung ließ zweifellos noch sehr zu wünschen übrig, und man tat gut daran, sich mit Beobachtungsgabe und Hausverstand über seinen Zustand laufend Rechnung zu geben, wie es Montaigne tat; damit hatte man noch immer die verläßlichste Hilfe und eine gewisse Kontrolle über die Entwicklung im eigenen Innern.

Am 25. Juli (1581) besuchte ich den berühmten Cornachicco, Arzt und Hochschullehrer in Pisa *(er hieß richtig Cornacchino, 1557–1584)*. Dieser Mann lebt ganz nach seiner Weise, und zwar durchaus gegen die Grundsätze der Medizin, legt sich mit vollem Magen zu Bett und trinkt hundertmal am Tag. Er zeigte mir einige Verse, die er gemacht hatte, im Dialekt von Pisa, aber sonst recht gefällig ... Er ist, wie er mir anvertraute, überzeugt davon, daß die ganze Medizin, vom Aderlaß abgesehen, nichts wert ist; hingegen seien die Bäder für den, der sie mit Verstand gebrauche, zweifellos von großem Nutzen.

Dieses Mißtrauen gegenüber der Medizin, das auch einige Ärzte des Jahrhunderts beseelte, trieb manchen Kranken mit Beschwerden in die Bäder, gegen die sich die meisten der sonst so heilkräftigen Wasser als wirkungslos erwiesen:

An einem dieser Tage kam ein Handelsmann aus Cremona ins Bad; er hatte eine ganze Anzahl schwerer Gebrechen, dennoch redete er ohne Unterlaß und war sehr beweglich; ja, soweit das ein Außenstehender beurteilen kann, war er sogar fröhlich und freute sich zu leben. Sein schlimmstes Leiden saß im Kopf; der war schon so schwach, daß er sein Gedächtnis völlig verloren hatte. Hatte er gegessen, so war es ihm vollkommen unmöglich zu sagen, was man ihm aufgetischt hatte. Konsultierte er zwanzig Ärzte, so waren nicht zwei unter ihnen der gleichen Meinung, und die Winde plagten ihn so, daß sie ihm knallend zu den Ohren herausschossen ...

Was dem armen Krämer aus Cremona nun tatsächlich aus den Ohren drang, wird sich wohl nie mehr ergründen lassen; sicher ist jedoch, daß er bei all seinen Leiden dennoch jene Fröhlichkeit nicht verloren hatte, die man in allen alten Anweisungen für den Bädergebrauch als wichtigste Voraussetzung für das Gelingen der Kur empfohlen findet. Man hatte seit dem Mittelalter schon jene ganzheitliche Auffassung von Kur und Entspannung, man war so eingeschworen auf das Bad als Fest und Feier, daß auch die Gebrechen daran nichts ändern durften. Das überzeugendste Beispiel für das virtuose Nebeneinander von Leiden und Freuden einer Badereise wird wohl für alle Zeiten Montaignes Reisetagebuch bleiben, in dem der Vorreiter der Aufklärung zum Entsetzen seiner Jünger als ein frommer und beinahe schicksalsergebener Bäderpilger durch Frankreich, Deutschland und Italien reist, dabei aber nicht vergißt, was an ihm noch gesund ist, und seine Reisen mit allen Sinnen genießt. Die starken Anregungen, von einem gebildeten und weltoffenen Menschen besonders dankbar empfunden, gesellten sich als mächtige Stimulantien der Lebensfreude zu den Heilwirkungen der Trink- und Badekuren.

Montaigne war nicht der erste und nicht der letzte, dem es so ging. Unter seinen Zeitgenossen nennt er, ohne Aufhebens zu machen, also in völlig selbstverständlicher Anführung, den Kardinal Lodovico d'Este (1538–1586), einen Sohn Ercole II. von Ferrara, der seiner Gicht wegen die Bäder von Padua gebrauchte: »Er blieb zwei volle Monate, teils weil die Bäder so angenehm waren, teils weil er die gefälligen Damen von Venedig so nahe hatte.« Nicht der leiseste Unterton eines Vorwurfs mischt sich in die Feststellung, Heilschlamm und Kurtisanen gehörten nun einmal zusammen . . .

Weniger bekannt, weniger unterhaltsam, aber in seiner Genauigkeit für den Historiker unentbehrlich sind die Aufzeichnungen des lateinisch schreibenden und dichtenden Jacques-Auguste de Thou (1553–1617), dem merkwürdig ruhigen Mittelglied zwischen seinem Vater, der als Politiker die Morde der Bartholomäusnacht verteidigte, und seinem Sohn, der an der Seite des Aufrührers Cinq-Mars sterben mußte, weil er von dem Komplott gewußt, es aber aus Freundestreue nicht verraten hatte.

Dieser Jacques-Auguste de Thou hatte mit einigen Freunden eine Reise in den französischen Süden angetreten und Tarbes am Nordhang der Pyrenäen erreicht, als seine Gesellschaft mit dem großen und fröhlichen Gefolge Heinrichs IV. zusammentraf. Dieser König war einer der größten Schürzenjäger auf dem französischen Thron, was immerhin einiges besagen will, und stand eben in seinem dreißigsten Lebensjahr. Noch drückte ihn nicht die volle Verantwortung, der Thron wartete noch auf ihn, aber in der Reihe seiner bekannter gewordenen Mätressen stand er schon bei Nummer neun, nämlich der schönen Françoise de Montmorency-Fosseu, gelegentlich auch Fosseuse geschrieben, weil das etwa heißen könnte: die Dame mit den Grübchen.

Als Heinrich eine Weile mit Françoise gelebt hatte, stellte sich bei ihm eine lebhafte Sehnsucht nach den kräftigenden Bädern von Cauterets ein. Er kannte sie sehr gut, weil das ganze Haus Navarra von Margarete bis Jeanne d'Albret dort die abhanden gekommenen Kräfte ergänzt hatte. Und Heinrich kehrte um so lieber in die Pyrenäen zurück, als er ja aus jenem Landstrich stammte und sicher sein durfte, nach den schweren Hugenottenkriegen im mittleren und nördlichen Frankreich im Béarn unter Freunden zu sein.

Darum focht es ihn auch wenig an, daß seine Gemahlin sich geweigert hatte, in dem großen Zug mitzureisen, in dem eine Mätresse den Ton angab, und statt dessen, wie die Zeitgenossen sagten, »so viele Tränen vergoß, wie Heinrich und die Fosseuse Tropfen aus der Heilquelle tranken«. Das war bei damaligen Badegebräuchen eine wahre Tränenflut: De Thou trank regelmäßig seine siebenundzwanzig Gläser am Tag, und das eine Woche lang, und er weiß von einem jungen Deutschen zu berichten, der es auf fünfzig Gläser brachte. Felix Platter sah die Deutschen im August als einzige bei Montepellier baden, de Thou verzeichnet ihren Trinkeifer – die deutschen Touristen schlugen also schon im sechzehnten Jahrhundert alle Rekorde. Dabei hatten die Pyrenäenbäder wenige Jahrzehnte vorher einen anderen bekanntermaßen durstigen Kurgast in ihren Mauern gesehen: François Rabelais, den Dichter der Freß-, Sauf- und Venusgeschichte von *Gargantua und Pantagruel.* Den frommen Clément Marot, dem Frankreich so manches geistliche Gedicht im ewigen Vorrat seiner Poesien verdankt, begeisterten die Pyrenäensprudel und die Nähe der Margarete von Navarra zu einer Anzahl von Versen, die seine Anhänger nur dadurch erklären konnten, daß sie auf Sankt Martin zurückgriffen, den alten Thermenstürmer: der Schwefel verrate ja schließlich, wo die Quellen herkämen, und diese Höllendünste könnten auch den bravsten der Braven verderben. Als die Lebensquellen und Fruchtbarkeitssalze aus den Pyrenäenhängen sprudelten und sprangen, da hatte Marot nämlich völlig ungeistlich gesungen:

Solch ein Gut
Hebt den Mut
Man jagt
Die Magd
Der Liebe gefälliges Wild
Das den Hunger nach Glück erst stillt.

DIE GRÖSSTE BADEWANNE DER WELT

In der Karibischen See, im Stillen Ozean und an den Küsten Japans haben die Menschen wohl zu allen Zeiten gebadet; der Kulturmenschheit des kleinen Erdteils Europa blieb es vorbehalten, die größte Badewanne unseres Planeten lange Zeit zu ignorieren.

Die Griechen waren mit dem Meer noch eng vertraut gewesen, die Römer hatten schon die warmen Bäder vorgezogen, die Germanen badeten lieber in Flüssen und Seen, und an der Schwelle der Neuzeit empfand man das große und gefährliche Weltmeer überhaupt als des Menschen Feind, dem man sich nicht leichtfertig nähern sollte. Nur in einem Fall, bei einem ganz bestimmten und schlimmen Übel, vertraute man sich dem Meere an: Es hatte im Volksglauben der Küstenbewohner die Kraft, die Tollwut zu besiegen.

Im Jahre 1671 wurden drei Hofdamen der französischen Königin von einem Hündchen gebissen, das bald darauf an Tollwut starb. Ludwig XIV., der das Leben der drei Schönen retten wollte, organisierte eine der ersten Seebadereisen nach Dieppe, zu einer recht ungewöhnlichen Zeit, nämlich Mitte März. Man hatte auch sonst noch keinerlei Erfahrung, wußte nur, daß man Tollwutverdächtige dreimal ins Meer werfen müsse, und so erlebten die hochgeborenen jungen Damen de Ludres, Coetlogon und de Rouvroi die einigermaßen verwirrende Situation, daß normannische Matrosen sie ein Stück ins Meer hinausruderten, dann auszogen und kurzerhand ins Wasser warfen. Vor Aufregung mit der

Zunge anstoßend, erzählte Mademoiselle de Ludres nachher der Marquise de Sévigné: *Ah Madame, quel étrange sose d'être zetée toute nue dans la mer!* Worauf die erfahrene Marquise das Mädchen mit dem Hinweis tröstete, das Meer könne nur stolz sein, so hübsche Damen im Naturzustand empfangen zu haben. Ob das märzkalte Wasser vor Dieppe die Tollwut tatsächlich im Keim erstickt hat, das hat uns die Marquise allerdings nicht berichtet.

Immerhin scheint mit diesem Dokument, einem Brief aus dem Jahr 1671, die Priorität der Stadt Dieppe gegenüber dem englischen Seebad Margate erwiesen zu sein. Der Kampf, wer das Meerbaden volkstümlich gemacht habe, tobt nämlich zwischen

Briten und Franzosen ähnlich heftig wie seinerzeit die Kämpfe zwischen den Piraten Devonshires auf der einen, den Korsaren aus Dieppe, Saint-Malo und Boulogne auf der anderen Seite des Kanals. Dieppe kann darauf hinweisen, daß es dort schon 1778 ein *Maison de Santé* gegeben habe, woraus man nach heutigem Sprachgebrauch auf eine Privatklinik oder Heilanstalt für Nervenkranke schließen würde; damals scheint es sich aber tatsächlich um Einrichtungen gehandelt zu haben, die das Baden im Meer erleichterten. Die britische Konkurrenz wiederum weist auf einen unverdächtigen, weil neutralen Zeugen hin, den deutschen Professor Lichtenberg. Er schildert nach der einleitenden Frage *Warum hat Deutschland noch kein großes öffentliches Seebad?* den Betrieb in Margate und Deal folgendermaßen:

> Man besteigt ein zweirädriges Fuhrwerk, einen Karren, der ein aus Brettern zusammengeschlagenes Häuschen trägt, das zu beiden Seiten mit Bänken versehen ist. Dieses Häuschen, das einem sehr geräumigen Schäferkarren nicht unähnlich sieht, hat zwei Türen, eine gegen das Pferd und den davor sitzenden Fuhrmann zu, die andere nach hinten. Ein solches Häuschen faßt vier bis sechs Personen, die sich kennen, recht bequem, und selbst mit Spielraum, wo er nötig ist. An die hintere Seite ist eine Art von Zelt befestigt, das wie ein Reifrock aufgezogen und herabgelassen werden kann . . . In dieses Häuschen steigt man nun, und während der Fuhrmann an die See fährt, kleidet man sich aus. An Ort und Stelle, die der Fuhrmann sehr richtig zu treffen weiß, indem er das Maß für die gehörige Tiefe am Pferd nimmt . . . läßt er das Zelt nieder. Wenn also der ausgekleidete Badegast alsdann die hintere Türe öffnet, so findet er ein sehr schönes, dichtes leinenes Zelt, dessen Boden die See ist, in welche eine Holztreppe führt. Man faßt mit beiden Händen das Seil und steigt hinab. Wer untertauchen will, hält den Strick fest und fällt auf ein Knie, wie die Soldaten beim Feuern im ersten Gliede, steigt alsdann herauf, kleidet sich bei der Rückreise an usw. Nach meinem Gefühl war es durchaus hinreichend, drei- bis viermal kurz hintereinander im ersten Gliede zu feuern.

Hier war tatsächlich das Meer zur Badewanne degradiert, und man hätte sich mit zweifellos gleichem Genuß, nur etwas weniger Umständen, eine Tonne Seewasser beim Spediteur bestellen können. Aber den schüchternen Gemütern unter den Zeitgenossen Lichtenbergs war selbst das Reifrockzelt noch eine zu luftig-beängstigende Angelegenheit, weswegen unser Professor eine besondere Beruhigung für die Damen anschließt:

> Da das schöne Geschlecht von Anfang, wie ich gehört habe, auch hier gegen das Unversuchte einige Schüchternheit äußern soll, so finden sich an diesen Orten vortreffliche Kupplerinnen zwischen der Thetis und ihnen . . . Dieses sind in Margate junge Bürgerweiber, die sich damit abgeben, den Damen aus- und ankleiden zu helfen, auch eine Art von losem Anzug vermieten, der, ob er gleich schwimmt, doch beim Baden das Sicherheitsgefühl der Bekleidung unterhält, das der Unschuld selbst im Weltmeere sowie in der dicksten Finsternis immer heilig ist.

Schon etwas ärgerlich wegen der vielen Einwände, die man seinem Lieblingsgedanken, dem Meerbaden, entgegenbrachte, ging Lichtenberg mit seinem vollen Sarkasmus schließlich noch auf jene ein, die fürchteten, bei einem Bad im Ozean von Fischen gefressen zu werden:

> Vor dem Schicksal des Jonas wird nicht leicht jemand im Ernst bange sein, der das Lokale dieser *(Bade)*Orte kennt: Die Fische, die einen Propheten fressen könnten, sind da so selten als die Propheten. Eher könnte man die dortigen Fische vor den Badegästen warnen. Seit jeher sind zwar die Fische dort, zumal von Fremden, mit großer Prädilektion *(Vorliebe)* gespeist worden, es ist mir aber nicht bekannt, daß je einer von ihnen das Kompliment erwidert hätte.

Etwa zur gleichen Zeit nannte Goethe, der immerhin schweizerische und thüringische Bäche mit lautem Gejohle durchschwommen hatte, Meerbäder eine »Verrücktheit der Enthusiasten für den Naturzustand«, Turnvater Jahn wurde – allerdings als

Knabe und noch ohne ehrfurchtgebietenden Bart – mit Ruten gestraft, weil er in der Saale gebadet hatte, und Johann Gottfried Seume, der Mann, der nach Syrakus spazierenging, hielt es für nötig, sich gelegentlicher Freibäder wegen ausdrücklich zu rechtfertigen. Demgegenüber scheinen tatsächlich die britischen Bäder und wohl auch Dieppe das Eis gebrochen zu haben. Die Damen der französischen Adelsgesellschaft, die in der Emigration die englischen Bäder kennengelernt hatten, wollten die Wirkungen des Meeres auch dann nicht missen, als sie wieder in Frankreich leben konnten, und fuhren standhaft nach Dieppe, wo bereits einige primitive Badeeinrichtungen vorhanden waren.

> Mein Bruder *(schreibt die Comtesse de Boigne)* hatte für mich einen kleinen gedeckten Wagen aufgetrieben. Schwieriger war es, einen Mann zu finden und ein Pferd, die sich ins Wasser wagten, und zwei Frauen, die mit mir baden sollten. All diese Vorbereitungen hatten die allgemeine Neugierde in einem solchen Maße erregt, daß meinen ersten Bädern eine beträchtliche Menschenmenge beiwohnte. Man fragte meine Dienerschaft, ob ich von einem wütenden Hund gebissen worden sei, und allgemeines Mitleid wandte sich mir zu. Man hatte offenbar den Eindruck, ich sollte ertränkt werden, und einige würdige Herren aus Dieppe fragten meinen Vater, ob er sich auch über seine Verantwortung im klaren sei, mir einen so einmalig kühnen Akt gestattet zu haben . . .

Ganz langsam ging es aufwärts, weil gerade die Leute, auf die es ankam, nämlich die Küstenbevölkerung, nicht begriff, was man an den Meerbädern finden könne. Selbst die Matrosen jener Zeit weigerten sich ja im allgemeinen, schwimmen zu lernen: Falle man ins Meer, dann gebe es ohnedies keine Rettung, und ein rechter Seemann gehe dann am liebsten schnell unter, ohne erst lange um sich zu schlagen. Und so wurde denn auch das Baden als eine jener Städter-Verrücktheiten angesehen, mit denen die Pariser von Zeit zu Zeit die französischen Provinzen erschreckten. Dabei hätten gerade die wegen der britischen Kontinentalsperre arg notleidenden nordfranzösischen Hafenorte jeden einzelnen Badegast als einen Retter vor der Armut begrüßen müssen.

In einer für uns und für heute unbegreiflichen Weise hingen alle Augen am Adel und an dem, was dieser tat. Die Gräfin de Boigne hatte schon einiges Aufsehen erregt; die Königin Hortense kam 1813 nach Dieppe, was man verzeichnete, aber was dem Bade noch nicht sehr viel half, da der ganze Clan der Bonapartes ja nicht für voll genommen wurde. Immerhin entstanden in den folgenden Jahren ein paar Baracken und abgegrenzte Meerbäder, und man bereitete sich hoffnungsvoll auf den 31. Juli 1824 vor, an dem die Herzogin von Berry die Saison eröffnen und Dieppe damit hoffähig machen würde, war sie doch die älteste Tochter des Königs von Neapel und einem Familienzweig der Bourbonen ehelich verbunden. Die unter dem Namen Daniel Stern schreibende Comtesse d'Agoult hat uns den Tag geschildert:

> Die Etikette verlangte, daß man am Tage der Saisoneröffnung, in dem Augenblick, da die Prinzessin ins Wasser ging, einen Salut aus Kanonen in den Himmel schoß. Der leitende Arzt des Seebades mußte ihre königliche Hoheit ins Wasser begleiten. Doktor Mourgué hatte für diese Gelegenheit seinen schönsten Anzug mit einer funkelnagelneuen Hose angezogen, bot der Prinzessin seine behandschuhte Rechte und ging mit ihr ins Wasser, als befände man sich auf dem Parkett eines Ballsaals.

Der Bademeister war damals oft ein Fischer, der sich eine dunkelblaue Hose und dazu eine dunkle Jacke angezogen hatte, die eine rote Schärpe mit gelben Fransen voneinander trennte. Auf seiner Ledermütze stand in großen Lettern *Vereidigter Bademeister*, woraus er das Recht ableitete, die Badegäste ziemlich rauh zu behandeln: Sie wurden alle mit dem Kopf voran ins Wasser getaucht, welche Tortur der Fischer so lange wiederholte, bis er aus dem Japsen und Flehen der nach Luft Ringenden erkannte, die heilsame Salzbrühe sei tatsächlich überall hingedrungen.

Allerdings hatten die Damen jener Zeit noch nicht die Möglichkeit, sich durch besonders anziehende Badekleidung aus der Menge herauszuheben und den Bademeister günstig zu stimmen. Die Kostüme, mit denen man um 1810 ins Wasser ging, werden von Herren wie von Damen als ein Triumph der Keuschheit über die Ästetik geschildert: »Kommen die Frauen in ihren nassen, eng am Leibe klebenden Lüsterhosen und -jacken aus dem Meer, dann gleicht auch die Hübscheste einem Monstrum«, klagt die schöne Gräfin d'Agoult, und der Romancier Alphonse Karr, der 1890 in dem Rivierabad Saint Raphael starb, beglückwünscht die Frauenwelt in einem seiner monatlichen satirischen Bulletins zu dem Opfer, das sie der Tugend bringen: »Ja, es ist das größte Opfer, das eine Frau überhaupt irgendeiner Tugend bringen kann – es ist das Opfer der Schönheit. Sieht man sie in ihren Badeanzügen, so möchte man an eine Herde schäbiger schwarzer Affen denken, die am Strande herumspringt. Da sie nun einmal gezwungen sind, inmitten der Männer zu baden, haben sie den genialen Gegenzug erdacht, sich mit einer Schutzwolke der Häßlichkeit zu umgeben.«

Wenn es etwas gab, was häßlicher war als die badenden Französinnen jener Zeit, so waren es – immer nach dem Urteil der Zeitgenossen – die badenden Engländerinnen. Jules Janin war schon ein mondäner Pariser Kritiker, als er eine Woche in Ostende verbrachte und die Badegäste von jenseits des Kanals dort studieren konnte:

> Sie tragen zum Bade lange gelbe Kleider und auf dem Kopf lächerliche Häubchen aus Wachstuch, die eng anliegen. Sie laufen schwankend und watschelnd und werfen sich schreiend ins Wasser. Sie laufen überhaupt immer und ohne zu denken, wohin, stürzen sich ins Wasser wie fröhliche Enten mit etwa derselben Grazie und genau den gleichen Geräuschen. Es ist ein absurdes Schauspiel. O meine Leserinnen aus Paris, man versteht es hier kaum mehr, wie schön ihr seid und wie weiß, wie rein die Haut eurer Schultern ist, wie rund euer Arm, wie hübsch eure Hand, wie klein und niedlich euer Fuß, wie harmonisch euer Wuchs, wie leicht und graziös euer Gang, wenn man hier die schlammverschmierten, in gelben Kutten steckenden Engländerinnen herumpatschen sieht.

Zu Janins und seiner Leserinnen Befriedigung tauchte im rechten Augenblick eine junge Französin auf. Das satirische Feuilleton verwandelt sich sogleich in einen Hymnus, denn die Kokette hat, in richtiger Erkenntnis der ungünstigeren weiblichen Linie der Badekleidung, sich als Mann verkleidet, ist schwarz und schlank ins Meer gestiegen, weit hinausgeschwommen und von den Wellen auch noch eines Teils ihrer Badekleidung beraubt worden und kehrt als Siegerin auf der ganzen Linie zurück: »Die Engländer von Ostende staunten über so viel Kühnheit und Geschicklichkeit und blickten einander wortlos in die Augen, wobei sie wie ebenso viele Austern aussahen, die in die Sonne gähnen – übrigens die einzigen Austern, die in Ostende zu sehen sind.«

Janin hatte den Verdacht ausgesprochen, daß in der Badesaison alle Asthmatiker und Paralytiker Englands nach Ostende kämen. Sein Zeitgenosse Guy de Maupassant, wie Janin ein beredter Verehrer weiblicher Schönheit, hatte ganz ähnliche Eindrücke auf der Croisette von Cannes, auf der man heute gewiß nicht mehr zu der Vermutung veranlaßt wird, sie sei »das Hospital der Welt und der blumenreiche Friedhof der europäischen Aristokratie. Das schreckliche Übel, das niemanden verschont und das man heute die Tuberkulose nennt . . . scheint diese Küste erwählt zu haben, um seinen Opfern den Gnadenstoß zu geben«.

Hatte man in der Schweiz jahrhundertelang nur die Mineralquellen und Heilbäder beachtet und sich erst spät auf die heilklimatischen Kurorte besonnen, so war die Côte d'Azur noch für unsere Großeltern in erster Linie ein Luftkurort, und die Hotels, die auf sich hielten, hatten nur Winterbetrieb. Die Wandlungen kamen hier nicht durch Gräfinnen und Herzoginnen, sondern erst viel später, als diese schon nicht mehr viel zu sagen hatten, durch eine Bande lustiger Amerikaner.

Ihr Haupt, heute vergessen, war einst berühmt: John Scott Fitzgerald, mit seinem Roman *Der große Gatsby* als erster in der ganzen verlorenen Generation zu Ruhm gelangt, aber auch als erster vergessen und schon 1940 gestorben. Fitzgerald und sein Kreis, ein Völkchen, wie wir es aus *Zärtlich ist die Nacht* oder auch aus Hemingways *Fiesta* kennen, beschloß, an der Riviera einen Sommer zu verbringen. Es war heiß, menschenleer und

billig, man hielt sie für verrückt und ließ sie gewähren, und als schließlich noch Edith Wharton, die an der Riviera jede Bucht kannte, ihr Buch über die Amerikaner an der Côte schrieb, da war für diesen Strand eine neue Epoche angebrochen. Das Meerbaden war zu einem Massenrausch geworden, weil das warme Wasser, das stets heitere Wetter und die zahllosen Möglichkeiten zum Kampieren und zum Sich-Isolieren es begünstigten wie kaum irgendwo sonst auf der Welt. Ganz neue Formen menschlichen Zusammenlebens mit dem Meer entstanden, von den Riesenzeltstädten unter den Pinien von Fréjus und Saint-Raphael bis zu den Klippenbungalows von Issambres, von den Luxusvillen auf der Halbinsel Cap Ferrat bis zum Gedränge in den Modebädern Saint Tropez oder Beaulieu-sur-Mer. Das exklusive Eden-Roc-Hotel auf dem Cap d'Antibes senkt seine Bassins in das gleiche laue Mittelmeer, in dem auch die Sonnenanbeter von Heliopolis auf der Nudisteninsel, der Ile du Levant, Zuflucht vor den Feldstechern der amerikanischen Touristen suchen, und auf der Croisette von Cannes, wo Maupassant nur aristokratisches Todesröcheln vernahm, tummeln sich heute die Starlets, die den dunkelbebrillten Regisseuren, Produzenten und anderer Männlichkeit durch ihre Bikinis die schwierige Aufgabe des Entdeckens denkbar erleichtern.

Im ganzen gesehen und in ihrer ganzen Erstreckung von Marseille im Westen bis zur Pforte des Col di Tenda im Osten, sind Meer und Hügelland der französischen Riviera ein Jung- und Gesundbrunnen der europäischen Menschheit des zwanzigsten Jahrhunderts geworden, den man am liebsten mit jenem lateinischen Enthusiasmus feiern möchte, wie dies Poggio Bracciolini im Falle der warmen Quellen von Baden bei Zürich getan hat. Wie bei allen echten Bädern und Kurerlebnissen stehen körperliche und seelische Wirkungen nebeneinander, wissen doch die wenigsten Kurgäste, wessen sie am dringendsten bedürfen. Ahnung und Wahlverwandtschaft waren es, die 1920 die kranke Catherine Mansfield, die große amerikanische Erzählerin, in das Hafenstädtchen Cassis reisen ließ – nicht nur des milden Klimas wegen, sondern auch, weil André Derain, Henri Matisse, Maurice Vlaminck und andere den kleinen Fischerort gemalt hatten und Farben und Formen der modernen Malerei der entmutigten Dichterin neue Hoffnungen in die Seele pflanzten. Und die *Bande*, die sich bei Sylvia Bach in der Pariser Shakespeare-

Library traf? Sherwood Anderson und Scott Fitzgerald, Ezra Pound und Ernest Hemingway, T. S. Eliot und Gertrud Stein – was tat ihnen am meisten not nach den endlosen Nächten von Paris? Sie wußten es nicht, sie ahnten es nur, und kein Artz mag es ihnen so deutlich gesagt haben wie eben diese Ahnungen, denen sie nachgingen, vielleicht, weil sie an Tobias Smollett dachten, der hier von 1763 bis 1765 gelebt hatte, vielleicht weil das Beispiel Merimées und Maupassants sie nach dem Süden zog oder das Tagebuch der schönen und traurigen Marie Bashkirtseff, in dem eine Seite mit den Worten beginnt:

> Der schönste Monat in Nizza ist der Mai. Da herrscht hier ein Wetter, daß man verrückt werden möchte. Ich bin im Garten im Mondschein spazierengegangen; der Mond war noch ganz jung, die Frösche quakten und die Wellen rauschten vom Strand herauf, wenn sie sich an den Kieseln brachen. Stille und Zusammenklang der Töne waren einfach göttlich.

Merimée gehörte noch zu jenen, die nur ihre Winter an der Riviera verbrachten; die Berühmtheiten des zwanzigsten Jahrhunderts dachten über die Côte schon anders, von Colette, die in Saint-Tropez ihre berühmt gewordene Besitzung *La Treille Muscate* hatte, bis zu Marcel Pagnol, Pablo Picasso, Somerset Maugham. Maurice Maeterlinck floh das regnerische Belgien und verbrachte seine letzten Lebensjahre in der Villa *Les Abeilles* (wie sollte sie auch sonst heißen) und starb schließlich in den prächtigen Räumen des Palais Orlamonde auf dem Cap de Nice. Im nahen Vence erlosch das Leben von David Herbert Lawrence, dem Autor von *Lady Chatterleys Lover*, dem auch die milden Lüfte der Alpes Maritimes keine Genesung bringen konnten; klein, zäh und schneeweiß hat Marc Chagall es geschafft, nach dem Tode des großen Henri Matisse zum Heiligen von Vence zu avancieren, wiewohl es seine Freude etwas trübt, daß seither seine Besitzung an der Rue Henri Matisse liegt . . .

Hier sind wir tatsächlich versucht, die Frage zu stellen, ob diese Region der Meer- und Luftbäder, der Pinienhaine und Lavendelfelder noch ein irdischer Bezirk oder schon ein pardiesischer ist, und das allsommerliche Gedränge auf den Ferienstraßen von Grenoble oder Turin in Richtung auf die Blaue Küste legt beinahe die Vermutung nahe, daß die Touristenströme von jener Heilssehnsucht beseelt sind, die in früheren Jahrhunderten die Menschen den Wunderheilungen und Wunderkuren einzelner Quellen entgegentrieb.

Dennoch gibt es auch in diesem Fall Zweifler und Eiferer, allen voran die Adepten des wahren Meerbadens, jene, die das Mittelmeer nur als ein laues Becken ohne Kraft und Salz ansehen, ohne Gezeiten, ohne Wattenmeer, ohne Wind und ohne Dünen. Hier fehle doch alles, was den eigentlichen Reiz der Meerbäder und die eigentliche Wirkung der Aufenthalte am Meer ausmache. Die Dichter haben es kurz und bündig gesagt: »Das freie Meer befreit den Geist« (Goethe), »Ich liebe das Meer wie eine Geliebte« (Heine). Johann Christoph Lichtenberg ist wiederum bedeutend gründlicher:

> Was aber außer der Heilkraft jenen *(d. h. den englischen)* Bädern einen so großen Vorzug vor den binnenländischen gibt, ist der unbeschreibliche Reiz, den ein Aufenthalt am Gestade des Weltmeers in den Sommermonaten . . . hat. Der Anblick der Meereswogen, ihr Leuchten und das Rollen ihres Donners . . . gegen welchen der hochgepriesene Rheinfall wohl bloßer Waschbeckentumult ist; die großen Phänomene der Ebbe und Flut, deren Beobachtung immer beschäftigt, ohne zu ermüden; die Betrachtung, daß die Welle, die jetzt hier meinen Fuß benetzt, ununterbrochen mit der zusammenhängt, die Otaheite *(d. h. Tahiti)* und China bespült und die große Heerstraße um die Welt ausmachen hilft . . . alles dieses, sage ich, wirkt auf den gefühlvollen Menschen mit einer Macht, mit der sich nichts in der Natur vergleichen läßt als etwa der Anblick des gestirnten Himmels in einer heiteren Winternacht. Man muß kommen und sehen und hören. Ein Spaziergang am Ufer des Meeres an einem heiteren Sommermorgen, wo die reinste Luft . . . uns Eßlust und Stärkung zuträgt, macht daher einen sehr großen Kontrast mit einem *(Spaziergang)* in den dumpfigen

Alleen der binnenländischen Kurplätze. Doch das ist bei weitem noch nicht alles. Das übrige wird sich beibringen lassen, wenn wir erst über die Gegend eins geworden sind, wo nun in Deutschland ein solches Bad angelegt werden könnte . . .

Trotz aller Lichtenbergschen Begeisterung gab es also gegen Ende des achtzehnten Jahrhunderts in Deutschland noch kein Seebad. Die hohen Herrschaften fuhren, wenn sie nicht überhaupt die von Lichtenberg so verachteten binnenländischen Alleen vorzogen, ins nahe Ostende, und die weniger herrschaftlichen Familien hatten vermutlich nie darauf gewartet, daß man ihnen das Meer mit Badeanstalten verbaue, wenn sie Lust gehabt hatten, durch Sand und Schlick in die Wellen zu laufen.

Lichtenberg hatte der geschilderten Schauspiele wegen die Nordsee der Ostsee bei weitem vorgezogen und erklärt, »die ganze Küste der Ostsee ist mir unbekannt, und ich für meinen Teil würde sie dazu *(d. h. zur Errichtung des ersten deutschen Seebades)* nicht wählen, solange nur noch ein Fleckchen an der Nordsee übrig wäre, das dazu taugte«. Dennoch entstand das erste deutsche Seebad an der mecklenburgischen Küste, nahe dem Moorbad Doberan, in dem in vielen Sommern auch der großherzogliche Hof weilte. Die Anlagen von Doberan und seine weiten Buchenwaldungen bildeten ein herrliches Hinterland, wie es noch heute kein Seebad entbehren kann. Dr. Samuel Gottlieb Vogel aus Rostock, Leibmedicus des Großherzogs und Professor, hatte diese einfache Wahrheit, die sich heute noch nicht einmal bis an die Adria herumgesprochen hat, schon um 1790 erkannt und seinen Landesherrn für den Plan eines Seebads auf dem sogenannten Heiligen Damm gewonnen. 1793 kam es zu den ersten Bäderbauten, vor allem Anlagen für Bäder in vorgewärmtem Meerwasser, und bald darauf bewies der große Kursaalbau, daß die deutschen Seebäder sich anschickten, mit den längst berühmten Badeorten des Binnenlandes in Wettbewerb zu treten.

Der Heilige Damm bei Doberan hatte besondere Verhältnisse geschaffen, wie sie sich in anderen Meerbädern nur schwer herstellen ließen. Die vier Kilometer lange, mehr als fünf Meter hohe und über dreißig Meter breite, auf rätselhafte Weise entstandene

Aufschüttung hielt den Wellenschlag ab und zog die Grenze einer besonders geschützten Zone, in der die Badegäste durch den geringen Salzgehalt des Ostseewassers eigentlich nur einen Vorgeschmack vom richtigen Seebaden bekommen konnten. Man rechnete eben noch mit kränklichen, gebrechlichen und älteren Leuten und hatte keine Vorstellung von der Entwicklung, die der allgemeine Urlaubsverkehr und im besonderen die Badewut nehmen würden.

Auch an der Nordsee, wo Norderney den anderen heute berühmten Badeorten voranging, galt zunächst die Devise, den Badelustigen ja nicht zu verschrecken. Im Jahr 1800 entstand zunächst ein Badehaus, man bestellte Badekutschen, wie Lichtenberg sie in Margate kennengelernt hatte, und Wangerooge folgte 1804 diesem Beispiel. Auf den friesischen Inseln begann der Badebetrieb zunächst in Wyk auf Föhr, wo man im Jahre 1822 ganze fünfundzwanzig Badegäste buchte. Es war daher nicht sonderlich schwierig, zu verfolgen, wie oft sie ihre Leiber ins Nordseewasser tauchten: Sechshundertneunundfünfzigmal, berichtet die Chronik und setzt tröstend hinzu, daß 1823 die Zahl der Fremden schon auf hundertzehn anstieg, die Zahl der täglichen Bäder auf fünfzig bis sechzig ...

Liest man diese Ziffern im Zeitalter des Massentourismus und der Bädersonderzüge, so ist man geneigt, zu lächeln. Vielleicht aber lag gerade in ihnen das Geheimnis des großen Erfolges, dessen sich die ersten deutschen Seebäder zu erfreuen hatten, denn gegenüber der Betriebsamkeit der Städte im neunzehnten Jahrhundert herrschte in den Fischerdörfern, die sich vorgenommen hatten, Badeorte zu werden, eine geradezu himmlische Ruhe.

Norderney hatte, als die ersten Badegäste kamen, etwa hundert Häuser, die so klein waren, daß nur zwei von dreien überhaupt Platz für Fremde boten, und auch diese wieder höchstens für zwei Betten, so daß Familien sich stets teilen mußten. Fuhrwerk hatte nur der Strandvogt: ein Paar Pferde und einen Wagen, die gelegentlich bei Strandungen in Aktion traten. Im Hause des Vogts konnte man auch ein paar bescheidene Einkäufe tätigen oder sich an windigen Tagen mit einem Grog aufwärmen. Im übrigen aber gab es wirklich nichts als Fischerhäuser, Dünen, sandige Wege dazwischen, ein paar Gärtchen, den Strand und das Meer.

Der Mann, der den Mut gehabt hatte, die theoretischen Vorstellungen Lichtenbergs und Hufelands in die Tat umzusetzen, war der Landphysikus Friedrich Wilhelm von Halem. Er kannte das, was man damals noch die Thalassotherapie nannte, also die Heilung durch das Meer. Er kannte die Natur der Friesen, die nicht viel helfen, aber auch keine Schwierigkeiten machen würden.

Sein Budget war erstaunlich niedrig und betrug zunächst nur 1500 Taler (hundert Jahre später gab die Gemeinde Norderney allein für Werbemaßnahmen dreißigtausend Mark aus!). Andererseits konnte man zu jenen Zeiten noch billig wirtschaften: Der Bau des sogenannten Konversationshauses, das zu einem natürlichen Mittelpunkt des Kurortes wurde, kostete nicht einmal vierzehnhundert Taler; mit vierhundert Talern konnte man sechs Umbauten und einen Neubau finanzieren, da die Fischer nun doch ein wenig mitarbeiteten, und in den dreißiger Jahren des vorigen Jahrhunderts entstand gar das sogenannte Große Logierhaus, wo die Fremden besser untergebracht waren als in den Fischerkaten und bei Schlechtwetter mehr Möglichkeiten geselligen Zusammenseins hatten.

Ein wenig seltsam war das schon, seltsamer, als wir es uns heute vorstellen. Man muß die alten Stiche ansehen, den Sand, durch den der Wagen heranrollt, in dem König Georg V. die inzwischen hannoveranisch gewordenen Ostfriesen von Norderney besucht, und die Häuschen, die von der Staatskarosse beinahe überragt werden. Nicht nur die Ärzte, die damals an die Seebäder glaubten, waren Pioniere, sondern auch die Badegäste, allen voran jene zweiundfünfzig Tapferen, die einem Marburger Professor zur ersten Winterkur nach Norderney folgten.

Es war nicht ganz so schlimm wie bei den ersten Eisenbahnen; man war ja auch ein wenig weiter, Goethe war gestorben und hatte der Welt das Licht seines Geistes gelassen, Napoleon war besiegt worden, und man empfand eine gewisse Verpflichtung, mit dem befreiten deutschen Land etwas Neues anzufangen. Aber Norderney war eben doch ein sehr kleines Gemeinwesen, und jeder Fremde, der auftauchte, mußte in diesen stillen Weiher plumpsen wie ein großer Stein. Fünfhundert Menschen lebten auf Norderney, als die ersten Badeeeinrichtungen geschaffen wurden; jährlich heirateten drei bis fünf Paare, wurden fünfzehn bis zwanzig Kinder geboren. Zwanzig Jahre später hatte diese Kleinwelt der hundert Häuser schon eine Spielbank, und die Zahl der Fremden begann die der Einheimischen zu übersteigen.

Heinrich Heine, der Norderney besonders liebte, begann für die verträumte Unschuld der Fischermädchen zu fürchten und rief die »geistige Schutzwache« der Kirche zu Hilfe, was bei Heine immerhin etwas besagen will. Aber Norderney hatte Glück: War es lange Zeit ein ostfriesisches Seebad für Ostfriesen gewesen, so blieb es auch nach der Eröffnung der wichtigen Zubringereisenbahn Rheine-Emden noch im wesentlichen auf Badegäste aus den nahe gelegenen deutschen Gebieten beschränkt. Der Adel kam meist aus dem Umkreis des gut christlichen Hofes von Hannover, und die in Kurorten so oft anzutreffenden echten oder falschen Barone der internationalen Spielergilden hielten sich von Norderney vorsichtig fern – man konnte die Insel nämlich nur mit Wissen der Ortsbehörden verlassen . . .

Die Kirche tat das Ihre. Sie schickte nicht mehr junge Pastoren in raschem Wechsel auf die Insel, sondern beließ nun, wie an anderen, größeren Orten, einen Hirten so gut wie lebenslänglich auf Norderney, der mit seinen Schäflein alt wurde und ihre Sünden wie ihre Sorgen kannte. Da König Georg selbst, solange er auf Norderney weilte, allsonntäglich die kleine Kirche besuchte, durften auch die Fischer nicht mehr ihre Schiffe für den montäglichen Fang vorbereiten, die Handwerker nicht mehr am Sonntag arbeiten. Schwieriger war es, den Fischern ihren Genever abzugewöhnen, etwa durch ein Kaffeestübchen, das der Pfarrer einzurichten gedachte. Man gab ihm kein Haus dazu, und zu einer Gemeindeversammlung, auf der wichtige Beschlüsse über die Schule gefaßt werden sollten, erschienen 1875 außer Pastor und Kirchenvorsteher nur fünf Personen (von zweitausend!). Einen Erfolg aber konnten die Pastoren von Norderney dennoch buchen: Sie setzten es durch, daß die Düne Marienhöhe »während der Badestunden von Herren nicht betreten wurde, da fast unmittelbar unterhalb derselben der Badestrand der Damen sich findet«.

Kein Kaffeestübchen, aber viel Genever, saubere Trennung der Geschlechter und der Adel des Sonntags in der Kirche – war Norderney also ein Bad für harte Männer? Der Marschall Vorwärts, Wilhelm II. und Fürst Bülow könnten es uns glauben machen, wenn nicht auch Theodor Fontane gern hier geweilt hätte, der feine Wilhelm von Humboldt und Heinrich Heine, der es hier schaffte, bescheiden zu werden, und schrieb:

> Ich liebe das Meer wie meine Seele. Oft wird mir sogar zumute, als sei das Meer eigentlich meine Seele selbst. Gar wundersam wird mir, wenn ich allein in der Dämmerung am Strand wandle – hinter mir flache Dünen, vor mir das wogende, unermeßliche Meer, über mir der Himmel wie eine riesige Kristallkuppel –, ich erscheine mir dann selbst sehr ameisenklein und dennoch dehnt sich meine Seele so weltenweit. Die hohe Einfachheit der Natur, wie sie mich hier umgibt, zähmt und erhebt mich zu gleicher Zeit, und zwar in stärkerem Maße als jemals eine andere Umgebung.

Der friedliche Aufstieg Norderneys war nicht allen deutschen Seebädern beschieden. Die Nordsee ist schließlich kein sehr friedliches Meer, und die deutsch-dänische Nachbarschaft kannte lange Zeit auch bewegtere Phasen als die heutige Partnerschaft in der NATO.

Auf Norderney folgte 1804 Wangerooge mit den ersten Badeeinrichtungen, also ein Meerbad auf der östlichsten aller ostfriesischen Inseln und nahe am Hauptschiffahrtsweg nach Bremerhaven und Wilhelmshaven gelegen; aber schon ein halbes Jahrhundert später vernichtete die furchtbare Weihnachtsflut von 1854 das Westdorf, den Mittelpunkt des damaligen Badelebens. Unter allen Gebäuden, die man im Lauf der Jahrzehnte unter beträchtlichen Opfern errichtet hatte, überstand nur der Kirchturm des Westdorfes die Katastrophe. Die Insel selbst verkleinerte sich dabei beträchtlich, und man sieht der langen Linie feinsandigen Strandes, die sich heute vor großen ruhigen Hotels hinzieht, nicht an, wieviel versunkenes Land mit Gehöften und Wegen von ihr im Meer liegt.

Helgoland hatte während der napoleonischen Kontinentalsperre gegen England prächtig vom Schmuggel gelebt und mußte sich nach dem Abflauen dieser Konjunktur nach neuen Erwerbsmöglichkeiten umsehen. Es war nicht sonderlich schwer, Gäste vom Festland für das malerische Eiland mit seinen roten Felsen zu interessieren, wo Strand und Klippenplateau ähnlich wie auf Capri zweierlei Genüsse boten: die unmittelbare Nähe des Meeres und den freien Blick darüber hin. Dazu kam die erst am 31. Dezember 1720 von der Insel losgetrennte Düne, die ähnliche Funktionen ausübt wie der Heilige Damm bei Doberan; dank ihrem festen, feinen Sandgrund schützt sie gegen den Wellenschlag und gegen die Gezeiten. Und daß Helgoland immerhin vierundvierzig Kilometer weit draußen im Meere lag, gab seinen Lobrednern die Möglichkeit, zu behaupten, dort sei man tatsächlich inmitten der Seeluft und kein Hauch vom Lande beeinträchtige die Erholung im Heilklima.

Helgoland hatte und hat viel, was es aus den übrigen deutschen Seebädern heraushebt und für den Touristen mindestens ebenso anziehend macht wie für den Badegast: die Tatsache, daß die Insel schon in alten Sagen viel genannt wird, daß sie ein starkes Eigenleben führt und früher zweifellos viel größer war. Ihre Rolle in der Geschichte, die bedeutender ist als die der ostfriesischen und der friesischen Inseln, weil Helgoland eben als Felsenbastion, mit natürlichen und künstlichen Verteidigungsanlagen, ein viel wichtigeres militärisches Objekt darstellte als etwa Föhr oder Sylt. Die dreiviertel Jahrhunderte britischer Herrschaft bis zum Austausch gegen Sansibar, die Schmuggelhändel und Seegefechte in der unmittelbaren Nähe der Insel.

Was andere Orte sich erst durch ein internationales Publikum, das Spielkasino und die Gesellschaftsaffären schaffen mußten, die Aura, ein Stück der großen Welt zu sein, das hatte die kleine Insel auf den roten Felsen gleichsam von vornherein, und sie hätte es auch gehabt, wären nicht gerade hier Hofmann und Fallersleben die Zeilen *Deutschland, Deutschland über alles* eingefallen, hätten hier nicht ganze Luftflotten versucht, die uralte Bernsteininsel in einen Haufen Riffe zu verwandeln, und könnten hier nicht die Wohlstandstouristen zollfreien Whisky schlürfen und das solchermaßen ersparte Geld für eine spektakuläre Haifischsafari ausgeben. Es sind die Felsen, das Meer und die Geschichte wie einst bei Rügen, es sind die Geister Störtebekers und manches anderen, es ist – man kann es nicht anders sagen – ein Mythos, der unzerstörbar ist und dem selbst die Werbemethoden unseres Jahrhunderts nicht viel anhaben konnten. Er zieht um die kleine Insel einen Zauberkreis, in dem man sich sogleich in einer erhabenen, herausgelösten Stimmung fühlt und damit gleichsam innerlich aufbereitet ist, die Wirkungen des Meeres und der Meerluft zu empfangen.

Derlei kann künstlich nicht geschaffen werden, und wenn man es versucht, so bemerkt man, daß das, was ein Mythus werden sollte, unversehens zur Mode entartet ist. Wyk auf Föhr und Westerland auf Sylt hatten es schwerer als Helgoland, denn die Dänen, die über die Inseln geboten, verfügten nicht über die Souveränität der Briten, die schon aus Arroganz die Deutschen gewähren ließen, solange sie nicht in die Helgoländer Kasematten vordrangen. Die Dänen hatten bereits ein halbes Jahrtausend lang zurückweichen müssen, und das mindert eben die Großzügigkeit.

Auf der Insel Föhr, dreizehn Kilometer lang und etwa acht Kilometer breit, war im Jahre 1819 ein Seebad eingerichtet worden. Die Insel hatte gegen Westen den Schutz von Sylt und Amrum und daher ihre Küstengestalt seit Jahrhunderten kaum verändert; die Macht der Wogen war gegenüber den völlig frei liegenden Küsten vermindert, und eine beträchtliche Anzahl sogenannter Hünengräber bot einen gewissen Anreiz für das, was ältere Kurprospekte Exkursionen nennen. Bade- und bildungswillig, wie die Deutschen es nun einmal sind, kamen sie wesentlich zahlreicher nach dem Städtchen Wyk auf Föhr, als es den Dänen recht sein konnte. Die Deutschen auszusperren war schwer möglich, aber man wollte zumindest verhindern, daß sich diese friedliche, von Kopenhagen als gefährlich angesehene Infiltration auch noch an anderen Punkten der Küste vollziehe. Und das verzögerte die Entwicklung des heute so sichtbar blühenden Seebades Westerland.

Sylt deckt die Küste wie eine lange Mole, und in ihrer Mitte, wo die dünne Insel ein bißchen Land ansetzt, liegt Westerland. Trotz heute eifriger Heimatforschung weiß man noch nicht sehr gut über die Frühzeit der arg zerklüfteten nordfriesischen Inselwelt Bescheid (welcher Umstand bekanntlich Pastor Spanuth gestattete, sogar Platons Atlantis in den Schlick der Deutschen Bucht zu versenken). Westerland scheint entstanden zu sein, nachdem das alte Fischerdorf Eidum in der Sturmflut des Jahres 1436 zugrunde gegangen war (ähnliche Katastrophen hatten sich auf der exponierten Insel schon 1300 und 1362 ereignet), weswegen der Zuzug im Laufe der Jahrhunderte gering geblieben war. Westerland bestand, als es sich anschickte, ein Seebad zu werden, wie Norderney nur aus hundert Häusern mit etwa fünfhundert Menschen. Die meist einstöckigen Friesenhäuser hatte man in vorsichtiger Entfernung von den Dünen errichtet. Getretene Fußwege, die durch die Schafweiden führten, verbanden die Häuser. Zwischen dem westlichen und dem östlichen Dorfteil tat sich eine sumpfige Niederung auf, die bei hohem Wasserstand unpassierbar war. Die Reste des tiefen Priels, der hier ins Land schnitt, sind hinter dem Inselbahnhof und in der Nähe des Gaswerks noch zu erkennen. Bei den Sturmfluten der Jahre 1936 und 1954 bestand noch ernsthafte Gefahr, daß hier das Meer einbrechen und das inzwischen stark gewachsene Westerland abermals in zwei Teile spalten könne.

Die Notzeit der Napoleonischen Kriege hatte die Sylter gezwungen, auf den Handel zu verzichten und sich auf die Erwerbsquellen zu besinnen, die sich auf der Insel selbst boten. Heringsfang und Austernfischerei waren angesichts der abgesunkenen Kauflust und Kaufkraft des Hinterlandes ebenfalls nicht sehr ertragreich, also versorgte man sich selbst. Die Frauen verspannen die Schafwolle, die Landwirtschaft kam wieder zu Ehren, man buk das Brot selber, das man brauchte, und braute sogar mit Gerste und Hopfen aus den Hausgärten ein Sylter Bier. Gebadet wurde schon damals, aber Sylt mußte sogar seine Badegäste selber stellen:

> Nach Beendigung schmutziger und staubiger Arbeiten, wie zum Beispiel das Dreschen es ist, pflegten die Sylter noch im

Herbst und bis in den November hinein allen Staub und Schmutz oder sonstige gesammelte Krankheitsstoffe abzuspülen im reinen, stärkenden Meere. Dabei gehörte es beim Sandspierlingsfang im Herbst zu den schönsten Genüssen des Lebens, sich ab und zu von einem tüchtigen Meerbrummer, das heißt einer Brandungswelle, überschütten zu lassen oder wie im Spiel emporgehoben und auf den Sandwall getragen zu werden (C. P. Hansen).

Eine junge Sylter Lehrerin namens Gertrud Nommensen hat sich in die Vergangenheit Westerlands vertieft und aus dem langsamen Aufstieg des Kurorts eine entzückend frische Geschichte gemacht, die sich trotz des braven Anhängsels über das Schulwesen fesselnder liest als die meisten dieser gutgemeinten Heimatbücher. Sie ermittelt die Geburtsstunde des Bades Westerland mit der Feststellung, daß 1855 die ersten Badekarten ausgegeben wurden, wie man annehmen darf nicht an die ihren Dreschstaub abspülenden Einheimischen, sondern an die ersten Fremden. Die erste Hundertschaft der Binnendeutschen war jedoch nicht zufrieden. Westerland kam ja etwas spät, man schrieb nun 1857 und hatte schon allerlei erreicht. Es gab Weltausstellungen und Rohrpostanlagen, im Herrenhausener Park bei Hannover hatte die *Victoria Regia* zum erstenmal in Europa geblüht, und die *Gartenlaube* ging in ihr fünftes Erscheinungsjahr. Da konnte man schließlich auch auf Sylt einen gewissen Komfort verlangen.

Er stellte sich schon 1858 ein, und zwar in Gestalt der Dünenhalle, eines Bauwerks, das mit seinem Inneren vielen Zwecken dienen, mit seinem Äußeren aber vor allem repräsentieren sollte. Ein halbes Jahrhundert früher hatte man solche Bauten noch Konversationshäuser genannt, hundert Jahre später erhielten sie dann die häßlich-zutreffende Bezeichnung Kurmittelhaus. Die Dünenhalle nahm sich demgegenüber als Wort und als Bau recht hübsch aus, aber noch war sie schwer zu erreichen: Hindenburg war ein blutjunger Kadett, und der nach ihm benannte Damm existierte noch nicht.

> In der Morgenfrühe des folgenden Tages fuhren wir, das heißt der Badegast und ich, ins seichte Haff hinaus, bis wir, als das Wasser eben in den Wagen und uns um die Füße strich, das Fährschiff erreichten und an Bord desselben stiegen. Es schien dem Fremden diese Art der Beförderung nicht bloß neu, sondern auch sehr willkommen und keineswegs empfehlenswert für verwöhnte reisende Damen zu sein (C. P. Hansen).

Dennoch bot Sylt schon damals vieles, was auch den verwöhnten Reisenden, der andere europäische Seebäder kannte, begeistern mußte. An der langen Dünenlinie spürte man wie in keinem der Kanalbäder das freie Meer, fühlte über den Wellen die Luft heranbranden und konnte zwischen Dünenlinie und Himmel je nach Stimmung die Farbenspiele genießen oder die große Einsamkeit in die Seele dringen lassen. Denn Einsamkeit bot Sylt, fünfunddreißig Einwohner auf den Quadratkilometer, drei Badegäste je Kilometer Küstenlinie, eine Vorstellung, die heute den Hoteliers und Barbesitzern der Insel die kalten Schauer den Rücken hinunterjagen würde. Bei so viel Platz boten sich den Herren aus dem Wilhelminischen Deutschland einzigartige Möglichkeiten, der Damenwelt Mut zu beweisen:

> Überall sitzen lustig plaudernde Gruppen von Badegästen und betrachten die Fortschritte des Meeres; denn die Flut kommt! Bald hat das Wasser die ersten Stühle erreicht und spült unter den Beinen derselben her. Aber die Besitzer lassen sich nicht irremachen. Die Füße auf einen anderen Stuhl auflegend oder auf einen Tisch steigend, behaupten sie ihren Platz. Denn es gilt für ein Zeichen hohen Mutes, möglichst lange auszuharren. Wird die Sache jedoch endlich bedenklich, so wird ein Reservestuhl vorgesetzt und bestiegen, dann der erste Stuhl vor diesen und so weiter, bis der feste Boden erreicht ist (W. Heß).

So harmlos präsentierte sich die Erholung suchende Menschheit 1876 in den Erinnerungen eines Arztes an seine Sylter Jahre. Dann kamen immer mehr Fremde: 1910 waren es 26 000, davon noch 25 000 Deutsche. Im Juni 1927 konnte der zwölf Kilometer lange Hindenburgdamm eingeweiht werden, und wenn sich die Zahl der Badegäste durch ihn auch nicht wesentlich hob, so kamen doch nun Scharen von Ausflüglern vor allem aus Hamburg und Kiel, schon im ersten Jahr nicht weniger als sechzigtausend. In der Zeit der KdF-Reisezüge brachte es Sylt an einem einzigen Julitag auf dreitausend Besucher, ein französischer Dampfer tat der Kurverwaltung den Gefallen, zwischen Kampen und List zu stranden, wo er so lange ein beliebtes Ausflugsziel bildete, bis wider Erwarten das Abschleppen gelang. Leni Riefenstahl kam, just im Olympiajahr 1936, nach Sylt, und bald gab es, dank der Sturmfluten vom Oktober dieses Jahres, noch höheren Besuch, nämlich den Reichsarbeitsführer Hierl. Die Zahlen der Badegäste blieben aber noch immer in den Vorkriegsgrenzen, und die Deutschen waren mit 27 000 gegen die dreihundert Dänen, dreihundert Tschechen und zweihundert Schweizer erdrückend überlegen. Die Herren in Kopenhagen hatten schon gewußt, warum sie sich so lange bitten ließen, bis ihnen die preußisch-dänische Auseinandersetzung die Entscheidung über Westerland abnahm . . .

Der große Boom und die Verwandlung in einem Kurort internationalen Formats kam für Westerland erst um die Mitte unseres Jahrhunderts, und es scheinen nicht in erster Linie die inzwischen unzweifelhaft festgestellten vielfältigen Heilwirkungen des Seewassers gewesen zu sein, die diesen Wandel hervorriefen. Westerland, das sich heute »das Bad der vielen Möglichkeiten« nennt, ist einen Weg gegangen, der zweifellos weder dem alten Professor Lichtenberg noch den biederen Badeärzten des neunzehnten Jahrhunderts gangbar erschienen wäre. Man wirbt zwar nicht mehr mit jenem Plakat des Jahres 1954, auf dem sich eine nackte Frau in eine Woge wirft, aber daß die langgestreckte Insel mit ihrem Dünenparadies heute der meistbesuchte Nacktbadestrand der Welt ist, dürfte wohl feststehen. Einst führten, wie Gertrud Nommensen berichtet, drei Dünenübergänge zum Badestrand. Sowohl das Damenbad im Norden als auch das Herrenbad im Süden hatten einige Zugänge, waren streng voneinander getrennt, und Spaziergänger durften sich während der Badezeiten dort nicht blicken lassen. Das war vor hundert Jahren. Heute ist man aus dem einen Extrem zum anderen gelangt und vergißt über dem Vergnügen der Badegäste und dem Geklingel der Registrierkassen die kleinen Sylter und Sylterinnen, die diesem Treiben verwirrt zusehen und verloren zwischen zwei Welten aufwachsen: zwischen Familie und Schule auf der einen, Fremdenindustrie und Vergnügungssnobismus auf der anderen Seite.

> Diebstahlsdelikte und Sexualvergehen sind während der Saison häufiger als zu anderen Zeiten. Allein im Sommer 1953 wurden neunzehn Schüler und Schülerinnen unserer Schule als Zeugen oder Mitwisser von der Kriminalpolizei vernommen. Wie viele Kinder in Wirklichkeit Einblick in kriminelle Vorgänge und Kenntnis strafbarer Vorfälle erhalten haben, ist überhaupt nicht festzustellen. Ebensowenig läßt sich übersehen, in welchem Maße Erscheinungen und Auswüchse des Nacktbadestrandes auf unsere Kinder wirken. Da der Schule Strandspaziergänge im Sommer völlig unmöglich gemacht werden, kann sie vor diesen Tatsachen die Augen nicht verschließen. Sie muß vielmehr bei jeder sich bietenden Gelegenheit versuchen, den gesunden Instinkt der Kinder wachzuhalten und den Geschmack zu bilden (Nommensen).

Es ist also doch wesentlich anders gekommen, als es sich der verdiente Doktor Roß vorstellte. Wie hatte er bei der Grundsteinlegung der Dünenhalle gesagt, als ein paar Sylter mit gemischten Gefühlen dem Fremdenstrom entgegenharrten? »Liebe Einwohner von Westerland«, hatte er gesagt, »im Verkehr mit den Badegästen, die jeder Sommer euch von nah und fern zuführen wird, wird euer Gesichtskreis sich erweitern, werden neue Aussichten . . . sich euch eröffnen.« Trotz bikinischer und abessinischer Moden werden die eröffneten Aussichten auch für die Sylter nicht so völlig neu gewesen sein, wie Doktor Roß es noch glauben konnte. Um so dankbarer aber erinnerte man sich seiner ahnungslosen Mahnung: »Der gesunde Sinn aber, der euch auszeichnet und der euch durch Länder und Meere hindurchführte, dieser gesunde Sinn wird euch leiten, von dem dargebotenen Neuen bloß das Gute zu behalten.«

Worin dieses Gute bestand, sagte der Doktor vorsichtigerweise nicht, aber die Friesen wußten ganz gut, was gemeint war, wenn sie auch zweitausend Jahre lang so getan hatten, als hörten sie auf diesem Ohr nicht. Schon die Römer stellten fest, daß auf jenen Inseln, wo ein gewisser Handel herrschte, durch die Berührung mit den ausländischen Kaufleuten die Wildheit der Einheimischen gedämpft und ihr Gesichtskreis vergrößert sei. Es war der – wie man früher sagte – sittigende Einfluß einer Berührung mit anderen Stämmen, die keineswegs besser, tüchtiger oder gar charaktervoller waren als die Bevölkerung der Inseln und der Küsten, aber die durch den regeren Verkehr und die engere Berührung mit Kirche und Bildungsstätten einen gewissen Schliff empfangen hatten.

Daß man nicht nur den Friesen solche Ansprachen halten konnte, beweist das Beispiel der Travemünder. Sie wurden im Volksmund nur die *Kusen* genannt, was soviel heißt wie Knurrhähne und eindeutige Rückschlüsse auf die Wesensart der paar hundert Fischer gestattet, die Anno 1802 von den Ratsherren des nahen Lübeck mit einer Seebadeanstalt beglückt wurden. Vielleicht waren die Travemünder auch so besonders knurrig, weil das Heil ihnen ausgerechnet von Lübeck kommen sollte, der stets übermächtigen Stadt, die ihre Übermacht bis dahin recht skrupellos ausgenützt hatte. Nach zwei großen Bränden durch Funkenflug in den Jahren 1477 und 1522 ließ der Lübecker Rat Travemünde im Jahre 1534 in Brand stecken, damit sich Christoph von Oldenburg nicht an der Trave festsetzen könne. Vorher hatten sie auf dem Priwall Befestigungsanlagen zerstört, später dann, als den armen Travemündern das Geld zum Kirchenbau ausgegangen war, die Sankt-Lorenz-Kirche ein halbes Jahrhundert lang ohne Turm gelassen. Und nun kamen sie mit Seebäderplänen!

Gründungen dieser Art aber waren etwas, worauf die Lübecker sich seit jeher verstanden, war doch die ganze Gründung Lübecks selbst ein glänzendes Geschäft gewesen, von dem die beteiligten Familien zum Teil noch nach Jahrhunderten lebten: einem Grafen und einem Herzog Brandstätten abzuhandeln, Freibriefe zu erkaufen und dann die besten Grundstücke der neuen Handelsstadt von vornherein aufzuteilen, mit Buden zu bebauen und an die Handwerker zu vermieten! Das war nur für eine Welt neu, in der es noch als unehrenhaft galt, Geld gegen Zinsen zu verleihen. Um 1802, als das Seebad Travemünde geboren wurde, dachte man über solche Praktiken schon ruhiger.

Heiligendamm war das erste deutsche Seebad gewesen, Norderney das zweite; mit Travemünde hatte die von Lichtenberg so ungerecht geschmähte Ostsee wieder das Übergewicht gewonnen. Es ging nur langsam aufwärts, so unmittelbar vor der Franzosenzeit, aber nach Napoleon kam Pächter Grube, der es in sechs Jahren zum Alleinbesitzer der Badeeinrichtungen brachte, mit Kurhaus, Logierhaus und was so dazugehörte.

Noch ehe Travemünde seinen Leuchtturm bekam, hatte es eine Spielbank; das zeigt schon, wie die Gewichte sich jetzt verteilten, und als 1872 auf Grund eines Reichsgesetzes die Spielbank geschlossen werden mußte, empörte sich die Ostsee und fegte am 13. November mit einer der schwersten Fluten über Strand und Promenaden hin.

Inzwischen aber hatten die Lübecker das Fischerstädtchen in seiner neuen Gestalt in die Arme geschlossen. Die alte Hansestadt und das neue Seebad mit seinen Kureinrichtungen standen nun auf gutem Fuß, man kutschierte zum Wochenende gern hinaus, ließ sich sehen und entrann der Enge der alten Inselstadt, die sich nicht entschließen konnte, den feuchten Ring der Trave und der Wakenitz zu sprengen. Und ein Lübecker war es auch, der den Namen Travemünde in aller Mund brachte, Spazier- und Badefahrten schilderte und seine reizende Heldin just in Travemünde die große Liebe erleben ließ: Thomas Mann in seinen *Buddenbrooks*.

Nach Travemünde geht es immer geradeaus, mit der Fähre übers Wasser und dann wieder geradeaus; der Weg war beiden wohlbekannt. Die graue Chaussee glitt flink unter den hohl und taktmäßig aufschlagenden Hufen von Lebrecht Krögers dicken Braunen aus Mecklenburg dahin, obgleich die Sonne brannte und der Staub die spärliche Aussicht verhüllte. Man hatte ausnahmsweise um ein Uhr zu Mittag gegessen, und die Geschwister waren punkt zwei Uhr abgefahren, so würden sie kurz nach

vier Uhr anlangen, denn wenn eine Droschke drei Stunden braucht, so hatte der Krögersche Jochen Ehrgeiz genug, den Weg in zweien zu machen.
In einer Allee von jungen Buchen fuhren sie eine Strecke ganz dicht am Meere entlang, das blau und friedlich in der Sonne lag. Der runde gelbe Leuchtturm tauchte auf, sie übersahen eine Weile Bucht und Bollwerk, die roten Dächer des Städtchens und den kleinen Hafen mit dem Segel- und Tauwerk, der Böte. Dann fuhren sie zwischen den ersten Häusern hindurch, ließen die Kirche zurück und rollten die ›Vorderreihe‹, die sich am Flusse hinzog, entlang bis zu einem hübschen kleinen Haus, dessen Veranda dicht mit Weinlaub bewachsen war.

Dort wohnte Toni Buddenbrook, die Senatorentochter, und nicht etwa im Kurhaus, weswegen man denn auch ihre Toilette *inzükkend* fand, zugleich aber tuschelte, daß die Buddenbrooks doch allzu exklusiv seien. Es war die Zeit, da man als Kurdirektor einen Leutnant a. D. hatte (nicht etwa einen, der bloß seinen Reserveoffizier gemacht hatte) und in den Kurprospekten die verheißungsvolle Zeile führte: »Der Kurdirektor übernimmt nach persönlicher Vorstellung eventuelle Vermittlung von Bekanntschaften innerhalb der Badegesellschaft.«

Man hielt nämlich darauf, daß alles schön nach der Ordnung ging, wie sollte ein Leutnant es auch anders gelernt haben. Auf der 1200 Meter langen neuen Kurpromenade zwischen dem Hafenkai und dem Brodtener Ufer sollten die lustwandelnden Damen vor unliebsamen Gesprächen sicher sein. Man konnte sich doch nicht von jedem ansprechen lassen. Die Kaltbadeanstalt schob sich als riesiges Hufeisen in das Meer hinaus und barg an die zweihundert Badezellen. Herren und Damen badeten säuberlich getrennt, und die Mütter durften ihre Sprößlinge nur dann ins Damenbad mitnehmen, wenn diese noch nicht fünf Jahre alt waren. Für die Dienstboten gab es eigene Badezeiten! Im Schutze eines Strandkorbs draußen im Freien zu baden, war um die Jahrhundertwende als sittlich gefährdend verboten worden. In einem so wohlgeordneten Bad konnte sogar Seine Majestät sich regelmäßig blicken lassen, er zierte die Travemünder Woche mit seiner Anwesenheit. Und der Münchner Ästhetikprofessor und Hofpoet Emanuel Geibel, der sich an der Trave vom rauhen Münchner Klima erholte, vermerkt dankbar und hoheitsvoll: »Hier drängt kein fader Besucher, um von Literatur, Jesuiten und Aktenschwindel gleich Geistloses zu schwatzen, sich auf. Kein klimpernder Nachbar scheucht mir die Muse hinweg mit nie abreißendem Walzer, kein langweilig Geschäft, das anspruchsvoll an die Tür pocht, hält mich plötzlich zurück, wenn die sonnige Frische des Morgens dringend ins Freie mich lockt.«

Sie ließen sich alle gern verführen, an das zu glauben, was ihnen wohltat, Eichendorff, dem das Wasser und selbst die Schiffe so groß erschienen, daß er in seinem Tagebuch notiert: »Unermeßlich streckten sich die grausigen Fluten«, und Richard Wagner, der sich erst über eine elende Schifferkneipe entrüstet, in der ihn widriger Wind festhält, dann aber das alte Volksbuch vom Till Eulenspiegel entdeckt und unter den rätselhaft stimulierenden Wirkungen des Meeresklimas hurtig den Gedankensprung von jenem armen Schelm zum strahlend jungen Siegfried wagte. Ob es wirklich nur die »Änderungen im Mineralstoffwechsel« sind, wie man uns in den Prospekten versichert, oder die erstaunliche Übereinstimmung in der Zusammensetzung der Gewebsflüssigkeiten, die unseren Körper durchspülen, und des Meerwassers, »das als Urwasser aller Lebewesen noch heute in engen biologischen Beziehungen zu unseren Körperfunktionen steht« –? Jedenfalls haben die Binnenländer ihr Herz für die Küsten entdeckt, nicht etwa nur für die liebliche Welt am Mittelmeer, wo man dem Winter ein paar Wochen abjagen, dem Sommer mindestens einen Monat zulegen kann, sondern auch für die rauhere Freude an den Stränden des Ärmelkanals, der ostfriesischen und nordfriesischen Inseln und der Ostsee. Die Bädervielfalt hat sich wie ein bunter Fächer aufgetan, vom fernen Biarritz an der silbernen Küste bis zu den unerreichbaren und doch überfüllten Seebädern zwischen Wismar und Usedom. Es verschlägt wenig, das dort, wo Gerhart Hauptmann in hehrer Einsamkeit sein Morgenbad nahm und Thomas Mann freundschaftlich vorm Hiddenseer Wind warnte, jetzt pappkofferbewehrte Jugendbrigaden ihre

Sommer verbringen. Das Meer wäscht alles wieder ab und bewahrt nichts. In seinem ununterbrochenen Kommen und Gehen ist es die sinnlichste, sichtbarste und zugleich zarteste Seelenmassage, die wir uns heute verschaffen können, Urwasser und Urgeräusch als Urheimat, die wir Unsteten insgeheim immer suchten. Man fragt sich vielleicht, aber man braucht nicht zu antworten. Es ist so, weil es immer so war, ob mit oder ohne Strandkorb, Konversationshaus oder Kurmusik. Wie sagte Tony Buddenbrook zu ihrem jungen Mediziner, der heute – wenn es ihn gegeben hat – sicherlich Medizinalrat und Kurarzt von Travemünde ist: »Es ist merkwürdig, daß man sich an der See nicht langweilen kann, Morton. Liegen Sie einmal an einem anderen Ort drei oder vier Stunden lang auf dem Rücken, ohne etwas zu tun, ohne auch nur einem Gedanken nachzuhängen . . .«

AN HEIDNISCHEN UND HEILIGEN WASSERN

Die Schweizer, deren Tatsachensinn heute sprichwörtlich geworden ist, bewohnten jahrtausendelang das eigentliche Märchenland des alten Europa. Solange die von der Vernunft erhellte und von den Legionen geschützte Welt das Mittelmeer umschloß, hockten in der Vorstellung aller Reisenden die Dämonen mit Vorliebe auf den Paßwegen und den Schneefeldern, ließen Schneekugeln von Steilhängen herab auf die Römerstraßen rollen und erfüllten bei nächtlichen Wanderungen Schluchten und Täler mit schaurigem Getöse.

Da die Schweizerreisen keineswegs von den unternehmungslustigen Engländerinnen der Dickens-Zeit erfunden wurden, sondern von den Bernsteinhändlern zwischen Rhein und Rhône, liegt das Märchenland mit all seinen schönen Schrecknissen schon geraume Zeit auf den Reisewegen aller, die Europa zu durchqueren wünschen, und ähnlich zentral ist die Rolle der Schweiz als Wasserscheide. Hier sprudeln aus den höchsten Bergen die klarsten Quellen, vereinigen sich zu wegweisenden Flüssen, die nach Norden und Süden durch den Kontinent weiterfließen, und empfehlen das kunstvolle Faltenwerk der Schweizer

Bergwelt aus jener Gegend, aus der die berühmten und berüchtigten, jedenfalls aber mächtige, wichtige und nicht zu entbehrende europäische Wasseradern herkommen.

Aber nicht nur Wasser gab es in der Schweiz schon seit jeher im Überfluß, auch die Seife, die das Wasser für unser Buch erst interessant macht, fand sich schon erstaunlich in den Schwei-

zer Bergen. Die Kunde klingt seltsam, aber sie stammt von einem Mann, der selber gekommen war, um zu sehen: von dem griechischen Philosophen und Geographen Poseidonios aus Apamea am Orontes, der später die Insel Rhodos zu seiner Wahlheimat erkor; dazwischen aber bereiste er eifrig das westliche Mittelmeer, Griechenland, Italien und seine Nachbarländer. Seine Schweizerreise fällt in die Jahre zwischen 100 und 80 vor Christus, Caesar war also noch ein Jüngling, Gallien nicht erobert und die heute EWG-umschlossene Schweiz war praktisch die Randzone der bekannten Welt. Es war also eine echte Expedition, die Poseidonios durchführte, und das Herz mag ihm aus verschiedenen Gründen höher geschlagen haben, als er der ersten Schweizer ansichtig wurde. Sie sahen allerdings Schweizern weniger ähnlich als Schotten und Bayern, denn sie trugen grobkarierte Stoffe, »hielten zum Zechen prahlerische Reden, gefielen sich in tragischen Posen und gerieten urplötzlich in blutige Händel«; das kam daher, daß sie tatsächlich Kelten waren, also den heutigen Schotten und Iren enger verwandt als den Schweizern, und sich nur für ein paar hundert Jahre in der Schweiz aufhielten. Bei dieser Gelegenheit traf Poseidonios auf sie und vermerkte erstaunt, wie groß und blond die Männer seien und daß sie ihre struppigen Mähnen dick mit Seife verstrichen. Ihre Lippen waren vom herabhängenden Schnurrbart verdeckt, dessen Haare sich in die Speisen verwickelten und beim Trinken wie Reusen wirkten.

Auch das Verhältnis dieser Menschen zum Wasser mutet uns noch beinahe spöttisch an; sie interessierten sich nämlich in erster Linie für jene Bäche und Flüsse, die Gold mitführten, also vor allem für die Wasserläufe des Napfgebietes in den Luzerner Alpen. Die große und die kleine Emme sind die Bäche, die diesen schon so früh gekannten Goldstaub mit ihrem Sand talab und schließlich in Aare und Rhein spülten, und es ist eine der bitteren Ungerechtigkeiten, die man der Schweiz antut, daß alle Welt vom Rheingold, niemand aber vom Napfgold spricht.

Für die in der Schweiz zahlreicher als anderswo aus den Felsen dringenden heilsamen Quellen interessierten sich erst die Römer, und sie haben damit den besseren Blick bewiesen. Denn während die Kelten, wie Poseidonois berichtet, schwächliche Männer und Weiber zum Goldwaschen anstellten, schickten die Römer planmäßig alle Männer, die irgendein Leiden hatten, in die Heilquellen, die ihnen bekannt waren, und der Nutzen aus diesen Quellen überstieg schließlich bei weitem den Ertrag der Goldwäscherei an den beiden Emmen.

Von dem Ort Baden an der Limmat, der in römischer Zeit kurz Aquae hieß, erzählte uns schon Tacitus in seinen *Historien*, daß er »während der langen Friedenszeit zum Umfang unserer Landstädte herangewachsen und wegen seiner anmutigen Lage und des Gebrauchs der Heilquellen viel besucht worden war« (I, 67). Der Ort war auch zu verlockend, denn dort, wo die Limmat einen scharfen Bogen beschreibt, etwa zwanzig Kilometer von der heutigen Stadt Zürich, drang das heiße Wasser zu beiden Seiten des Flusses in annähernd zwei Dutzend Quellen aus dem Boden. Solch eine Thermenfülle war großzügigen Einsatz wert. Man fand denn auch so luxuriöse römische Badeanlagen, wie sie hier, jenseits der Alpen, als durchaus einzigartig gelten müssen. Zwischen den Marmortafeln der Badebecken glitzerte es bei den Ausgrabungen immer wieder auf: Die römischen Badbesucher hatten wie die heutigen Rombesucher dem Brauch gehuldigt, Münzen in das Brunnenbecken zu werfen, vielleicht mehr in dem Wunsch, nicht wiederkommen zu müssen, als in dem Glauben, durch dieses Opfer wiederkehren zu dürfen.

Eines der größten dieser Becken maß sechs mal zehn Meter und konnte demnach annähernd hundert Menschen fassen; es lag unter freiem Himmel und bewahrte die altrömische Tradition an der Limmat bis in die Mitte des neunzehnten Jahrhunderts. Dieses sogenannte Verenabad ist übrigens eine der ganz wenigen antiken Badeeinrichtungen im Alpengebiet, die der Zerstörungswut der germanischen Wanderstämme entging. In den übrigen Bauwerken der Badestadt hausten die Alemannen ganz so, als hätten sie die schwachen Schwefelwasserstoffdünste, die neben den Quellen aus dem Limmatboden dringen, als persönliche Beleidigung aufgefaßt.

Wesentlich großzügiger waren naturgemäß die Badeanlagen, die bei den Ausgrabungen von Aventicum zum Vorschein kamen (heute Avenches, unweit Murten). Hier hatten die Römer Thermenanlagen von tausend Quadratmetern Grundfläche errichtet, denn die Stadt, die schon in vorrömischer Zeit Mittelpunkt der helvetischen Stammeskultur war, erlebte unter den Römern und in der ungewohnt friedlichen Entwicklung im Schutze der Besatzung einen außerordentlichen Aufschwung. Die verschwenderische Größe der Anlagen gestattete eine so reichliche Unterteilung, daß die Geschlechter getrennt baden konnten; vielleicht trennte man zeitweise auch die einfachen Legionäre von den Offizieren oder Einheimische und Römer. Vier Heißluftleitungen ließen die wärmende Luft in die Hohlziegel der Wände gelangen, welche die Baderäume trennten. Die Böden zeigten auch in kleineren Einzelbaderäumen die Mosaikmuster, wie sie uns an so vielen Stellen des Römischen Reiches erhalten geblieben sind.

Nicht ahnend, welche Rolle sie selbst noch in Helvetien spielen sollten, zerstörten die Alemannen um 260 auch die Thermenanlagen der Stadt Aventicum . . .

Waren die Römer als Thermen*finder* oder als Thermen*erbauer* größer? Sie spürten die warmen Quellen in allen Teilen ihres großen Reiches auf, wo aber ein Militärlager – wie es die Regel war – aus strategischen oder geographischen Gründen auf natürliche warme Quellen verzichten mußte, da scheuten die Römer nicht die Mühe, großartige Anlagen mit der Möglichkeit zu kalten und warmen Bädern zu schaffen. Was sie im ganzen römischen Europa in dieser Hinsicht leisteten, ist als Verwirklichung hygienischer Grunderkenntnisse vielleicht noch bewundernswerter als der Spürsinn, der sie die Heilquellen auffinden, fassen und ausnützen ließ.

Auf dem Schuttrücken zwischen den Flüssen Reuß und Aare hatten die Römer ein keltisches Oppidum vorgefunden, also eine bewohnte Wehranlage. Die Situation war für eine Befestigung ähnlich günstig wie zwischen den Flüssen Wertach und Lech, wo Augsburg entstand, und so bauten die Römer ihr Lager Vindonissa in diesen von Wasserläufen geschützten Zwickel. Aus Vindonissa wurde Windisch, woraus man, läge der Ort weiter östlich, slawische Besiedlung folgern würde. Zwischen Aare und Reuß aber blieb es bei der keltisch-römisch-alemannischen Abfolge, und die Ausgrabungen, die dort gemacht wurden, geben uns ein eindrucksvolles Bild von dem, was die XXI. Legion (von Tacitus gelegentlich »die wilden Einundzwanziger« genannt) im Bäderbau leisten konnte.

In der Mitte des ersten nachchristlichen Jahrhunderts entstand ein Bäderkomplex mit den Außenmaßen 70 mal 45 Meter, dessen Hauptfront nach Osten, an der *Via Principalis*, lag. Wären die Schweizer tatsächlich nur ein Volk von Gastronomen, wie es manchmal behauptet wird, so hätten sie glauben müssen, in Vindonissa auf die Ruinen eines altrömischen Nobelkurorts gestoßen zu sein, gleichsam auf das steinerne Dokument vorschwyzerischen Fremdenverkehrs, denn es läßt sich noch heute keine prächtigere Anlage für ein Bäderhotel oder einen Monsterkursalon denken als eben jenes Thermensystem mit anschließender Säulenhalle und Prachtfront zur Hauptstraße des Ortes.

Aber die Schweizer Archäologen, die Herren Laur-Belart, Heierli und Simonett wußten es besser und erklärten diesen erstaunlichen Bäderluxus als ein in römischen Zeiten beinahe übliches Erfordernis des Garnisonbetriebes, weil der Bau der Riesenanlage die Legion ebenso beschäftigte, wie ihre Benützung die Soldaten nachher befriedigte, entspannte, von allerlei Krankheiten befreite und vor anderen behütete. Die Räter freilich, gegen die das Lager von Vindonissa eigentlich gegründet war, mochten verächtlich die Nasen gerümpft haben: Sie brauchten das alles nicht und badeten, wenn überhaupt, in den Bergbächen oder in den Seen.

Betrat man die Badeanlage von der Hauptfront, also der Ostseite her, so gelangte man zunächst in das kleine Kaltbad, danach in das Laubad und schließlich in den großen, mit einer Wölbung nach oben abgeschlossenen Heißbaderaum; er maß 26 mal 13 Meter. Kleinere Räume zum Schwitzen, für Wasserbehälter und andere Zwecke waren ringsum angeordnet.

Dennoch ist auch diese Anlage noch nicht die größte, die man in der Schweiz gefunden hat. Die Soldaten der XXI. Legion mußten sich von Zivilisten übertreffen lassen, ja sogar von Frauen, denn der etwa gleichzeitig errichtete große Badebau von

Augst bei Basel verriet durch die in wahren Massen gefundenen beinernen Haarnadeln und Glasperlen aus Halsketten, daß hier nicht Soldaten gebadet hatten, sondern Frauen und Mädchen.

Es mußte also in Augst auch noch andere Thermenanlagen geben, und als sie gefunden wurden und zwischen 1907 und 1915 ziemlich vollständig freigelegt werden konnten, ergab sich, daß es mit dieser Bäderhäufung in Augst eine besondere Bewandtnis hatte. Der kunstvoll mit Hohlziegel-Heizröhren überwölbte Doppelbau barg nicht nur getrennte Männer- und Frauenbäder, sondern auch Tempel für die Götter Apollon und Äskulap, die beide als Schutzgottheiten der Heilkunde und der medizinischen Wissenschaft gelten. Die nahe Saline von Kaiser-Augst und die Solbäder von Schweizerhall mögen dabei eine Rolle gespielt haben, da insbesondere die Bäder von Schweizerhall noch heute gegen einige Frauenleiden gebraucht werden. Aber das kräftige Wasser allein genügte noch nicht, die Tempel und Altäre mußten hinzukommen.

Dieser Kult mit dem Wasser und rund um das Wasser besonderer, auffälliger Quellen, das war etwas, wo sich römische Neigungen und einheimische Traditionen trafen. Die vielen Frauen, die in Augst badeten und zeitweise sogar ein Freiluftschwimmbad besaßen, kamen zweifellos zum großen Teil aus der einheimischen Bevölkerung. Obwohl eine bis heute nicht völlig gedeutete Inschrift es möglich erscheinen läßt, daß die große Badeanlage erst von den Kaisern Marc Aurel und L. Verus gemeinsam errichtet wurde, muß man annehmen, daß weder die Frauen noch die Männer von Augst Christen waren. Ihre Beziehungen zu den heilkräftigen Quellen waren durchaus heidnisch-gläubiger Natur, und die Götter Apollon und Äskulap, deren Namen sie vielleicht nur mit Mühe aussprechen konnten, vertraten andere, ältere vertraute heimische Wasser- und Quellgeister. Der keltische Druidenkult hat in Quellen und Hainen seine bevorzugten Heimstätten. Im romantischen Volkslied haben sich die Spuren vorchristlicher Quellgottheiten erhalten, halbgöttlicher Wesen, die an einen bestimmten Ort gebunden waren und, wenn sie gingen, die besondere Heil- oder Orakelkraft einer Quelle mit fortnahmen, da sie die Seele des Wassers gewesen waren:

O ti fontauna, ti fontaunetta
Sche jeu mondel daven
Sche vegnas a schigiar si.
E la fontauna ei schigiada si.

O Bronn, o kleiner Bronn,
Wenn ich von dannen ziehe,
So wirst du gewiß vertrocknen!
Und vertrocknet ist der Bronn.

Das ist eine Stelle aus dem langen Margaretha-Lied, das noch vor hundert Jahren von den Bäuerinnen Rätiens gesungen wurde. Christian Caminada, seit 1941 Bischof von Chur, hat es aufgezeichnet, wozu manche mühsame Bergwanderung und lange Verhandlung mit schüchternen Bäuerinnen nötig war. Es ist die eigentliche, geheime und geheimnisvolle rätoromanische Hymne der *Verzauberten Täler*, das Lied von den vorchristlichen Kulturen um Feuer und Wasser, Stein und Erde, Feld, Tier und Berg. Wo die Quellen aus den Felsen sprangen und über die Bergwiesen herabrannen, da erfanden sich die Bauern die übernatürlichen Kräfte dazu, und wenn es gar Quellen waren, die an kalten Tagen dampften, wie die von Pfäfers, oder die nach Salz schmeckten, wie die von Schweizerhall, dann brauchten die Römer nicht lange zu fragen: dann vereinten sich Räter und Römer zu einem Kult, der bei den Fremden aus dem Süden Thermenbauten, Tempel und Altäre hervorbrachte, bei den Einheimischen aber scheue Freude und tiefe Dankbarkeit gegenüber den geheimnisvollen Kräften des sonst so kargen und bergigen, winterlich rauhen und gefährlichen Landes.

Bald wurde das Verhältnis der Schweizer zu ihren zauberträchtigen, weil heilkräftigen Quellen wesentlich bewußter, und in den selbstzufriedenen Gesang der Frommen mischten sich die seither nicht mehr verstummten helleren Töne fröhlichen Talergeklirrs. Und selbst, als im achtzehnten Jahrhundert der sogenannte klimatische Kurort entdeckt wurde, das heißt jene Luftbadeanstalten, die auch ohne den kleinsten und kältesten Sauerbrunnen Tausende von Touristen und Kurgästen anzuziehen verstanden, auch dann noch blieben die Schweizer Mineralquellen eine besondere Attraktion des Landes.

Eine der ältesten und berühmtesten warmen Quellen ist die von Pfäfers. Sie war ihrer versteckten Lage in der engen Taminaschlucht wegen selbst den Römern verborgen geblieben und soll erst 1038 von Jägern aufgefunden worden sein, als diese beim Ausnehmen eines Raubvogelnests plötzlich Dämpfe aufsteigen sahen. Es mag den Männern nicht ganz wohl zumute gewesen sein, als aus den Felsen plötzlich Qualmwolken stiegen; die ganze Gegend galt als nicht sonderlich geheuer, die Schlucht war dunkel und feucht, das vielfach gebrochene Licht verlieh Felsvorsprüngen und Baumstrünken die merkwürdigsten Formen.

So folgte denn auf die erste Entdeckung nicht viel anderes als langanhaltendes Gewisper unter den Anrainern und vielleicht ein mutiger Mönchsgang mit Weihwedel und Kreuz zum Austreiben der Warmwasserteufel aus der Taminaschlucht. Um 1240 aber wurde dann bei einer Jagd endlich die warme Quelle selbst entdeckt; Jagdherr war der Fürstabt Hugo II. von Villingen gewesen, und da er als Kirchenfürst den Teufel nicht fürchtete, begann in jenem Jagdjahr die Geschichte des heute so berühmten Bades von Ragaz-Pfäfers. Die Äbte errichteten Becken und Bauten, um den Gebrauch der Bäder zu erleichtern, huldigten aber auch dabei mehr sportlichen als balneologischen Gesichtspunkten, denn was einem trainierten Waidmann als einigermaßen komfortable Badeeinrichtung erschien, das stürzte die gebrechlichen Kranken in Angst und Schrecken. Man hätte

> ohne Mittel eines sehr langes Seils oder Stricks, entweders obhangender Leiter, keines Weges zu dem Bad, und ohne große Gefahr nicht kommen können, sintemal der erste Eingang und Abstieg in diese Höhle schwerer und erschröcklicher von des Felsens hohen Rüssli herab neben der Kapelle im Winkel, daselbst die Trink- und Kochwasser herabrinnen, gewesen. Etliche haben sich, in Sesseln angeheftet, mit verdeckten Augen durch ihre Diener hinablenden (= *Lassen*), andere auf Schultern hinabtragen lassen.

So schreibt Johann Kolweck 1631 in seinem *Tractat von deß überaus heylsamen, weitberühmten, selbstwarmen Unser Lieben Frawen Pfeffersbad . . . wunderthätiger Natur, Art, Eygenschafft, Tugent, Krafft und Würckungen.* Und der gelehrte Felix Haemmerlin verrät, wie sich die Kranken aus der Affäre zogen: Sie blieben, waren sie einmal auf halsbrecherische Weise nach unten gelangt, eine geschlagene Woche im Wasser, »weil das Hinauf- und Hinuntersteigen auf den hängenden Leitern so schauderhaft« sei.

Hilfe kam den unwillig turnenden Gichtkranken erst, als Abt Johann Russinger in einem der kernigen Zimmermeister des Bregenzer Waldes den richtigen Brückenbauer fand. Valentin Schmid, sein Name wird in Pfäfers nie vergessen werden, verband die Wege, die von Valens und Pfäfers her zu den Bädern führten, durch ein System kleiner Holzbrücken. Die auf starken Lärchenbäumen ruhenden Brücken waren zwar so schmal, daß knapp zwei Männer nebeneinander hergehen konnten, und sie schwankten bei jedem Schritt, da die Lärchen nur an einer Seite der Schlucht im Felsgrund festsaßen. »Sie macht denen, so der Berge nicht gewohnt sind, ersten Antritts etwas Schrecken«, berichteten die Chronisten, aber eine objektive Gefahr bestand nun nicht mehr, ja man konnte sich nun sogar zu Pferde bis ziemlich nahe an die Bäder heranwagen.

Das Bad selbst bestand um die Mitte des siebzehnten Jahrhunderts, als Merian es zeichnete, aus zwei Häusern, die etwa zwölf Meter über der Tamina in die Schlucht hineingebaut worden waren und auf Balken ruhten, die zu beiden Seiten im Fels verankert waren. Eine kleine Felsenkapelle neben einem Wasserfall barg ein Glöckchen, durch dessen Gebimmel Ankömmlinge sich melden, Davonziehende Gott für die Heilung und die bestandenen Klettergefahren danken konnten. Was jene taten, die »aus Furcht des gefährlichen Weges wiederum ungebadet hinweg sind gefahren«, verschweigt man uns; ihre Flüche mögen ohne Gebimmel im Tosen der Taminaschlucht verhallt sein. Warum dennoch immer wieder und immer mehr Menschen nach Pfäfers kamen, wußte schon Theophrastus Bombastus von Hohenheim, genannt Paracelsus. Er verglich in einem 1535 in Straßburg erschienenen

Traktat die Wirkungen der Bäder von Pfäfers mit dem, was der Barmherzige Samariter der Bibel tat, und pries die »Natürlichen Kompositionen« dieser Quellen mit den Worten:

> Das Wasser von Pfeffers ist an ihm selbst ein lauter klar Wasser, das keinem Corpus anhängt, auch in keinerlei Weg mit Ungeschmack erfunden *(empfunden)* wird. Was Gott geschaffen hat, hat er zur Verjüngung verordnet; also geht vom Bad Pfeffers seine Verjüngung an im Frühling und terminiert sich im Winter, wachst mit den Kräutern und stirbt mit ihnen ... Weit sind die Tugenden dieses Bades über andere Simplicia, fast mit quinta essentia zu vergleichen ...

Dort, wo ein Mann wie Paracelsus von *quinta essentia,* ja von einer Verjüngungskur sprach, da sollte man nicht ein wenig über Leitern klettern?

Bei näherer Betrachtung erweist sich diese Beinahe-Quintessenz der Verjüngung als eine sogenannte indifferente Quelle (von denen die berühmtesten ja alle in Gebirgsschluchten zutage treten). Sie ist rein, in ihrer Temperatur sehr beständig und nahe der Bluttemperatur, gut zu vertragen und besitzt keine fixen oder gasförmigen Stoffe, die unmittelbar auf den Organismus wirken könnten. Dennoch hat sie acht Jahrhunderte lang ihre Heilwirkung in verschiedenen Formen bewiesen: Sie regt den Stoffwechsel an, beruhigt überreizte Nerven, mildert schleichende Entzündungsprozesse, steigert Leistungs- und Widerstandskraft, lindert rheumatische und gichtische Schmerzen usw.

Fläschchen wurden hin und her geschickt, nach Paracelsus interessierten sich Ärzte und Apotheker aus verschiedenen Teilen Deutschlands und der Schweiz für das Verjüngungswasser (das tatsächlich zumindest auf nervöse Sexualleiden eine heilsame Wirkung ausübt), und so verstärkte sich der Zustrom nach Pfäfers ganz erheblich – ein Zustrom in einen engen Taleinschnitt, wo zwei Badehäuser die Bade- und Zahlungswilligen längst nicht mehr fassen konnten.

Man mußte aus der Schlucht heraus, aber wenn man auch die Quellen in Rohre schließen und ins Tal hinausleiten konnte, die klösterlichen Besitzverhältnisse ließen sich nicht so leicht ausdehnen, und jede Verlegung der Bäder hätte bedeutet, daß sie dem Kloster entzogen werden. Dabei waren die Mönche nicht kleinlich gewesen; sie hatten auch den wortgewaltigen Reformator Ulrich von Hutten in Pfäfers baden lassen, und ihre Schuld war es nicht, daß Gottes Verjüngungswasser bei diesem Teufelsmann so ganz und gar nicht wirken wollte. Man war auch weiter geneigt, die chemisch indifferente Quelle als religiös indifferentes Heilwasser zu betrachten; die Felsen über der Tamina aber brachte man damit doch nicht aus dem Wege. Die arg einsame Lage der Badehäuser brachte vor allem im Winter manche Schwierigkeit mit sich, je selbst Beraubungen kamen vor; die Mädchen, die den Kurgästen aufwarteten, wurden auf dem Wege überfallen, und die Bäderführer des frühen neunzehnten Jahrhunderts baten alle, die nach Pfäfers reisen wollten:

> zartere Personen sollten ihr eigenes Bettgeräthe mitnehmen oder auch über diesen Artikel nachsicht üben, denn es herrscht hierin hier die größte ländliche Simplizität. Die Kurgäste speisen meistens in ihren Zimmern, erst seit kurzem ist eine Wirtstafel eingerichtet, an der jedoch nur wenige Gäste teilnehmen . . .

Und das einem Volke, das sich anschickte, den Ruf einer Gastronomennation *par excellence* zu erringen! Zerknirscht baten die Mönche im Jahre 1838 den Papst, die Säkularisation des Klosters zu bewilligen, der Große Rat des Kantons Sankt Gallen schloß sich dieser Einsicht erleichtert an, und am 1. April 1838 verließen die letzten Mönche das Stift Pfäfers, das elfhundert Jahre lang bestanden hatte.

Schon zwei Monate darauf, am 31. Mai, war die Rohrleitung fertig, die das mit Feuerwerk und Böllerschüssen begrüßte Wasser nach Ragaz hinausfließen ließ. Eine neue Fahrstraße wurde gebaut, und statt der zweitausend Kurgäste von 1837 kamen deren siebentausend, bald darauf aber zwanzigtausend und mehr. Und an die Stelle der ländlichen Simplizität sind die Grandhotels von Ragaz getreten, in denen man zweifellos sehr kritisch angesehen würde, wollte man den Versuch machen, eigene Bettgeräte einzuschmuggeln oder seinen Proviant im Rucksack mitzubringen, um ihn im Bade zu verzehren ...

Während Pfäfers jahrhundertelang den mittelalterlichen Aspekt beibehielt mit Dämpfen, Dunkelheit, Unbequemlichkeit und Gefahren, übersprang ein anderes Schweizer Bad das Mittelalter mit erstaunlicher Sicherheit und schloß an die Blüte der römischen Zeit beinahe unmittelbar die Entfaltung des Badelebens an, wie sie die Renaissance einigen gut gelegenen großen Thermalstationen bescherte: *das Bad der Drey Küngen in Oberschwaben*, wie man es nannte, die Therme von Baden bei Zürich, wie es heute heißt. Dazwischen sagte man auch gelegentlich, Baden bei Zürich sei das Bad der österreichischen Herzöge oder das Herzogenbad (zum Unterschied von dem nicht eben fernen Markgräflichen Baden-Baden).

Die Bäder so nahe der großen Schweizerstadt waren schon im vierzehnten Jahrhundert einträglicher als viele andere Thermalquellen, aber sie lagen auf vorgeschobenem Posten, denn die Schweizer waren den Herzögen von Österreich nicht mehr sehr gut gesinnt. Die gut verdienenden Einwohner der Badeorte hielten es jedoch mit Österreich, und so kam es ganz entgegen aller geographischen Gerechtigkeit dazu, daß Österreichs Herzöge jenen Schweizern Badeprivilegien verliehen, die von der Eidgenossenschaft noch nicht viel hielten.

1405 erhielt ein Heinrich Kautmann die Bäder, weil er sich gegen die Schweizer ausgezeichnet hatte, und vor ihm war schon im Jahre 1386 ein Badbesitzer, nämlich Götz Meyer vom Hinterhof, mit zweien seiner Söhne bei Sempach gefallen. Zeitweise besaßen die Herren von Rümlang das Schröpf- und Scherrecht in den Badener Bädern und beweisen damit wie die Kautmann und Meyer, daß der Baderberuf, vor allem aber der Badbesitz keineswegs als entehrend aufgefaßt wurde, wenn es sich um so einträgliche Bäder handelte wie die Thermen an der Limmat.

Dabei ging es gerade in jenen Bädern ganz so zu, daß Herren und Damen von Stand sich eigentlich hätten glücklich schätzen müssen, wäre ihnen der Ort nie bekannt geworden. Aber es waltete eben keine Gerechtigkeit, in den Bädern schien es Sünden nur zu geben, damit federgewandte Besucher sie werbewirksam beschreiben könnten, und so kam es im Jahre 1417 zu dem geschicktesten und zugleich niederträchtigsten Kurprospekt, der je verfaßt wurde. Das Genie, das diesen vielzitierten Streich beging, war das des Renaissancedichters, Spötters, Hofnarren und Erzpoeten Poggio Bracciolini, den sechs Päpste als Sekretär beschäftigten, der einen inzwischen aus der Geschichte getilgten dreiundzwanzigsten Johannes zum Konstanzer Konzil begleitete und sich trotz seiner vielen literarischen Untaten unsterbliche Verdienste als Sucher und Finder altrömischer Manuskripte erworben hat.

Poggio also hatte an dem, was Konstanz bot, nicht genug, er entfloh dem Trubel rings um das Konzil und gedachte wohl auch, gegen seine Gichtknoten etwas zu tun. Aus Baden bei Zürich schrieb er im Jahre 1417 an seinen Freund Nicolo Nicoli jene Epistel, die heute weder die Postzensur passieren noch einer Anklage wegen unlauteren Wettbewerbs entgehen könnte:

> Ich schreibe dir diesen Brief aus den hiesigen Bädern, wohin mich die Gicht an den Händen getrieben, und denke, sie verdienen es, sowohl die Lage und Anmut derselben, als die Sitten der sich hier aufhaltenden Gäste, und ihre Badeweise dir zu schildern.
>
> Die Alten machten viel Redens von den Bädern zu Puteoli *(= Pozzuoli bei Neapel)*, wohin beinahe ganz Rom, um sich zu erlustigen, zusammenfloß. Allein, nach meiner Meinung, kamen dieselben in dieser Rücksicht den hiesigen nicht bei, und leiden überhaupt keine Vergleichung mit ihnen. Dort trug die Schönheit der Gegend und die Pracht der umliegenden Landhäuser mehr als das Baden und die fröhliche Gesellschaft zu den Vergnügungen des Ortes bei. Hier hingegen gewährt die Lage dem Gemüt keine oder doch nur sehr geringe Ergötzung; alles andere aber hat so unendlichen Reiz, daß ich mir öfters träumen ließ, Cypria selbst und was sonst die Welt Schönes in sich fassen mag, sei in diesen Bädern zusammengekommen, so sehr hält man hier auf die Gebräuche dieser Göttin, so sehr findest du hier ihre Sitten und losen Spiele wieder, und so wenig

die guten Leute Heliogabals Rede *(über die Sittenlosigkeit im Zirkus, im Theater und in den Bädern)* gelesen haben, so vollkommen scheinen sie doch von Mutter Natur selbst hierin unterrichtet zu sein.
Baden ist eine ziemlich wohlhabende Stadt, die in einem von Bergen rundum eingeschlossenen Tal an einem großen, schnell fließenden Flusse liegt, welcher sich anderthalb Meilen unter dem Ort in den Rhein ergießt.

Ungefähr eine Viertelstunde von der Stadt nun, dicht am Flusse, hat man zum Gebrauch der Bäder einen schönen Hof angelegt, in dessen Mitte sich ein großer Platz befindet, ringsum von prächtigen Gasthäusern umgeben, die eine Menge Menschen fassen können. Jedes Haus hat sein eigenes Bad, dessen sich nur diejenigen bedienen, die in dem Hause wohnen. Die Zahl der öffentlichen und der privaten Bäder beläuft sich zusammen auf an die dreißig. Für die niedrigste Klasse des Volkes indessen sind zwei besondere, von allen Seiten offene Plätze bestimmt, wo Männer, Weiber, Jünglinge und unverheiratete Töchter, kurz alles, was an Pöbel hier zusammenströmt, zugleich baden. Es gibt hier zwar eine die Geschlechter absondernde Scheidewand, doch kann diese nur Friedfertige abhalten, und es ist lustig anzusehen, wie da zugleich alte abgelebte Mütterchen und junge Mädchen vor aller Augen nackend ins Wasser steigen, wobei sie *verenda et nates* den Männerblicken preisgeben.

Nun die besonderen Bäder in den Gasthöfen betreffend, so sind diese sehr schön ausgeputzt und – beiden Geschlechtern gemein. Zwar werden dieselben durch ein Getäfel gesondert, worin aber verschiedene Ablaßfensterchen angebracht sind, durch welche man zusammen trinken und sprechen und sich also gegenseitig nicht bloß sehen, sondern auch berühren kann, wie denn dies alles auch recht häufig geschieht. Neben dem sind in der Höhe Gänge angebracht, wo sich Mannspersonen zum Sehen und Plaudern einfinden, und es stehet jedem frei, in des andern Bad einen Besuch zu machen, zu scherzen, sein Gemüt zu erheitern, und beim Hereintritt ins Bad sowie beim Hinaus-

steigen hübsche Frauen so gut wie nackend zu erblicken . . . In mehreren Bädern treten sogar beide Geschlechter durch denselben Eingang ins Bad, und nicht selten trägt sich's zu, daß die Mannsperson einem nackten Frauenzimmer und umgekehrt begegnet. Doch binden die Männer eine Art von Schürze vor, und die Weiber haben ein Linnengewand an, welches aber von oben bis in die Mitte oder an der Seite offen ist, so daß weder Hals noch Brust, noch Arme oder Schultern damit bedeckt sind.
Im Bade selbst speisen sie öfters von allseits zusammengetragenen Gerichten an einem Tisch, der auf dem Wasser schwimmt, wozu sich natürlich auch die Männer einfinden. In dem Haus, wo ich badete, wurde auch ich eines Tages zu solch einem Fest eingeladen. Ich gab meinen Beitrag, ging aber, ob man mir gleich sehr zusetzte, nicht hin, und zwar nicht aus Schüchternheit, die man hier für bäurisches Wesen hält, sondern weil ich die Sprache nicht verstand.
Ich sah dann alles von der Galerie aus, die Sitten und Gewohnheiten dieser guten Leute, ihr schmackhaftes Essen, ihren angenehmen, zwanglosen Umgang. Wunderbar ist es zu sehen, in welcher Unschuld sie leben, und mit welch unbefangenem Zutrauen die Männer zuschauen, wenn Fremde sich ihren Frauen gegenüber Freiheiten herausnehmen. Nichts beunruhigt sie, als deuteten sie alles zum besten oder gäben einfach nicht acht darauf. Denn nichts ist so schwer, daß es nach den Sitten dieser Menschen nicht federleicht würde. In Platons Republik, deren Sitten alles zum Gemeingut machen, hätten sie sich vortrefflich eingefügt, die ohne seine Lehre zu kennen, offenbar dazu neigen, eine ähnliche Sekte zu bilden.
Mancher besucht täglich drei bis vier Bäder und bringt da den größten Teil seines Tages mit Singen, Trinken und nach dem Bade mit Tanzen zu. Selbst im Wasser setzen sich einige hin und spielen Instrumente. Nichts aber kann reizender sein, als wenn eben mannbare oder schon in voller Blüte stehende Jungfrauen, mit dem schönsten, offensten Gesicht, an Gestalt und Benehmen Göttinnen gleich, zu diesen Instrumenten singen, wobei ihr leichtes zurückgeworfenes Gewand auf dem Wasser schwimmt und jede eine andere Venus ist. Überdies haben sie die artige

Gewohnheit, wenn Männer ihnen von der Galerie aus zusehen, scherzhaft um ein Almosen zu bitten. Man wirft dann, zumal den hübscheren, kleine Münzen zu, die sie mit der Hand oder mit dem ausgebreiteten Linnengewand auffangen, wobei die eine die andere wegstößt. Bei diesen Spielen werden nicht selten auch die geheimen Schönheiten enthüllt. Auch wirft man ihnen aus allerlei Blumen gewundene Kränze zu, die sie sich ins nasse Haar drücken.

Diese vielfältige Gelegenheit, das Auge zu ergötzen und den Geist zu ermuntern, hatte einen so großen Reiz für mich, daß ich, obwohl ich zweimal täglich selbst badete, die übrige Zeit noch damit zubrachte, andere Bäder zu besuchen und Münzen und Kränze zu werfen. Denn unter diesem immerwährenden Klang und Gesang war weder zum Lesen noch zum Denken Zeit, und es wäre eine große Torheit gewesen, als einziger weise bleiben zu wollen.

Zur höchsten Lust fehlt freilich noch die Unterhaltung durch Gespräche, die denn doch unter allen die vorzüglichste ist. Mir blieb also nichts übrig, als die Augen an den Schönen zu weiden, ihnen nachzugehen, sie zum Spiele zu führen und wieder zurückzugeleiten. Auch war zum näheren Umgang Gelegenheit genug und so große Freiheit dabei, daß man sich eben um die gewohnte Stufenleiter der Bewerbung, um Gunst und Zuneigung, nicht zu bekümmern brauchte . . .

So viele andere Ergötzlichkeiten muß ich, der Kürze wegen, übergehen, und gab dir nur ein Pröbchen von einigen, damit du einen Begriff erhältst von dieser Gesellschaft von Epikuräern. Beinahe möchte man glauben, hier sei der Ort, an dem die ersten Menschen geschaffen wurden und leben durften, der Garten Eden, was auf hebräisch Garten der Wollust heißt; wenn diese uns Glück verschaffen kann, so wüßte ich nicht, was dem Orte hier fehlen sollte, eine Stätte vollkommenen Glückes zu heißen. Frägst du mich denn, Freund! weiter, zumal nach der Kraft der hiesigen Wasser, so muß ich dir sagen, daß diese sehr unterschiedlich und mannigfaltig ist, in einigem aber besonders groß und beinahe göttlich, denn auf der ganzen Welt glaub ich, gibt es kein zweites Bad, welches die weibliche Fruchtbarkeit stärker fördere. Kommt eine Frauensperson hierher, deren Leib verschlossen ist, so erfährt sie bald die bewundernswürdige Wirkung dieser Bäder, wenn sie nur beflissen die Mittel anwendet, welche die Kunst den Unfruchtbaren vorschreibt.

Nach allem, was Poggio vorher über das Treiben in Baden bei Zürich berichtet, kann er den plötzlichen Segen der Fruchtbarkeit kaum der mineralischen Wirkung der warmen Quellen zuschreiben. Er mochte geahnt haben, was die Medizin heute weiß: daß in sehr vielen unfruchtbaren Ehen, entgegen der Volksmeinung, nicht die Frau, sondern der Mann die Schuld trägt, und in solchen Fällen sorgte naturgemäß das Badener Treiben für schnelle und sichere Abhilfe. Deutlicher fährt Poggio fort:

Unzählbar ist übrigens die Menge der Vornehmen und Gemeinen, die nicht sowohl der Kur als des Vergnügens wegen aus einem Umkreis von hundert Meilen hier zusammenkommen. Alle, die lieben, alle, die heiraten wollen . . . strömen hierher, wo sie finden, was sie wünschen. Viele schützen körperliche Leiden vor und sind nur am Gemüte krank. Da sieht man hübsche Frauen die Menge, die ohne ihren Mann, nur in Begleitung zweier Mägde und eines Dieners hier anlangen oder in Gesellschaft eines alten Mütterchens, das sich leichter hintergehen als bestechen läßt. Jede aber zeigt sich, soviel als möglich, in Gold, Silber und Geschmeiden, so daß man meinen möchte, sie wären nicht ins Bad, sondern zu einer prächtigen Hochzeit gekommen.

Poggio selbst war zwar kein Kleriker, aber im Gefolge eines Papstes und daher mit den Gewohnheiten der Geistlichkeit aufs beste vertraut. Er staunte nicht, an dieser Stelle unbekümmerten Lebensgenusses geistliche Herren und Damen in großer Zahl anzutreffen:

> Auch Nonnen, oder genauer gesagt, floralische (= *der Göttin Flora dienende)* Jungfrauen, dazu Äbte, Mönche, Ordensbrüder und Priester, leben hier in noch größerer Freiheit als alle übrigen. Die Priester baden sich mit den Frauenzimmern, schmücken ihr Haar mit den Kränzen und vergessen allen Zwang ihrer Gelübde. Sie haben nämlich hier alle dieselbe Absicht: die Traurigkeit zu verbannen, das Vergnügen zu suchen und keine anderen Gedanken zu hegen als die an den Genuß des Lebens und die Freuden. Keiner bemüht sich, der Gemeinschaft etwas zu entziehen, vielmehr sucht jeder, das Besondere allgemein zu machen, und es ist wahrhaft erstaunlich, daß bei einer so großen Menge von Menschen (es mögen immer an die tausend hier sein), bei so verschiedenen Sitten, in einem so freudetrunkenen Gemisch weder Händel noch Zwiste aufkommen, kein Schimpfwort fällt, keiner sich über den anderen beschwert . . . Selbst der Teufel der Eifersucht, der anderswo die Männer plagt, ist hier ein unbekannter Gast und, da sie die Sache nicht kennen, auch dem Namen nach unbekannt. Wie unähnlich sind diese Sitten den unsrigen! Wir Welsche sehen alles von seiner schlimmsten Seite an und schwören beim schwächsten Schein des Argwohns sogleich auf das schwärzeste Verbrechen.

Und nun wendet sich der Bericht zur Einkehr, zeigt sich, daß die warmen Bäder bei Zürich vielleicht wirklich ein Seelenbad genannt werden durften, weil sie manchen, der am Gemüte kränker war als am Leibe, eine glücklichere Lebensform vor Augen führten und die Grillen vertrieben. Was Poggio sagt, ist nicht leichthin geschrieben; er setzt die aufgeklärte Weltsicht, den Weitblick und die bewußte Lebensführung des gebildeten Südländers gegen die naive Daseinslust der Alemannen, wie er sie hier kennenlernte:

> Schon mehr als einmal habe ich daher diese guten Menschen um ihre unzerstörbare Gemütsruhe beneidet und dagegen unsere verkehrte Denkart verwünscht, da wir doch immer klagen, immer begehren, durch keinen Gewinn befriedigt, durch keinen Wucher gesättigt, Himmel und Erde umkehren wollen, um Geld zu erwerben. Angst und Kummer trieben uns umher, weil wir schon vor dem künftigen Elend erbeben. Um nicht unglücklich zu werden, hören wir nie auf, unglücklich zu sein, starren unverwandten Blickes auf den Mammon und vergessen darüber Seele und Leib. Diese Glücklichen hingegen sind mit wenigem vergnügt; sie leben nur für heute, machen sich jeden Tag zum Fest und verlangen nicht nach Reichtum, der ihnen wenig nützen kann. Sie freuen sich dessen, was sie haben, zittern nicht vor der Zukunft und tragen Widrigkeiten mit Geduld. Ihr größter Schatz aber ist ihr Wahlspruch: Der lebte, der seines Lebens genoß!

Poggios Brief ist in seinem vollen Wortlaut noch etwas länger als unser Auszug, und es fehlte nicht an Kritikern, die glaubten, der Dichter mit der gewandten Feder habe sich in seiner Begeisterung über ein paar hübsche Schweizer Mädchen zu einem Erguß hinreißen lassen, der außer schönen lateinischen Phrasen wenig Wertvolles enthalte. Inzwischen sind aber andere zeitgenössische Berichte bekanntgeworden, die für eine Reihe von Bädern genau jenes Treiben nachweisen, das Poggio in Baden bei Zürich so entzückte (für Wiesbaden zum Beispiel . . .) und es steht auch fest, daß der energische Bischof Burkhard von Konstanz, der seine Stadt von den Unsitten des langen Konzils zu reinigen trachtete, im Jahr 1463 scharfe Vorschriften gegen die Ausschweifungen seiner Untergebenen in Baden erließ. Er wies den

Leutpriester zu Baden bei Zürich an, kraft bischöflicher Vollmacht und notfalls mit Hilfe weltlicher Schergen jeden Geistlichen festnehmen zu lassen, der sich in den Bädern unschicklich benehme. Diese Vorschrift blieb bis 1498 gültig und gab dem bischöflichen Vogt in Kaiserstuhl einiges zu tun.

Die Versuchung muß, nach allem, was wir wissen, beträchtlich gewesen sein und gefährdete schließlich sogar das Gut der Kirche, weswegen diese denn auch schonungslos durchgriff. Zu diesem Zeitpunkt, Ende des fünfzehnten Jahrhunderts, hatte aber zum Beispiel Hug Trinkler, Abt von Kappel bei Zürich, seine Klosterkasse dadurch geleert, daß er in Baden wochenlang große Gelage gegeben, täglich im Bade zwanzig Personen freigehalten und Schlimmeres getrieben hatte. Er verteidigte sich damit, daß seine Partnerinnen bei diesen fröhlichen Wasserspielen nur Nonnen und keine weltlichen Damen gewesen, wodurch das Vermögen immerhin innerhalb des Klerus geblieben sei. Sein Amt konnte er dadurch freilich nicht retten.

Sehr viel Geld gaben auch die Nonnen von Töß für ihre Badenfahrten aus, weil sie sich vorher die nötigen Ablässe erkauften und sogar die Erlaubnis erlangten, unter dem Nonnenhabit für den Bedarfsfall weltliche Kleidung zu tragen. Und die Äbtissin des Frauenmünsters in Zürich verkaufte die Meierei Stadelhofen so billig an das Frauenkloster am Oetenbach, daß die dankbaren Nonnen »der Frau Äbtissin Anastasia von Hohenklingen darumb eine Summe Geldes geschenkt, so sie wolt haben zu einer Badenfahrt. Gott gesegne ihr das Bad in jener Welt!« (Gsell-Fels)

Nicht minder beliebt war Baden jedoch in den folgenden Jahrhunderten bei den Reformierten, die aus Zürich die Lebensfreude verbannt hatten und im nahen Baden noch ein Zipfelchen davon erhaschen konnten. Die Stadt war aufgeblüht, sie hatte breite Straßen, an denen die Häuser sich aus dem Stadtkern bis zu den Bädern hinzogen. Die Fassaden waren bemalt und gepflegt, die Gasthäuser freundlich und stets von interessanten Fremden in Anspruch genommen. Bis 1712 hielten die Eidgenossen hier ihre Tagsatzungen ab, zu denen sich auch Diplomaten fremder Länder einfanden. Bürgermeister, Zunft- und

Ratsherren gewöhnten sich an, jenen Reichtum, den sie in ihren Heimatkantonen nicht zu zeigen wagten, in Baden bei Zürich auf die angenehmste Art durchzubringen.

Die Stadtverwaltung von Baden bei Zürich kapitulierte schließlich vor den so sichtlich stärkeren heidnischen Viren, die zu beiden Seiten der Limmat in warmen Quellen aus dem Boden sprangen. Hier war nun einmal das Bad der Lebensfreude und der wahren Verjüngung, und man konnte kaum viel anderes tun, als das Schlimmste zu verhüten suchen. Die Anweisungen, die Stadt und Schultheiß von Baden im Jahre 1520 an die beiden Stadtknechte gaben, sagen eigentlich schon alles und stehen an fremdenverkehrsfördernder Toleranz den ähnlichen Vorschriften aus Plombières um nichts nach:

> Sitzt einer im Bade, so sollt ihr nicht einfach hineingehen, es sei denn, ihr wisset ganz sicher, daß er eine Metze bei sich habe. Kommt ein Priester nach Baden und führt eine Jungfrau mit sich, die er in seinem Gemach empfängt, so sollt ihr denselben nicht aufnehmen; hat aber ein Priester eine bekannte Metze zu sich ins Gemach genommen, so sollt ihr ihn aufnehmen (*d.h. nicht ausweisen*). Ihr sollt auch zu Herrenleuten nicht ins Gemach gehen, es sei denn, ihr wisset ganz sicher, daß sie Metzen bei sich haben. Auch dann aber müßt ihr euch bescheiden betragen und Rang und Stand achten. Vor allem aber dürft ihr keinen Dietrich gebrauchen oder bei euch haben . . .

Dank solcher Nachsicht wurden Baden bei Zürich mit seinen warmen Quellen und das nahe gelegene Zurzach mit dem Verenagrab Wallfahrtsorte für Eheleute, denen der Kindersegen verwehrt geblieben war, paradiesische Zuflucht für die Einsamen beider Geschlechter, für die einmal im Jahr zur heiligen Verena pilgernden leichten Mädchen und für alle Männer, die diese Pilgerinnen zu trösten wünschten. Höchste Herrschaften kamen hier zu langersehntem Nachwuchs, weil die Stadtknechte keinen Dietrich bei sich führen durften: König Konrad von Burgund, dessen Gemahlin fristgerecht einen Prinzen gebar, Herzog Hermann von Alemannin und viele andere, und mancher fand – von solchem Bade doch mehr ermattet als erquickt – den Tod in den Armen einer Dirne. Das paradiesische Gemisch, die fröhliche Promiskuität barg freilich auch ihre Gefahren. Man konnte an den Falschen geraten, der revolutionäre oder gar mörderische Hitzen in die blaublütigen Geschlechter goß. Agnes, Gemahlin Herzog Rudolfs II., empfing in Baden einen Prinzen, aber er war jener verwirrte, früh aufmuckende Johann von Schwaben, der als Achtzehnjähriger zum Mörder an seinem Oheim wurde, in den nächsten Jahren in Italien verscholl und in der Geschichte als Johannes Parricida weiterlebt.

Es war, als halte der heidnische Quell von Baden bei Zürich mit seinen Zauberkräften allen Versuchen stand, die alten Römerbäder an der Aare ebenfalls unter den Krummstab zu zwingen. Kundige Augen erspähten die Blöße des Heiligen Römischen Reiches, die hier lag, und als König Ludwig XII. gegen Kaiser Maximilian intrigierte, die Eidgenossen abspenstig zu machen und den Italienzug zu verhindern suchte, da setzte sich Monsieur de Rocquebertin nicht etwa nach Zürich, das bei den Diplomaten schon damals als eine unfröhliche Stadt galt, sondern ins nahe Baden. Dieses Jahr 1505 gilt als der Höhepunkt in der Geschichte der Thermenstadt. Zu keiner Zeit vorher oder nachher seien den Mädchen so viele Geldstücke zugeworfen worden – und zu keiner Zeit hätten sie diese so bereitwillig aufgefangen. Es gab Tage, an denen niemand auch nur einen Batzen für Bad oder Essen zu bezahlen brauchte – Ludwig XII. zahlte alles, wenn auch nicht so ohne weiteres klar war, daß die tapferen Schweizer Soldaten zu Hause bleiben würden, wenn man den hübschen Schweizer Mädchen Geld ins Badewasser warf.

Die Franzosen in Baden waren ein echter Höhepunkt der Stadtgeschichte; *Die Franzosen in Baden!* wurde aber auch der Schreckensschrei, mit dem der Niedergang des fröhlichen Treibens begann. War es Neapel oder war es Pavia? Eine der Städte, vor denen französische Truppen lagen, hatte sich als Herd der Lustseuche entpuppt, die um die Wende vom fünfzehnten zum sechzehnten Jahrhundert langsam in Europa vorzudringen begann und die man darum den *morbus gallicus*, die französische Krankheit, kurz auch »die Franzosen« nannte.

Das alljährliche Hurentreffen in Zurzach, die Tafeleien im Bad mit Dutzenden von Menschen, die man kaum kannte; das Schröpfen und zur Ader lassen mit Instrumenten, die vielleicht wenige Minuten vorher mit dem vergifteten Blut eines Menschen benetzt worden waren, der vom *morbus gallicus* befallen war – das waren Gefahren, bei denen das Lachen auf den Lippen erstarb.

Einer der letzten Unbekümmerten war Hans Waldmann, Zürichs Feldhauptmann und später allzu selbstherrlicher Bürgermeister. Er hatte ein verrufenes, aber begütertes Weib geheiratet, war durch Grundstücksgeschäfte zum reichsten Mann der Stadt geworden und hatte seine Badenfahrten in Gesellschaft von nicht weniger als sechs Frauen angetreten, seine eigene und die schöne Margarete Brunyn darunter, Waldmanns *maîtresse en titre*. In Baden aber stach ihm eine hübsche Baslerin in die Augen, ein Geldgeschenk machte den Bader gefügig, und als die Baslerin am nächsten Morgen nichtsahnend und splitternackt in ihrer Wanne saß, trat siegesgewiß Zürichs Bürgermeister durch die Türe. Das unerschrockene Mädchen verteidigte sich mit Wasser, Seife und Fäusten so gut, daß der Exfeldhauptmann den Rückzug antreten mußte (zumindest lautet so die Basler Version) oder doch, plötzlich ernüchtert, von ihr abließ, wie die Zürcher die Niederlage des Mannes deuten, auf den zu bauen sie wenig Grund haben, da sie ihn wenige Jahre später umbringen ließen.

In jenen Jahren jedenfalls lagen schon die Schatten über den allzu freien Bädern. Die Seelen befreiten sich nicht mehr aus den ehelichen Zwängen, weil die Ängste der Krankheit und der Ansteckung die volle Freude nicht erst entstehen ließen, und Baden verlor wie andere ähnliche Kurorte seinen Ruf als paradiesische Läuterungsstätte, als einer der Orte, an denen man dem Leibe geben konnte, was er verlangte, wodurch dann auch die Seele gesundete.

Glitt damit auch Baden bei Zürich in die idyllische Kleinstadtbravheit zurück, blieben damit auch die fürstlichen Herren mit

Gefolge und Goldtruhen aus, so brauchte die Schweiz darum doch nicht aufzugeben. Rechtzeitig entdeckte man die befreienden Wirkungen der Höhe, die gefahrlosen Entspannungen inmitten der Berge, die lockernden und lösenden Einflüsse des Kuhgeläutes, des Alphorns und des Tannendufts.

Während heilige und heidnische Quellen noch munter sprudelten, während die Menschen gläubig in den Leitern von Pfäfers hingen, während eine riesige Lawine in Leukerbad gleich fünfzig Häuser mit allen Bädern und Badegästen verschüttete und der wütende Gießbach Raschitscha die Badeanlagen um den Sauerbrunnen von Fideris im Prättigau hinwegriß, erkannten die Schweizer ihre große Chance: das auf den Zacken ihrer Berge ruhende unendliche Reservoir an Heilklima, das anzuzapfen seither Tausenden von tüchtigen Bürgermeistern gelungen ist.

Am Rhein die Säuerlinge, zwischen Ems und Weser Solebäder und Schwefelquellen und im Schwarzwald Eisen, Salz und Thermen – so präsentiert sich im großen und ganzen heute die deutsche Bäderkarte, noch immer reich, aber doch ein schmaler Nordsüdstreifen, dem die Tiefe des Raumes fehlt. Halbvergessene Namen spannen das Netz der deutschen Badeorte früher nach Osten weiter, Namen, die sich anhören, als gebe es sie gar nicht mehr, so daß man in der ersten Überraschung verwirrt fragt: Ja richtig, Marienbad – wo ist denn das eigentlich hingekommen?

Es gibt sie alle noch, die Bäder der breiten Doppelreihe quer durch Mitteldeutschland bis hinein nach Schlesien und Nordmähren: den Harz mit seinen Kochsalz- und Solequellen, Lauchstädt klassischen Angedenkens, wo Herzog Karl August mit seinen Schauspielern seine Sommer verbrachte, Berka, Teplitz, Karlsbad als ebensolche Goetheklänge, und weiter östlich die beinahe auch schon klassischen Gerhart-Hauptmann-Orte Warmbrunn und Salzbrunn.

Dank der besonderen geistigen Regsamkeit der deutschen Siedelstämme haben diese Bäder im Herzraum des Reiches und im Osten an Gewicht im deutschen Geistesleben und in der geistigen Geographie Deutschlands mehr gewonnen, als ihnen an wirbelnder Mondänität meist fehlte. Und auch jene unter ihnen, in denen sich zeitweise eine mitteleuropäische Elite traf, besaßen das Geheimnis, diese Elite unter den Menschen von wirklicher Bedeutung zu wählen, während anderswo bloß Rang und Namen die Promenaden mit Glanz erfüllten.

Zwischen den glanzvollen Höfen von Warschau, Dresden, Weimar und Wien tat sich eine stillere Mitte auf. Große Waldgebiete, wie jene Thüringens und der böhmischen Randgebirge, erfüllten sie mit den Würzen ihrer Tannen, an Wasser fehlte es nicht, und statt der großen Industriesiedlungen, die im Westen und im Osten Deutschlands aufzuwachsen begannen, grüßten auf einsamen Lichtungen halb verfallene Glasmacherhäuser.

Das, was die Worte Lauchstädt, Tiefurt, Marienbad oder Warmbrunn in uns auslösen, jenen altdeutschen Frieden, der mit der chemischen Zusammensetzung der Quelle gar nichts zu tun hat, das steht keinem Heilbad der Bundesrepublik oder des westlichen Europas zu Gebote. In den Bildern jener alten Bäder fehlen noch die Autos, fehlen der Massentourismus und die Flut der Prospekte, Veranstaltungen, organisierten Rundfahrten. Die ursprüngliche Einheit, in der das heilende Bad entstand, ist hier noch sichtbarer als im dichtbebauten, dichtbevölkerten, verkehrsdurchfluteten Westen. Steine, Bäume und Wasser gehören noch zusammen, und man kann von keinem sagen, was früher da war. Selbst Rübezahl, der Berggeist, erscheint Carl Hauptmann »vermutlich so alt wie die Riesenwoge aus Granit, die schon in Urzeiten zwischen Böhmen und Schlesien ausrollte und zum Riesengebirge erstarrte. Und erst der wird uns das Geheimnis um Rübezahl wirklich lösen, der uns sagte, wann die ersten Wasser von den Bergen rauschten.«

Dieses Riesenhaft-Rübezahlische, das Unerklärliche und Stumme zwischen Brocken und Plöckenstein, zwischen Goslar und Oberplan, ist ein Seelengrund für sich und durch die schönste Kurhalle nicht zu ersetzen. Unserem ganzen Land fehlt sein stiller Herzraum, seine Besinnungsstube, von der so oft die Heilung ausging. Und da das ganze Land etwas aus dem Gleichgewicht geraten ist, zaudern auch die verbliebenen Bäder, die vielen inzwischen prächtig aufgeblühten Kur- und Badeorte der Bundesrepublik, zwischen den beiden Möglichkeiten: durch den Ruf und den Betrieb eines Modebades anzulocken, oder durch den echten Quellgeist, das Rübezahlische und die Ruhe, für Erholung zu sorgen und für die Erholungsuchenden dazusein.

Die Entscheidung mag manchem Kurdirektor und manchem Stadtoberhaupt schwergefallen sein; schließlich kann man, was diese Prinzipien anlangt, das Steuer nicht alle vier Jahre herumreißen. Einem Bad und gar seinem Publikum muß man schon mehr Zeit geben. Früher hatte sich vieles von selbst ausgeglichen; wer es in Baden-Baden zu laut fand, der ging nach Herkulesfürdö, und wer sich beim Roulette von Homburg verausgabt hatte, konnte eine Nachkur in Gottleuba anschließen. Heute sind all diese erfrischenden Nuancen zugunsten der einen großen

Trennungslinie und des einen fundamentalen Unterschieds so gut wie verschwunden. Die Integration unseres kleinen Erdteils kommt wirtschaftlich und politisch zwar nur langsam voran; jenes moderne Leben aber, das uns durch seine Lärmquellen und sein Überangebot an Reizen kurortreif macht, hat sich inzwischen zumindest den halben Kontinent erobert; die Chancen, sich von Zivilisationsschäden in jener Hälfte zu erholen, in der man sie sich zugezogen hat, werden immer geringer.

Rheuma, Leber, Atmungsorgane mögen auf die Kuren noch ansprechen. Aber jene schöne alte Idee von der ganzheitlichen Kur, vom Kindsein beim Kurgebrauch und der vollen Entspannung, die scheint auf ein paar kunstvoll gehütete Enklaven zurückgedrängt zu sein, dorthin, wo enger Felsschluchten wegen die Autoströme nicht nachfolgen können. Diese Entwicklung ist mit Hupverboten und der Verbannung der Musikboxen nicht zu steuern. Ja selbst was im autofreien Zermatt und in Saas-Fee entstanden ist, gleicht mehr einem Sauerstoffzelt als der Freiheit, die wir uns zur Erholung wünschen. Wir sind einfach schon zu viele; wir sitzen, wohin immer wir uns zur Erholung begeben, so dicht nebeneinander wie die mittelalterlichen Schweizer in Pfäfers und möchten den Platz am Mittagstisch am liebsten gar nicht mehr verlassen, um uns den Kampf des nächsten Tages zu ersparen.

In diesem alljährlich zu Ostern aufbrandenden und erst mit dem Schulbeginn im Herbst wieder abflauenden Betrieb haben sich ein paar Dutzend Inseln jene Atemluft bewahrt, die der Kurgast dringender braucht als der bloße Vergnügungsreisende. Es sind mehr als jene zwölf, von denen wir sprachen, aber es sind nicht sehr viele, den die Bevölkerungsdichte überfiel das deutsche Land beinahe unversehens. Wann wurde es denn so eng? fragt man sich, und die Antwort lautet für jede Landschaft anders. Spätestens seit 1945 aber ist nirgends mehr Platz als auf ein paar Truppenübungsplätzen (von denen man keinen Quadratmeter abschneiden darf) und in jenen Kurorten, die offenbar schon im achtzehnten Jahrhundert vorausahnten, was zweihundert Jahre später sein würde.

Einige von ihnen haben das Glück, sich an die Reste der großen Waldgebiete anlehnen zu können, die einst Deutschland erfüllten, die Kurorte im Harz und im Schwarzwald zum Beispiel, aber auch weniger bekannte Bäder wie Driburg oder Meinberg. Zwischen ihnen zieht sich von Nordwesten nach Südosten der schmale, aber lange Streifen des Teutoburger Waldes hin, der zwar nur noch einen Bruchteil seiner ursprünglichen Dichte und Tiefe besitzt, dessen Name aber noch immer die Herzen der deutschen Kurgäste höher schlagen läßt.

Beschleunigt sich der Herzschlag allzusehr, dann wirken die trockenen Kohlesäurebehandlungen Wunder, die man in Bad Meinberg seit annähernd zweihundert Jahren verabreicht. Dort dringt nämlich aus vulkanischen Schichten kohlensäurehaltiges Heilgas aus der Erde, ein Umstand, der die Menschen des achtzehnten Jahrhunderts, die eben Cagliostro und den Grafen von Saint-Germain erlebt hatten, offenbar mächtig anzog. Nicht minder heilkräftig sind aber die Schwefelmoorlager von Bad Meinberg, so wenig vertrauenerweckend die ascheartige Moorerde auf den ersten Blick auch wirkt. Kohlensäure und schwefelsaure Salze verbinden sich mit den Gärungsprozessen eines offenbar nicht sehr alten Moores zu stärksten Heilwirkungen bei rheumatischen Erkrankungen.

So haben sich die großen Moore gewandelt; den Legionen des Varus und des Germanicus waren sie noch der fürchterlichste Schrecken, für Arminius die wichtigsten Verbündeten. Waren die Römer zwischen Hügeln und Moor eingekeilt, so leiteten die Germanen an Wasserläufen noch herzu, was sich nur in neue Bahnen bringen ließ. Tagelang gab es für die Römer keine trokkenen Kleider, keine warme Nahrung, und ihre Feldherren träumten, daß sich die blutige Hand des Varus aus den Sümpfen emporrecke.

Das große Waldgebiet lag wie ein Riegel quer über dem Weg der Legionen in den deutschen Norden. Jenseits des Waldes gibt es keines jener Bäder mehr, bei denen die Römer uns zuvorgekommen sind, die ersten Thermenanlagen errichteten und ihre Veteranen das im kühlen Deutschland erworbene Rheuma ausheilen ließen. Bei Bad Meinberg dräut schon das germanische Erbe. Rätselhaft und riesig erheben sich die Externsteine in langer Reihe aus dem Waldgrund, und in den tiefen Mooren ruhen Freund und Feind seit Jahrtausenden stumm nebeneinander.

Nicht zu Hitlers Zeiten, sondern seltsamerweise in den letzten Jahren hat ein Besucherstrom zu den Externsteinen und zum Hermannsdenkmal eingesetzt, der sich mit den toten Römern allein nicht erklären läßt. Der Wald und seine Rätsel, die noch immer ungeklärte Frage nach dem genauen Ort der Varusschlacht, die Aussicht von den besteigbaren Externsteinen und das von Sachbüchern genährte Interesse für Altertumskunde wirken hier offenbar zusammen. Aus den nahen Bädern Oeynhausen und Pyrmont, Seebruch, Salzuflen, Driburg und anderen bringen die Autobusse Scharen von Kurgästen, die inmitten der Entspannung nach heroischen Impressionen hungern.

Eines dieser Bäder war mit großer Wahrscheinlichkeit schon zu Zeiten des Arminius bekannt, nämlich Bad Pyrmont. In seinen Quellen fanden sich Opfergaben, die an die zweitausend Jahre alt sind, und auch das heilkräftige Moor bestand schon zu jener Zeit (wenngleich die Germanen noch die Gewohnheit hatten, fremde Krieger oder eigene Missetäter im Moor zu versenken, und nicht etwa heilsame Moorbäder zu verabreichen). Auch den Massenzustrom in die bei Tag so liebliche, bei Nacht so unheimliche Landschaft gab es schon vor Jahrhunderten. Im Jahre 1556 und auch noch 1557 kam es zu dem, was die Chronisten mit der erstaunlichen Sprachkraft des sechzehnten Jahrhunderts ein *Wundergeläuft* nennen. Gerüchte von ein paar spektakulären Heilungen mögen es ausgelöst haben, und es ist um so bemerkenswerter, als die lippischen Lande im sechzehnten Jahrhundert noch sehr schütter besiedelt waren. Zehntausende Heilungsuchende aus dem In- und Ausland sollen damals Bad Pyrmont mit seinem »Hylligen Born« gestürmt haben. Sie begründeten den ungewöhnlich stabilen Ruf des Bades und veranlaßten eine Anzahl von Ärzten zu den ersten Analysen und Untersuchungen der Quellwässer.

Schon hundert Jahre nach dem Wundergeläuft hatte Bad Pyrmont seine Hauptallee, und es wäre vielleicht noch schneller gegangen, hätten die Herren des Bades nicht so erstaunlich schnell gewechselt. Auf die Grafen von Pyrmont, deren letzter schon 1494 starb, folgten das Haus Spiegelberg, das Haus Lippe und das Geschlecht der Grafen von Gleichen, die in weiteren Kreisen nur dadurch bekannt sind, daß einer von ihnen standhaft um das Recht focht, mit zwei Frauen zugleich verheiratet zu bleiben. Dank dieser Vorsorge starben die Grafen von Gleichen erst 1631 aus; Bad Pyrmont gelangte nun (nach anderen Quellen schon 1625) an die Grafen von Waldeck. Diese scheinen von Bädern etwas verstanden zu haben, da sie zeitweise auch Wildungen in ihrem Besitz hatten, und sie legten auf Pyrmont so viel Wert, daß die Umgebung des Bades schließlich als Fürstentum erscheint und sie sich bis 1918 Fürsten von Waldeck-Pyrmont nannten.

Mit diesem Geschlecht begann für Pyrmont eine neue Phase. Nun gab es zwar kein »Wundergeläuft« mehr, aber man legte auch nicht mehr allzuviel Wert auf dahergelaufenes Volk, ja nicht einmal auf den Wunderglauben. Pyrmont hatte nun seine Alleen und seine Brunnenstraße, einen neuen Brunnentempel und jene Neustadt, die den Kern des heutigen Pyrmont ausmacht. Man war gerüstet für das bessere Publikum, und es kam erstaunlich willig. Im Jahr 1681 soll es einen ausgesprochenen Fürstensommer in Bad Pyrmont gegeben haben. Unter den siebenundzwanzig Hoheiten war auch die Königin von Dänemark, und in ihrem Gefolge wieder befand sich jener schreibfreudige Kammerherr, der dem *Dienstagischen Postilion* am 4. Juli 1681 nach Berlin berichtete:

> Den 18. Junius kamen wir nach Pyremont. Unterwegs aber traktierte der Kavalier Herr Drost Klenke alle Kavaliers und Dames auf seinem Schloß Hamelsburg über alle Maßen herrlich. Selbigen Abend langeten auch an zu Pyremont Ihre Hoheiten die durchlauchtigste Kurfürstin von Heidelberg um Ihrer Majestät als dero Frau Mutter aufzuwarten. Am 19. ließen Ihre kurfürstliche Durchlaucht von Brandenburg welche zu Lüdern (= *Lüdge*) einen Kanonenschuß von hier angekommen waren dero Gemahlin und Prinzen Ihrer Königlichen Majestät durch den Herrn Obermarschall Cham und andere Kavaliers komplimentieren. Der Herr Graf von Waldeck bewillkommnete auch diese hohen Häupter in seiner Grafschaft, welches auch der Herzog von Bayern gethan ...

Nach zehn weiteren Zeilen mit Titeln und anderen Anreden geht diesem Hunter des siebzehnten Jahrhunderts doch endlich die zeremoniöse Puste aus, und er begnügt sich damit, das Gesamtbild zu schildern:

> Die kostbaren Kleider mit Perlen, Diamanten, Saphiren, Rubinen, Smaragden und Garnitüren womit die sämtlichen Herrschaften und andere Grandes allhier angetan sind, sind nicht zu beschreiben. So certieren auch die Kavaliers alle Tage mit Veränderungen der schönen Kleidungen um ihrer hohen Prinzipale Grandesse zu zeigen. Wo *(hin)* man kömmt, siehet man nichts anderes als offene Tafeln mit delikatesten Weinen und Speisen, daß es also alles prächtig zugehet. Die Großen fangen nun an, des Brunnens sich zu bedienen, wozu der Allerhöchste seinen Segen geben wolle. Es scheinet, daß diese durchläuchtigste Gesellschaft und Zusammenkunft noch wohl etliche Wochen hier verbleiben werde, im Falle der Regen solches nicht verhindert.

Damit begann jene Epoche, in der man sehr zu Unrecht behauptete, Bad Pyrmont verdanke seinen Ruf weniger der Kraft seiner Brunnen als dem Glanz des Badelebens. Natürlich lockte es manchen Zeitgenossen an, den König von England oder den Zaren Peter, von denen in ganz Europa so viel geklatscht wurde, so einfach in der Pyrmonter Hauptallee vorübergehen zu sehen. Da die Illustrierten und das Fernsehen fehlten, war das Spektakel, das man selbst besuchte, eben noch alles, und reiste man schon in ein Bad, dann doch gleich in eines, wo man selbst etwas sehen und der Frau ein Schauspiel bieten konnte. Die Fürsten zierten sich auch nicht, sondern ließen sich ausgiebig bestaunen, Friedrich der Große ebenso wie andere große Feldherren, nämlich Herzog Ferdinand von Braunschweig, der in Todtenhausen bei Minden die Franzosen besiegt hatte, der Reitergeneral von Pappenheim und Soltikoff, der Sieger von Kunersdorf. Neben den Helden schritten die hochgeborenen Tragödinnen, wie Sophie Dorothea, die geschiedene Gattin König Georgs I. von England, die einunddreißig Jahre lang als *Prinzessin von Ahlden* und Gefangene ihres Schlosses die Gemüter bewegte, oder die Gräfin Lichtenau, jene Fürstentochter, die Friedrich Wilhelms II. Geliebte und Gefangene wurde. Hier begegnete der Herzog von Clarence (später König Wilhelm IV. von England) im Jahre 1791 der schönen Karoline von Linsingen, ließ sich dadurch aber nicht abhalten, mit der irischen Schauspielerin Dora Jordans in den folgenden Jahren eine Menge Kinder in die Welt zu setzen, die den britischen Kronschatz erheblich belasteten.

Man sieht, es geschah allerlei für die Kurgäste, und man mußte schon ein braver evangelischer Theologe wie Johann Gottfried Herder sein, um von Bad Pyrmont aus (in einem Brief an Karoline, die »liebe Flachsland«) schreiben zu können:

> Ich denke jetzt nichts. Ich trinke Brunnen und lese erste Jugendstudien und werde auf gewisse Weise wieder zum Kinde. Das wird mir wohl behagen.

Dem Bückeburgischen Hofprediger erging es also in Bad Pyrmont nicht anders als den französischen Damen, die uns ähnliche Badewirkungen berichteten, nur daß die freisinnige Margarete von Navarra und auch Madame de Sevigné zur Kindhaftigkeit wesentlich weiter hatten als Herder, der es in seinem Herzen wohl stets geblieben ist.

Seine Besuche bezeichnen die Zäsur zwischen der Hochflut der Fürstlichkeiten und dem wesentlich zaghafteren Auftreten einiger deutscher Dichter und eines kleinen Kreises jener Damen, mit denen man im damaligen Deutschland noch nicht sehr viel anzufangen wußte, weil es die *femmes de lettres*, die literarischen Salons und die Frauenbewegung zumindest östlich des Rheins noch nicht gab.

Für das Jahr 1794 verzeichnet die Pyrmonter Badechronik den Aufenthalt der Fürstin Gallitzin, jener außerordentlichen Frau, von der Herder schrieb: »Diese herrliche Seele hat uns durch ihre Gegenwart zu mancherlei Gutem geweckt und gefördert.« Sie war Tochter eines preußischen Feldmarschalls, Gattin eines russischen Diplomaten, Schülerin des Aufklärers Diderot und dennoch Mittelpunkt eines katholisch-religiösen Dichterkreises mit zeitweise romantisch-mystischer Prägung durch eigenwillige Denker wie Johann Georg Hamann und Frans Hemsterhuys. Aber auch protestantische Dichter wie Claudius und deutsche Aufklärer wie Nicolai gehörten jahrelang zu ihrem Kreis und ließen sich von ihr gelegentlich auch nach Bad Pyrmont ziehen.

Über den westfälischen Dichter Sprickmann und Jacobi trat Sophie von La Roche mit dem Kreis der Fürstin Gallitzin in Verbindung und hielt sich ebenfalls in den neunziger Jahren des achtzehnten Jahrhundert in Bad Pyrmont auf. Sie war lange Jahre die geistvolle Freundin und stärkste Anregerin des Dichters Christoph Martin Wieland; ihre hübsche Tochter Maximiliane verehelichte Brentano, ließ sich gern Goethes Huldigungen gefallen und schuf mit ihren braunen Augen jene berühmte Inkonsequenz in den *Leiden des jungen Werther*, die sich erst aufklärte, als man herausfand, Charlotte Buff sei nicht das einzige Vorbild für Werthers Lotte gewesen.

Mit der Fürstin Gallitzin und Sophie von La Roche werden Bad Pyrmont und sein Kurpark beinahe zu einer Pflanzstätte der deutschen Romantik, die geistig so viel aus dem Kreis der Fürstin empfing und die blutsmäßig so deutlich von Wielands kluger Freundin herkommt: Clemens Brentano und seine Schwester Bettina sind ihre Enkelkinder, der Philosoph Franz von Brentano und der Nationalökonom Lujo Brentano ihre Urenkel. Sophie von La Roche präsidiert einer der glanzvollsten Nachkommentafeln der deutschen Geistesgeschichte mit den Namen von Arnim, von Savigny, Stumpf-Brentano, von Heyking, von Hertling, Herman Grimm.

Das ist nun freilich nicht den Salzen von Bad Pyrmont zu danken, aber der altberühmte Kurort hatte sich doch als eine sehr geeignete und günstige Begegnungsstätte für jene Kräfte erwiesen, die Deutschlands etwas schwächliche Aufklärung zu einer eigenständigen Bewegung des deutschen Geistes zu wandeln versuchten.

Daß auch Elisa von der Recke in Pyrmont weilte, zeigt uns die Bedeutung dieses Treffpunktes für die west-östlichen Verbindungen. Als Schwägerin des letzten Herzogs von Kurland war Elisa von der Recke dem deutschen Osten ähnlich verbunden wie etwa Herder und Hamann. In Pyrmont trafen diese Beziehungen auf das geistige Leben Westfalens und des Münsterlandes. Elisa von der Recke kannte Jung-Stilling, Lavater und viele andere; sie hatte Cagliostro als falschen Grafen und Betrüger entlarvt und war dadurch urplötzlich aus einer stillen Frau zu einer europäischen Berühmtheit geworden. Sie ist, wie die Fürstin Gallitzin, wie Sophie von La Roche und Johanna Schopenhauer, eine jener Frauen, die in Pyrmont und anderswo die Fäden verknüpften und Europas Geistesleben nach und nach zu jenen Wechselwirkungen verbanden, die in der Goethezeit und in Goethes Begriff der Weltliteratur gipfelten.

Die weiteren Schicksale des Bades lesen sich, als hätten die umliegenden Höhen und Hügel das liebliche Städtchen im Emmertal nicht nur gegen widrige Winde geschützt, sondern auch gegen die Unbilden der Geschichte.

Als in Paris der Königsthron zu schwanken beginnt und wütende Menschenmassen durch die Straßen ziehen, gründen die Quäker unweit von Pyrmont ihre Siedlung Friedensthal. Als Ludwig XVI., Marie Anoinette und die Dubarry das Schafott besteigen, entdeckt der Pyrmonter Arzt Dr. Trampelt eine neue Salzquelle. 1809, als Napoleon auf dem Schlachtfeld von Aspern seine erste Niederlage hinnehmen muß, bauen die Pyrmonter nicht nur ein Salinenbad, sondern auch das Stahlbadehaus, das unter dem Namen Heiligenangerbad bekannt wurde. Das Jahr 1864 bedeutet für Bad Pyrmont nicht den Beginn des preußisch-österreichischen Krieges gegen Dänemark, sondern die Neufassung der Quellen auf dem Brunnenplatz, und 1906, als Upton Sinclair die kommunistische Kolonie »Helicon Hall« begründet, entdeckt man in Bad Pyrmont die Friedrichsquelle.

Die Parkanlagen wuchsen, der Gürtel, der den Ort gegen die Welt abschloß, wurde immer breiter, der Frieden tiefer. »Mehr als jemals war im Sommer 18 . . Pyrmont besucht«, schreibt Ernst Theodor Amadeus Hoffmann in seiner serapiontischen Novelle *Spielerglück*, »von Tage zu Tage mehrte sich der Zufluß vornehmer, reicher Fremden und machte den Wetteifer der Spekulanten jeder Art rege. So kam es denn auch, daß die Unternehmer der Pharoabank dafür sorgten, ihr gleißendes Gold in größern Massen aufzuhäufen als sonst, damit die Lockspeise sich bewähre auch bei dem edelsten Wilde, das sie, gut geübte Jäger, auszukörnen gedachten.«

Nur wenige entzogen sich dem Zauber des Nichtstuns und Kindwerdens, der heimlichen Verführung »zur Badezeit an Badeörtern, wo jeder, aus seinem gewöhnlichen Verhältnis getreten, sich mit Vorbedacht hingibt freier Muße, sinnzerstreuendem Vergnügen« (E. T. A. Hoffmann), und unter diesen wenigen waren wiederum die Badeärzte die ungekrönten Könige. Soweit sie nicht in Pyrmont ansässig waren, kamen sie zur Kurzeit aus dem nahen Hannover herüber. Ihr vertrauter Umgang mit hohen und höchsten Herrschaften, wie die Intimität des Modebades ihn bewirkte, gab ihnen auch in der Residenz ein besonderes Ansehen; die Möglichkeit, sie in Bad Pyrmont ein wenig *sans façon* anzusprechen, so als wäre der berühmte Arzt selbst zur Erholung dort, erhöhte für die Kurgäste den Reiz der Konsultationen. Daß Bad Pyrmont bald in den Ruf kam, gegen eine ganze Anzahl von Frauenkrankheiten helfen zu können und selbst der Frigidität beizukommen, das ließ so manche hochgeborene und nach genealogisch-heraldischen Grundsätzen verheiratete Dame die Gesellschaft der Badeärzte suchen.

Christoph Wilhelm Hufeland, einer der berühmtesten Ärzte seiner Zeit und Primarius der Berliner Charité, hat sich unter dem Zauber der Brunnen und Alleen von Pyrmont zu dem Wort verstanden: »Wenn man der heilbringenden Natur einen Tempel bauen wollte, so wüßte ich keinen schöneren Platz als hier, wo sie ihr innerstes Heiligtum eröffnet zu haben scheint.« Aber der Arzt, der mit der großen Zeit des Bades Pyrmont auch selbst zu einem Begriff, ja sogar zur Romanfigur wurde, war Johann Georg Zimmermann, ein geschickter Schweizer, der zunächst selbst als Kurgast nach Pyrmont gekommen war. Mit dem gesunden Erwerbssinn der Eidgenossen erkannte er jedoch, kaum daß die ersten Becher ihn gekräftigt hatten, die außerordentlichen Chancen, die sich einem weltgewandten Mediziner hier boten. Als Republikaner brauchte er unter all den Herrschaften von Stand nicht allzusehr zu katzbuckeln, und diese wieder gewährten ihm die Gnade einer Unterhaltung *au pair* lieber als einem anderen, der doch zweifellos irgend jemandes Untertan war. Zimmermann blieb bei alldem – und obwohl er sehr genau zu rechnen verstand – ein charmanter Schöngeist, der es auch nicht verschmähte, sich in Geschmeiden und Porzellan und anderen Ehrengaben bezahlen zu lassen. Er fügte sich so prächtig in diese Welt, daß jahrelang die Saison erst begann, wenn er in Pyrmont eintraf.

Frau von Stein, die wiederholt in Pyrmont weilte, schenkte Zimmermann ihr Vertrauen so weit, daß sie, die Spröde, ihm über ihre Einstellung zu Goethe Konfidenzen machte, und Goethe, der einen scharfen Blick auch für Männer hatte, stellte humorvoll fest, Zimmermann bezaubere alle Welt, »sonderlich die Frauenzimmer«. Daraus aber ist ihm kein Vorwurf zu machen, denn noch heute erwartet selbst die anständigste Dame von einem Badeaufenthalt zumindest die Gelegenheit, sich einmal einem anderen eröffnen zu können als dem viel zu gut bekannten Hausarzt.

So groß, daß er in der Bundesrepublik keinen Platz mehr hat, spaltet der Harz die deutschen Industrielandschaften auf. Das breite Waldgebirge ist westlich und östlich der Zonengrenze von Bädern und heilklimatischen Kurorten eingesäumt, weil im Verein mit Wäldern und Wanderwegen auch das bescheidenste Quellchen seine Wirkungen, wenn schon nicht an der Krankheit, so doch am Kranken tun kann, der hier freier atmet, freudiger ausschreitet und allein durch den Tannenduft und die Gebirgsnähe in Ferien- und Erholungsstimmung gerät.

Als das Städtchen Gandersheim an Hrozwitha, der ersten deutschen Dichterin, nicht mehr Ruhmes genug hatte, besann es sich auf seine Sole-Natrium-Chloridquellen und die zweifellos angenehme Lage zwischen dem Weserbergland und den westlichen Harzhängen. Auch Gandersheim selbst hat mit seinem mittelalterlichen Stadtbild, den Fachwerkbauten und dem Renaissancerathaus viel von dem zu bieten, was zur deutschen Kurortatmosphäre gehört: das ein wenig zeitlose Behagen, die hübsche Idylle, das Vertraut-Gefällige, das täglich zu betrachten man nicht müde wird. Kommt gar noch eine echte Berühmtheit hinzu, an die man an allen Ecken und Brünnlein erinnern kann, dann brauchen sich die Prospektverfasser nicht mehr die Köpfe zu zerbrechen. Glaubt man freilich dem Griebenführer durch die deutschen Bäder, dann erscheint Gandersheim als ein Wunderbad und Jugendbrunnen sondergleichen, dessen einzigartige Wirkungen es der Dichterin Hrozwitha gestatteten, von 930 bis 1100 zu leben.

Die Kneippbäder Bad Sachsa und Bad Lauterberg im Süden, Bad Harzburg im Norden nützen den Harz und seine Naturschutzgebiete als ihre Hauptvorzüge. Das stille Städtchen Bad Harzburg liegt in einem Einschnitt, der aus unerfindlichen Gründen Radautal heißt, und hat sogar einige Heilquellen, die zum Teil seit Jahrhunderten bekannt sind. Da sich heute Inhalationen, Kneippkuren, Packungen und Mundbäder in beinahe allen Kurorten verabreichen lassen, bleibt als Hauptreiz für alle vier Orte, was auch die heilklimatischen Luftkurorte ihren Gästen bieten können: die Möglichkeit zu ausgiebiger Bewegung in einer der letzten deutschen Urlandschaften.

Empfinden wir das Gebirge auch nicht mehr als Mittelpunkt und ist es heute auch entzweigeschnitten, so daß wir den Goetheschen Brockenaufstieg von Elend nach Schierke nicht mehr so ohne weiteres unternehmen können, so ist es doch noch mächtig genug, graniten und beruhigend wie alles Urgestein. Des Wanderns entwöhnt, empfinden wir die gewundenen Talwege um vieles länger als der Sommergast des neunzehnten Jahrhunderts, die Bäche überraschen uns, und selbst ein paar kleine Seen sind noch übriggeblieben, trotz der vier großen Talsperren.

Die adelige Gesellschaft früherer Jahrhunderte hat sich in dieser Landschaft der Hexen und Räuber, Holzfäller und Bergleute nie sonderlich wohl gefühlt. Die großen Damen wurden, wenn sie sich tatsächlich in eines der Harzbäder verirrten, sogleich als »Baden-Baden«, als Einsprengsel aus einer fremden Welt erkannt. Dafür aber durfte jede hübsche Frau sicher sein, hier à la Princesse empfangen zu werden, ob sie nun eine war oder nicht. Fontane sagt es uns:

In Oschersleben schloß sich der Leipziger Zug an, und mit etwas geringerer Geschwindigkeit, weil sich die Steigung fühlbar zu machen begann, fuhr man jetzt auf Quedlinburg zu, hinter dessen Abteikirche der Brocken bereits aufragte. Das Land, das man passierte, wurde mehr und mehr ein Gartenland, und wie sonst Kornstreifen sich über den Ackergrund ziehen, zogen sich hier Blumenbeete durch die weite Gemarkung.

»Sieh, Cecile«, sagte der Oberst, »ein Teppich legt sich dir zu Füßen, und der Harz empfängt dich à la Princesse. Was willst du mehr?«

Was wollen wir mehr, da Goethe und Heine, Löns und Fontane, Louise von François und Wilhelm Raabe, Paul Ernst und Otto Flake hier zufrieden waren, die deutschen Dichter und die deutschen Erzähler, denen diese knorrige Landschaft mit ihren Gießbächen und versteckten Siedlungen, ihren Felsen, Gipfeln und der Fülle ihrer Sagen so viel bedeutete, daß sie im ganzen die Gesundbrunnen der deutschen Seele geworden ist. Der achtundzwanzigjährige Goethe ließ sich vom Brocken ein Schneebad bereiten, und was er mit klammen Fingern in seinem Tagebuch notierte, das hat ein wenig von der herrlichen Föhrenwaldrauheit wie die Prosaszenen im Urfaust:

10. Dezember (1777): Früh nach dem Torfhause in tiefem Schnee. Ein viertel nach 10 aufgebrochen, von da auf den Brocken. Schnee eine Elle tief, der aber trug. Ein viertel nach eins droben. Heitrer herrlicher Augenblick, die ganze Welt in Wolken und Nebel und oben alles heiter. Was ist der Mensch, daß du sein gedenkst? Um viere zurück. Beim Förster auf dem Torfhause in Herberge.

Und auf seiner nächsten Harzreise, im September 1783, bekennt er seiner geliebten Charlotte von Stein die ungeheure Anregung, die von diesem unverfälschten Stück Altdeutschland für ihn ausgeht:

Hier bin ich recht in meinem Elemente, und freue mich nur, daß ich finde, ich sei auf dem rechten Wege mit meinen Spekulationen über die alte Kruste der neuen Welt. Ich unterrichte mich so viel es die Geschwindigkeit erlaubt, sehe viel, das Urteil gibt sich.

Du wirst dich freuen über eine Menge Ideen, die ich mitbringe auch über menschlich Natur und Wesen, und was dich eigentlich angeht.

In dem Maße, in dem Deutschland sich mit Autostraßen und Abgasen erfüllt, gewinnt der Harz Rolle und Bedeutung des New Yorker *Centralparks*, der schon darum nicht so exklusiv sein kann wie die großen Modebäder und ihre Spielkasinos, weil die Luft zum Atmen eben alle brauchen. Auch die Menschen, die stets hier leben, sind weniger anfällig gegen die Deformation, die sich bei der ansässigen Bevölkerung stark besuchter Badeorte eingestellt hat. In der Harzstadt Clausthal schrieb Goethe nieder, was er von diesem Völkchen dachte, im Dezember 1777 und an einem Wirtshaustisch:

Wie sehr ich wieder, auf diesem dunklen Zuge, Liebe zu der Klasse Menschen gekriegt habe, die man die niedere nennt, die aber gewiß vor Gott die höchste ist. Da sind doch alle Tugenden beisammen, Beschränktheit, Genügsamkeit, grader Sinn, Treu, Freude über das leidlichste Gute, Harmlosigkeit, Dulden, Ausharren.

Vom Harz nach Wiesbaden, vom jungen zum alten Goethe, von der Frau von Stein zu Christiane Vulpius: »Du wirst gerühmt, mein Kind, daß du mich in diese Gegend zu gehen bewogen. Erde, Himmel und Menschen sind anders, alles hat einen heiteren Charakter und wird mir täglich wohltätiger . . .«

Wiesbadens große Zeit lag noch ein wenig später als die des Bades Pyrmont. Sie kam ähnlich wie die Blüte Travemündes mit dem Erstarken des Bürgertums. Dort war es Lübeck, hier war es Frankfurt, das seinen Patrizierfamilien und all den anderen, die zu Wohlstand gekommen waren, etwas zu bieten wünschte. Die

Taunuswälder, die leicht erreichbaren Höhen, das war schon viel. In Wiesbaden aber lag eine Römerquelle zu ihren Füßen. Die Lage war besonders günstig, sie ließ das Frühjahr beizeiten ins Land und hielt die Störungen aus dem Norden und Osten ab. Daß schon die Römer sich hier wohl fühlten, ist darum nicht verwunderlich, und da die Quellen bis zu 67 Grad heiß sind, erregten sie die Aufmerksamkeit der nächstwohnenden Stämme zweifellos schon in vorrömischer Zeit. Man muß sich aber wundern, daß so viele Vorzüge in zweitausend Jahren nicht ausreichten, einen verkehrsgünstig gelegenen Platz größer als Frankfurt zu machen. Handel und Wirtschaft waren eben doch stets die Stärkeren. Oder waren es ein paar mißlaunig-professorale Berichte aus dem spätmittelalterlichen Wiesbaden, die den Ort (ähnlich wie Baden bei Zürich) diskreditierten? Alfred Martin, dessen großes und grundlegendes Werk über das *Deutsche Badewesen* in dem Sehnsuchtsschrei gipfelt: *»Jedem Deutschen wöchentlich ein Bad«*, reiht Wiesbaden mit Baden bei Wien und Karlsbad unter die deutschen Luxusbäder ein, behauptet aber, daß die deutsche Komödie zu Wiesbaden sich durch besonders zotige Stücke auszeichnete. Und in einem Saal des Mainzer Kämmerers und Domherrn Johann von Eberstein befand sich ein großes Wandgemälde, das dem gelehrten geistlichen Herrn immer vor Augen hielt, wie arg es in Wiesbaden zuging. Einer seiner Besucher, Herr Henricus de Langenstein, beschrieb uns sachkundig das Bild und damit auch das Wiesbadener Leben im späten vierzehnten Jahrhundert:

> Wenn man angekommen ist, werden Gastereien veranstaltet, man sucht der Frauen Gesellschaft, geht ins Bad, wäscht den Leib, befleckt die Seele. Man geht heraus, und es schmettern die Trompeten, erklingen die Pfeifen, beginnen die Tänze. Da werden den keuschen Augen der Zuschauer vorgeführt die Schauspiele der Verderbnis, nämlich die wollüstigen Gebärden, die unzüchtigen Kleider beider Geschlechter. Da sieht man den Frauen die Blöße des Busens, bei den Männern die Entblößung des Gesäßes, überall Ausschweifungen, durch die ein keuscher Sinn beleidigt wird . . . Es gibt keine Schamhaf-

tigkeit, es fehlt das Maßhalten, es herrscht die Genußsucht, es rast die Wollust. Bei diesem Feste des Bauches oder richtiger: diesem öffentlichen Hause der Venus, diesem Spielwerk des Teufels, wirst du wunderbare Ungeheuer sehen: wenn der Mönch sich im ritterlichen Kleide zeigt, der Ritter in der Mönchskutte, die Nonne im Anzug einer öffentlichen Dirne, der Geistliche in Frauenkleidern. Da werden versteckt Küsse gegeben: es küssen sich Männer und Weiber. Im Bade sitzen sie nackt mit Nackten beisammen, nackt mit Nackten tanzen sie ... Wenn sie heimkehren, sind die Körper weiß gewaschen, die Herzen durch Sünde geschwärzt. Die gesund hingingen, sie kehren angesteckt heim; die durch die Tugend der Keuschheit stark waren, kehren heim von den Pfeilen der Venus verwundet. Das möchte noch wenig bedeuten, wenn nicht die Mädchen, die als Jungfrauen hinreisten, als Dirnen zurückkehrten und als Ehebrecherinnen jene, die anständige Ehefrauen waren ... Und so erfahren sie durch diese und andere Anlässe zur Trauer bei der Rückkehr alle die Wahrheit des Satzes, daß das Ende aller fleischlichen Lust Trauer ist.

Das war, zwischen den berühmten Bädern der Mattiaker, die Römer und Römerinnen schätzten, und der Goethezeit eine zweifellos einträgliche, aber doch etwas anrüchige Phase für ein Bad, das sich inzwischen zur Landeshauptstadt gemausert hat, das einer der beliebtesten deutschen Kongreßorte geworden ist und wo jeder, der sich's leisten kann, eine Zweitwohnung inmitten der Parks und Taunuswege zu haben wünscht. Das *Alte Kurhaus* mit seinem großen Kursaal, ein schöner spätklassizistischer Bau aus dem Jahre 1810, bezeichnet vielleicht den Beginn der neuen, bürgerlich-seriösen Ära, in der die Leiber zwar noch immer heiß wurden, die Herzen aber darum nicht schwärzer werden mußten.

»Dem Freunde der Baukunst wird der große Cursaal sowie die neuangelegten Straßen Vergnügen und Muster gewähren«, äußert sich Goethe 1814 mehr im Ton eines Ministers als eines Dichters, und in eben jenem Saal ließ er sich auch von dem österreichischen Gesandten von Hügel das Kommandeurkreuz des Leopoldsordens überreichen. Aber einen Vorsprung bedeutete auch dieser Kursaal noch nicht: Im nahen Bad Schwalbach verfügte das Schloß über einen so langen Wandelgang, daß Landgraf Leopold dort sein Gelübde einer Pilgerfahrt ins Heilige Land auf und ab gehend ablösen konnte, und in Schlangenbad verfügte man über so großzügige Unterbringungsmöglichkeiten, daß fürstliche Gäste dort bis zu achtzig Zimmer belegen konnten. Goethe entging Wiesbadens Ehrgeiz nicht, die kleinen, aber berühmteren Konkurrenten in der nächsten Nähe, die vom Hochadel noch immer bevorzugten Bäder Schwalbach und Schlangenbad, in seinen baulichen Einrichtungen zu übertrumpfen: »Die großen Wohnräume, die in den neuangelegten Häusern entstehen, beleben die Hoffnung, daß mancher Vorsatz auszuführen sei, den man hier im stillen nährt, um eine so viel gesuchte, an Ausdehnung und Umfang täglich wachsende Stadt durch Sammlungen und wissenschaftliche Anstalten noch bedeutender zu machen.«

Einer der größten Mäzene jener Landschaft war der Frankfurter Bankier Joseph Jakob Willemer. Man nannte mäzenatische Neigungen damals noch Philantropie, und einer ihrer Gegenstände war die reizende, eben aus Linz an der Donau importierte Tänzerin Marianne Jung. Goethe, der als Frankfurter die Stadt Wiesbaden und ihre Umgebung von Jugend auf kannte, hatte dort nur zwei kleinere Liebschaften gehabt, nämlich Philippine Lade und die hübsche Tochter aus der Nonnenmühle. Die große Liebe erlebte er hier erst, als er am 4. August 1814 Marianne Jung kennenlernte, die sieben Wochen später die Frau des Bankiers Willemer werden sollte. Sie war eben dreißig Jahre alt, Willemer vierundfünfzig, Goethe fünfundsechzig. Jeder Ort, an dem Goethe und Marianne zusammengetroffen wären, ja jeder Ort, an dem ein einziges Gedicht wie *Selige Sehnsucht* entstanden wäre, hätte sich die Zuneigung all der Menschen verdient, die durch die herrlichen Zeilen des *Westöstlichen Diwans* die wahrhaft Beschenkten dieser Zusammenkunft geworden sind.

Marianne war es auch, weniger wohl Wiesbaden selbst, die Goethe schon im nächsten Jahr, 1815, wieder an den Rhein zog. Dem alten Herrn mochte die starke Sommerwärme (der unhöfliche Moltke hatte einmal sogar von Treibhaustemperatur gesprochen) nicht sonderlich behagt haben. Aber die schöne Frau, die Goethe auch geistig so viel zu bieten hatte wie keine andere seit der Frau von Stein, war ein allzu starker Magnet. Goethe blieb bis in den Frühherbst, und der Abschied muß ihm schwergefallen sein, denn kaum eine Jahreszeit ist in Wiesbaden schöner als eben der Herbst. Wie in allen guten Weingegenden ist es, als wolle das Sommerlicht nicht verblassen. Voll liegt es noch auf den längst verfärbten Bäumen. Das breite Stromtal mit seinen Rebenhügeln liegt nie so klar und frei von Dunst dem Besucher des Nerobergs zu Füßen.

Zweifellos war Goethe für die römischen Elemente in diesen Eindrücken empfänglich, nicht nur, weil er liebte und Erinnerungen an die Italienreise aufklingen mochten, sondern weil der ganze Rheingau sich an dieser Pforte tatsächlich als ein Stück antiken Landes präsentiert, mögen die sichtbaren Zeugen der Römerherrschaft auch nicht mehr so zahlreich sein.

Auf ihrem Ostnordost-Zug gewähren die bewaldeten Taunushügel noch einem zweiten großen Badeort ihren Schutz, dem vor der Höhe liegenden Homburg. Seine Mineralquellen, eisenhaltig-salinische Säuerlinge, haben eine höchst ehrenwerte Vergangenheit: Sie versorgten die ganze Umgebung mit Salz, das in den vorgeschichtlichen europäischen Verhältnissen eines der wichtigsten Handelsgüter überhaupt war. Der Platz dieser Salzgewinnung war zweifellos schon in vorrömischer Zeit bekannt. Die Römer würdigten ihn eines Kastells, das zugleich die Salzquellen und die Wege zu ihnen überwachte, und es mutet wie historischer Hokuspokus an, daß nicht nur die Salzbrünnlein noch munter fließen, sondern daß auch das Römerkastell sechs Kilometer von Homburg entfernt aus seinem Gebirgssattel herunterdräut. Solche Wunder vollbrachten in vergangenen Jahrhunderten nur Fürsten; die Fremdenverkehrsverbände hatten noch nicht genug Geld und Einfluß dazu. Aber die Saalburg – so heißt das Kastell – hatte das Glück, daß ein hessisch-homburgischer Landgraf zunächst verbot, sie weiter zu plündern. Von da an mußten die Steine aufeinander bleiben, bis einer kam, der dazutat, was fehlte. Es war der prominenteste Homburger Badegast, Kaiser Wilhelm II., wie man noch heute in bronzenen Lettern lesen kann, sofern man genug Latein versteht. Versteht man es nicht, so kann man tatsächlich glauben, die Römer hätten die Saalburg so standhaft gebaut, daß der alljährliche Zug der Homburger Badegäste noch heute die alte Trutzburg über den Quellen besichtigen und dort, wo die Legionäre Griffe klopfen mußten, auf zartem Rasen wandeln kann.

Ein so großes und starkes Kastell war Gold wert in den bewegten Zeiten nach der Römerherrschaft in Deutschland. Saalburg und Salz bewirkten gemeinsam, daß der Platz nie wirklich verödete. Der Kirchdorfer Bach im Raume Homburg dürfte eine der ältesten dauernd besiedelten Gegenden ganz Deutschlands sein.

Daß man aus den salzigen Quellen mit ihrem bitteren, bisweilen eisenkühlen Geschmack auch trinken konnte, das hatten zwar die Römer gewußt, es geriet nach ihrem Abzug aber in Vergessenheit. Die berühmten Klöster Fulda und Lorsch, die sich um die landwirtschaftliche Erschließung des Gebietes sehr verdient machten, widmeten sich an den Quellen von Homburg nur der Salzgewinnung. Von diesem Salz, seiner Gewinnung und Verschickung lebten ein paar hundert Menschen, die nebenher noch ihre Felder bestellten wie heute die Bauern des Ausseerlandes, die ein paar Söhne in die Saline schicken und mit den anderen ihren Hof bewirtschaften. Im vierzehnten Jahrhundert wuchsen das Dorf und die Burg der Herren von Hohenburg und Steden zu einem Städtchen zusammen, das sich Homburg nannte und 1504 an Hessen fiel.

Es war für das kleine Homburg eine glückliche Verbindung; nur wenige deutsche Landschaften können sich einer im ganzen so vernünftigen und aufgeschlossenen Herrscherfamilie erfreuen wie die hessischen Lande. Obwohl man selten viel Geld hatte, ging es den Hessen, die nicht gerade als Soldaten nach Amerika verschickt wurden, im allgemeinen gut unter ihren Landesvätern. Für Homburg wählten sie einen besonders tüchtigen Salzgrafen namens Roland Krug; er führte den schönen Titel eines Wasserhauptmanns der Wetterau und nahm sich der Mineralquellen von Homburg besonders an. Landgraf Friedrich II. mit dem silbernen Bein, der historische »Prinz von Homburg«, überwachte das Salzmonopol in seinem Ländchen mit Feldherrnblick, aber der Einwohner waren einfach zu wenige. Auch wenn sie tagtäglich ihr Homburger Salz aßen, das zwar ausgezeichnet war, aber eben doch Salz, so konnten sie den Verbrauch nicht so steigern, daß die Salinen florierten.

Die heutigen Homburger Historiker beklagen bitter den Unverstand der braven Landgrafen, die ins benachbarte Schwalbach oder Schlangenbad zur Kur fuhren, die eigenen Mineralquellen aber nur zur Kochsalzherstellung nützten. Es waren ausländische Militärs, die den nötigen Scharfblick bewiesen, zunächst ein ungenannter, aber zweifellos vornehmer österreichischer Offizier, der auf eigene Faust badete und trank und davon so gesund wurde, daß er dem Waisenhaus eine Stiftung machte. Nach ihm kamen die Franzosen, die während des Siebenjährigen Krieges ein Lazarett in Homburg einrichteten und mit dem salzigen Wasser gute Heilerfolge erzielten.

Dennoch blieb auch in den nächsten Jahrzehnten vieles dem Zufall überlassen. Ein junger Schotte bewirkte einen gewissen Wandel. Er hieß Sinclair und mit Vornamen entweder John, Isaac oder Edward. Er wurde Student in Tübingen, ein Freund Hölderlins, österreichischer Offizier, hessen-homburgischer Geheimrat und Vertreter dieses Landes auf dem Wiener Kongreß. In seinen Dichtungen herrschte nicht viel mehr Ordnung als in seiner Karriere, denn von seiner Trilogie über den Cevennenkrieg schrieb er zuerst das Ende, dann die Mitte und schließlich den Anfang. Als er neunundzwanzig Jahre alt war, kam ihm der Gedanke, Homburg zu einem Heilbad zu machen, und er verfaßte eine Denkschrift darüber. Aber es mußten noch zehn Jahre vergehen, Homburger Buben mußten beim Baden im Kirchdorfer Bach eine weitere, besonders ergiebige Salzquelle entdecken, ehe man an die ersten Kureinrichtungen denken konnte.

Das neunzehnte Jahrhundert war angebrochen; man wußte aus vielen Vorbildern, wie man einen Badeort am schnellsten zur Blüte bringt, aber Hessen-Homburg hatte offensichtlich sehr viel Pech. 1825 hatte ein Unternehmerpaar die Goldströme verheißende Konzession für das Glücksspiel erhalten; Kursaal und andere Gebäude entstanden bereits auf dem Papier, aber drei Jahre später hatten die Herren Liepmann und Boucher das wohl einzigartige Kunststück zuwege gebracht, mit einer Spielbank in Konkurs zu gehen.

Die Landesherren hatten nicht mehr viel Freude an diesen kompromittierenden und obendrein kostspieligen Experimenten, aber die Stadt Homburg gab nicht auf. Nun übernahm sie Risiko und weiteren Ausbau. Dr. Christian Trapp entdeckte bei einem Krankenbesuch eine vergessene, besonders ergiebige Quelle, und 1834 konnte man es wagen, die Visitenkarte eines jeden Badeortes herauszugeben: die erste Kurliste. Sie enthielt immerhin hundertfünfundfünfzig Namen und ermutigte den Landgrafen zu einem letzten Versuch: Er verkaufte einen mit echten Brillanten besetzten russischen Orden und ließ aus diesen Mitteln den »Saal beim Brunnenhaus« erbauen, unter welchem umständlich-geheimnisvollen Namen sich das Spielkasino verbarg. Den Vertrag über den Betrieb dieses Spielsalons schloß man mit einem französischen Brüderpaar ab, dem große Organisationsgaben nachgerühmt wurden: den Brüdern Louis und François Blanc.

Die landesherrliche Familie benahm sich dabei etwa so wie die sittenstrenge Maria Theresia, wenn sie gezwungen war, einen etwas anrüchigen Theaterdirektor zu engagieren: sie ließ sich von Kaunitz versprechen, daß er keine Schauspielerinnen empfangen werde, und die hessischen Landgrafen verboten ihren Untertanen das Spiel und pflegten auch selbst keinen Umgang mit den Brüdern Blanc. Den Ärger darüber, nicht an die Roulettetische zu dürfen, konnten die Homburger mit so viel Salzwasser hinunterspülen, als sie nur vertrugen: Baden und Trinken an den eigenen Quellen stand allen Landeskindern frei.

Seit den Franzosen aus dem Siebenjährigen Krieg erhoffte man sich in Homburg viel Gutes aus dem Westen. Die Brüder Blanc reüssierten, ein Hofbaurat namens Métivier errichtete ein großes Kurhaus im klassizistischen Stil, ein belgischer Architekt erweiterte es, ein Pariser erbaute das große Badehaus. Der Chefgeologe jener Zeit hieß Rollé, der oberste Gartenarchitekt der Kurparkanlagen Lenné. Das Geld für all diese großzügigen Unternehmungen aber kam weiterhin, wie der Brillantorden, aus dem Zarenreich. Eine der berühmtesten Spielerinnen ihrer Zeit war die russische Gräfin Kisseleff, und der Dichter Fedor Dostojewski sammelte ebenfalls in Homburg (und nicht nur in Homburg) Eindrücke für seinen Roman *Der Spieler*.

Man muß es den Homburgern lassen, daß sie den Roulettesegen gut anzuwenden verstanden. Durch den Geologen Rollé waren die Trink- und Badequellen nun gut bekannt. Die alten Brunnen wurden neu gefaßt, die neuen erschlossen, bis schließlich zum Baden und Trinken elf Quellen zur Verfügung standen, die kräftig genug waren, um so, wie sie der Erde entströmten, zur Kur eingesetzt zu werden: Man brauchte sie weder anzureichern noch für den Versand zu mischen. Damit Kranke in ihnen baden konnten, mußten Wannen beschafft werden, die zugleich säurebeständig und heizbar waren. Sie waren auch vor dem ersten Weltkrieg nicht billig, jede einzelne von ihnen kostete tausend Goldmark, was um so bitterer war, als seit 1872 nicht mehr gespielt werden durfte. Nur der Osten spendete noch weiter: Ein siamesischer König mit dem wohlklingenden Namen Chulalongkorn stiftete dem Homburger Kurpark einen Siamtempel, der sich vor allen anderen Chinoiserien in deutschen Parks durch Authentizität auszeichnet und wirklich eine Sehenswürdigkeit ist.

Das Roulette, 1839 aus Frankreich vertrieben, war 1872 auch in ganz Deutschland heimatlos geworden. Ein Gesetz vom Jahre 1868 hatte eine Gnadenfrist nur für jene Spielorte bewilligt, in denen aus dem Ertrag des Spiels Kureinrichtungen und bauliche Verbesserungen geschaffen wurden. Nach 1872 wurde in Europa offiziell nur noch in Monte Carlo gespielt. Mancher deutsche Kurdirektor blickte mit einer heimlichen Träne im Auge dem Gold nach, das nun an die Riviera hinabfloß, wo es weder Schwefelquellen noch Säuerlinge für das Badepublikum zu retten galt, wo man um des Spiels willen spielte und nicht, wie es ein deutscher Badearzt noch in unseren Tagen ausdrückte, weil das Glücksspiel »organisch mit der Kur verbunden« ist.

Immerhin hatten noch einige deutsche Kurorte den Nutzen

dieser organischen Verbindung erlebt: Pyrmont, Nauheim, Ems, Wiesbaden, Baden-Baden. Während die Homburger offen sagen, daß die Nauheimer ihnen nicht »das Wasser reichen könnten«, was unter Heilquellorten ein besonders böser Schimpf ist, lassen sie sich die offenkundigen Parallelen ihrer eigenen Entwicklung zu der des mondänen Baden-Baden gern gefallen; und es sind tatsächlich kuriose Parallelen von den Römern bis zu Benazet, dem Baden-Badener Blanc, der sicherlich die Blancs als Homburger Benazets ansah.

Zwischen Basel und Wiesbaden war die Landschaft für die Römer wie geschaffen. Den Rhein kannten schon die etruskischen Händler, und der Oberrhein war besonders einladend, weil an seinen Ufern nicht jene unergründlich tiefen Wälder aufwuchsen wie an der Donau. Dazu das Klima, das die aus den Bergen niedersteigenden Legionäre glauben machen konnte, sie näherten sich wieder Italien. Und wer sich beim Übergang über die Alpen das Reißen zugezogen hatte, der konnte es an einer der warmen Quellen zwischen Aare und Main wieder auskurieren.

Badenweiler und Baden, wo die Römer ausgiebig Thermen angezapft und zweckdienliche Bauten errichtet hatten, haben inzwischen die Rollen getauscht. In römischer Zeit war zweifellos das milde Badenweiler, einer der wärmsten Orte Deutschlands, ungleich beliebter, und Baden-Baden blieb darum im wesentlichen den einfachen Legionären vorbehalten. Aber die Markgrafen und die Gunst der Verkehrsverhältnisse änderten die Lage bald, und das markgräfliche Baden (zum Unterschied von Baden bei Zürich) gewann schon im Mittelalter an Bedeutung. Um 1500 gab es dann den ersten Kurdirektor, und dieser erfand – unrühmlich, aber unsterblich – die Kurtaxe. Indessen entrüstete man sich damals über weit ernstere Dinge, vor allem über jene politischen und religiösen Wirren, die das Badestädtchen zum sechsmaligen Glaubenswechsel nötigten und schließlich sogar das traurig-entwürdigende Schauspiel zahlreicher Hexenprozesse im Gefolge hatten.

Die Franzosen wirkten in Baden-Baden nicht so segensvoll wie in Homburg. 1689 zerstörten sie die noch kleine und völlig unbewehrte Stadt, und hundert Jahre später waren sie abermals drauf und dran, ließen sich aber glücklicherweise zu einem Kongreß im nahen Rastatt bewegen. Dieser Kongreß, so scheint es, hat das seit Römerzeiten entflohene Glück wieder nach Baden-Baden gebracht. Den Diplomaten gefielen Stadt, Lage und Quellen, und sie behielten sie im Gedächtnis. Das will etwas heißen, wenn man bedenkt, wie der Kongreß von Rastatt endete – mit dem unwürdigen Mord an den französischen Gesandten – und was die nächsten Jahre brachten. Die hohen Herrschaften zeigten eben, daß sie zu vergessen wußten, den Übereifer der Szekler Husaren ebenso wie die hundertfünfzig verbrannten Hexen. Baden-Baden wurde für Franzosen wie Engländer, für Royalisten wie für die Großen des Zweiten Kaiserreichs einer jener Orte, deren Schönheit und günstige Lage alle nationalen Gegensätze aufzuheben imstande waren. Preschte dann noch einer der russischen Fürsten mit seiner Troika in eben dem Tempo durch die Lichtentaler Allee, das er auf seinen endlosen Gütern einzuschlagen liebte, dann war man hier mitten im deutschen Schwarzwald mit der Welt so recht zufrieden.

Was zum Glück noch fehlte, nämlich die großzügigen Kureinrichtungen und prächtigen Hotelbauten, das kam wie auch anderswo aus den Kasinokassen. Über ihnen schwebte Balzacs Geist; die Summen mehrten sich wie in seinen berühmten Finanzphantasien, und der erste Kasinopächter hieß Chabert wie Balzacs unsterblicher Colonel. Obendrein war der große Kasinozauberer von Baden-Baden, Bénazet-Père, dem großen Romancier wie aus dem Gesicht geschnitten . . .

Die Anziehungskraft florierender Spielsalons ist heute nicht mehr so spürbar wie im achtzehnten und auch im neunzehnten Jahrhundert. Zu Casanovas Zeiten reiste die Spielerclique des ganzen Ancien régime in loser Gruppierung immer den Spieltischen nach, von Neapel nach Aix-les-Bains, von dort nach Spaa, von Spaa nach Warschau (nur um das theresianische Österreich beschrieb man einen vorsichtigen Bogen). Die Baden-Badener Publikumsmischung war denn auch, dank der nahen Grenzen, eine der kunstvollsten, die sich auf deutschem Boden erleben ließ. Die alten Familien promenierten neben dem, was unter dem großen Korsen zu Rang und Vermögen gekommen war. Republikaner aus der Schweiz mischten sich erlebnishungrig unter alten und neuen Adel, und dazwischen wimmelte es von Hochstaplern und Halbwelt. Noch komplizierter wurde alles unter dem dritten Napoleon, als nach der Bourbonenrestauration nun wieder das Empire restauriert wurde. Aber da Napoleon III. eine Zeitlang von Baden-Baden aus intrigiert und Attentate vorbereitet hatte, bestand keine Veranlassung, dem nun gekrönten Revolutionär die kalte Schulter zu zeigen.

Da der Adel nicht mehr in dem unbekümmerten Luxus leben konnte wie vor der großen Revolution, entfalteten die üppigste Pracht der Toilette die großen Kokotten. Die berühmte Cora Pearl oder Caroline Letessier waren zweifellos Frauen von Format; sie blieben ihren hochgeborenen Verehrern an Geist nichts schuldig und waren ihren legitimen Rivalinnen an Witz zweifellos überlegen.

Überall, wo in den sechziger Jahren des vergangenen Jahrhunderts hübsche Kokotten und Glücksspiel zusammentrafen, war der Prinz von Wales verläßlich zu sehen. Der spätere Edward VII. wurde von seinen Intimen Bertie genannt, von seiner unglücklichen Mutter mit vergeblichen Ermahnungen bombardiert und im übrigen von der vornehmen Welt verwöhnt. Er war mit allen Leuten reizend und herablassend, ausgenommen die *highbrows*, Künstler und Schriftsteller, mit denen er nichts anzufangen wußte. »Wir leugneten nicht, daß es notwendig ist, Bilder zu malen, Bücher zu schreiben und Recht zu sprechen«, bekannte Lady Warwick, eine der Zierden des prinzlichen Kreises. »Wir anerkannten auch, daß es eine bestimmte Menschenschicht geben muß, deren Geschäft es ist, diese Dinge zu betreiben. Aber wir konnten nicht verstehen, warum sie glaubte, durch ihr Schaffen ein Anrecht auf unsere Aufmerksamkeit zu haben . . .«

Snob Bertie, der Baden-Baden am liebsten im September aufsuchte, kümmerte sich also weder um Turgenjew noch um Dostojewski oder gar um den hochgebildeten, aber äußerlich verwahrlosten Grafen Potocky, sondern organisierte intimere Feste. Noch heute streiten seine Biographen darüber, ob er sich die rothaarige Cora Pearl in Paris oder Baden-Baden, mit Petersilie garniert, im übrigen aber nackt wie eine Seejungfrau, auf einer riesigen Silberplatte ins Separé servieren ließ. Seine düsterste Stunde in Baden-Baden war ein Diner, bei dem er erst nachträglich bemerkte, daß dreizehn Personen bei Tisch gewesen waren; er zürnte der schönen Bäderstadt so lange, bis man ihm anvertraute, eine anwesende Prinzessin war guter Hoffnung, so daß praktisch vierzehn Herrschaften zugegen gewesen seien.

Nicht jeder Kurgast, ja kaum jeder hundertste, hatte die Möglichkeit, hunderttausend Pfund jährlich für sein Vergnügen auszugeben wie der Prinz von Wales. Aber es floß doch genug Geld nach Baden-Baden (und blieb dank Bénazet auch dort), daß man den Kurgästen an anspruchsvoller Unterhaltung das Beste bieten konnte. Wenn Franz Liszt spielte, so war das mehr, als die meisten in ihren Heimatorten erleben konnten. Mit den Soireen Rubinsteins, den Musikfesten Hector Berlioz' stand es ähnlich. Radio und Fernsehen gab es nicht, und wenn die größten Städte auch schon durch Eisenbahnen verbunden waren, so blieb es für die Künstler doch sehr beschwerlich, ganz Europa auf Tourneen zu erreichen. In den weltberühmten Badeorten hingegen strömte die Gesellschaft zusammen; man wußte, wann Paris und London ihre Saison hatten und wann die großen Kurorte. Selbst für einen Liszt bot sich nicht oft die Gelegenheit, in der angenehmen Atmosphäre eines kleinen Konzertsaals so viele einflußreiche Persönlichkeit seinem Spiel lauschen zu sehen wie in Baden-Baden.

Darüber wurde manchmal vergessen, daß Baden-Baden die heißesten Natriumchloridquellen Europas besitzt und daß man gekommen sei, sie zu gebrauchen. Das Übermaß der Zerstreuungen ließ vielen kaum Zeit für die kunstvolle Komposition, die sich die Kurärzte inzwischen ausgedacht hatten, die Bade- und Trinkkur, die Trauben- und Terrainkur. Das machte wenig aus, wenn man sich, wie Clara Schumann oder die Opernsängerin Pauline Viardot-Garcia, nach Baden-Baden begeben hatte, um dort zu leben. Die vielen Rheumatiker aber, die von der Gicht geplagten älteren Kurgäste und die erschöpften Manager, die ihre Kreislaufschäden ausheilen wollten, werden es dankbar begrüßt haben, daß das höfisch-hektische Treiben nach den beiden Weltkriegen nicht oder doch nicht in vollem Umfang wieder auferstanden ist. Goethe hatte ein Flair für Stätten, an denen der Betrieb ihn übermannt, seine olympische Ruhe erschüttert hätte. Er ist bekanntlich, trotz mancher Ansätze, nie nach Wien gekommen, so oft er in den böhmischen Bädern auch österreichischen Boden betrat; und als er, auf Drängen der hübschen Marianne von Willemer, endlich einwilligte, nach Baden-Baden zu reisen, da brach seinem Wagen unweit Heidelberg das Rad. Die Stadtväter von Baden-Baden können nur das Zimmer zeigen, das für ihn bestimmt war. In die Welt Berties und Bénazets hat er nie Einzug gehalten.

KAISERBAD UND KUROPERETTE

Sie sind einander zu ähnlich, um alle wahr sein zu können, die vielen hübschen Sagen von der Entdeckung der Heilquellen. Meist geht es um waidwunde Hindinnen, die auf der Flucht vor den Jägern die nur ihnen bekannte Quelle aufsuchen, sich im Becken gesundbaden und danach hurtig wieder entspringen. Statt der Hirschkuh findet sich gelegentlich auch eine junge Zigeunerin, die man aus dem Schloß gepeitscht hat und die durch ein Bad in der Quelle ihre glatte braune Haut wiederbekommt.

Bei den Hindinnen sind es Mönche oder Klausner, die das Bad beobachten, bei den Zigeunermädchen Jäger oder junge Ritter. In jedem Fall aber ist die Heilquelle ein Geheimnis, ein Schutz, der erst gefunden werden muß, weil er sich oft hinter Waldesdickicht und in unzugänglichen Hochtälern verbirgt. Die Jäger des siebenten, achten oder neunten Jahrhunderts waren vermutlich nicht sehr entzückt, als ihnen ihr Braten so vor der Nase wegeskamotiert wurde, und das Quellwasser, das ihnen die Klausner als Ersatz anboten, war auch nicht sehr verlockend. Es war so warm, daß es nicht erfrischte; es roch oft seltsam und schmeckte nicht, und wenn man es dennoch trank, so gab es mitunter Durchfall.

Es ist zu verstehen, daß der Wirklichkeitssinn der Bergbewohner einige Hürden zu nehmen hatte, ehe die Heilquellen der Alpen in ihren segensreichen Wirkungen und ihrer Bedeutung erkannt wurden. Nur im Alpenvorland, dort, wo die Legionäre und die römischen Ärzte schon früh das bessere Wissen ins Land gebracht hatten, da gab es auch in Österreich Bäder aus römischer Zeit, die beinahe ununterbrochen im Gebrauch blieben. Wie aufmerksam die Römer auch in diesem Teil der Erde waren, beweist, daß ihnen das am Rande Pannoniens liegende Gleichenberg nicht entging, dessen kochsalzhaltiger alkalischer Säuerling nur siebzehn Grad, also eben die untere Grenze der Badetemperatur erreicht.

Stärker waren die Quellen in der Thermenlinie des Wiener Beckens frequentiert. Die klimatisch begünstigte, durch den Wiener Wald gegen Westen und Norden abgeschirmte Landschaft lag in dem Winkel zwischen der Donau und der alten Bernsteinstraße, die den großen Strom in nordsüdlicher Richtung überquerte und über Ödenburg, Pettau und Laibach die Adria erreichte. Die Städte trugen damals noch andere Namen, und es gab noch keinen Streit, ob man sie ungarisch, slawisch oder deutsch anführen sollte, denn ihre lateinischen Namen waren Begriffe, die jedem Legionär oder Kaufmann etwas sagten, ob er nun vom östlichen oder westlichen Rand des großen Reiches an die Donau gekommen war.

In den kalten Wintern dieser windigen Gegend hatten die Dauergäste aus dem Süden nur wenig zu lachen. Trost fanden sie nur im Wein, dessen Anbau sie auf den inzwischen berühmt gewordenen Hängen über den heutigen Orten Vöslau, Thallern, Gumpoldskirchen und Pfaffstätten begonnen hatten, und in den warmen Quellen, die an verschiedenen Stellen der Hügelkette entsprangen und mit ihrem starken Schwefelgehalt rheumatische Leiden schnell linderten.

Da der römische Staat mit Bargeld geizen mußte, wurden die Berufssoldaten, die ihre zwanzig Jahre abgedient hatten, meist mit einem Stück Land abgefunden. Eine große Kolonie dieser Veteranen zog sich zwischen der Donau östlich von Wien und dem Raum von Ödenburg im heutigen Burgenland hin. Die Soldaten hatten in ihren Garnisonen an der Donau schon Familien gegründet (mit denen sie freilich nur die dienstfreien Tage verbringen durften). Nach der Entlassung aus dem aktiven Dienst zogen die Römer mit ihren einheimischen Gattinnen zusammen, die meist schon vorhandenen Kinder wuchsen unter der Autorität des alten Soldaten heran, und die Nachbarn sahen erstaunt, was diese Veteranen unter einem Bauernhaus verstanden.

Man hat in der Ebene zwischen Parndorf und Bruckneudorf einige dieser größeren Anwesen ausgegraben. Sie stammen aus dem dritten nachchristlichen Jahrhundert und haben zweifellos Offizieren oder begüterten Legionären zur Wohnung gedient, so daß man nicht annehmen darf, alle Veteranenhäuser hätten so reiche Mosaikverzierung, heizbare Fußböden und so großzügige Raumaufteilung gehabt. Aber im ganzen genommen waren es doch diese pannonisch-römischen Veteranensiedlungen, aus denen das erste Kurpublikum nach Baden und Vöslau reiste. Was man dort vom Bauen verstand und an Arbeit zu leisten bereit war, das kam den ersten Brunnenbauten von Baden bei Wien zugute.

Zunächst entstand die Straße, die man heute nach den Steinplatten (Plätten) oft Blätterstraße nennen hört. Sie zog sich von Wien nach Baden und von hier weiter nach Ödenburg; eine beim heutigen Leobersdorf abzweigende Nebenstraße führte in das Piestingtal hinein. Wachttürme auf einigen Hügeln der Umgebung, zum Beispiel dem Eichkogel und dem Rauhenecker Berg, schützten die meist kranken Soldaten, die sich in den Thermen auskurieren wollten, gegen Überfälle.

Gräber, in denen sich Weinbauutensilien fanden, sagen uns, daß sich die Weinkultur neben dem Badebetrieb in ihrer Bedeutung erhielt. Sie scheint auch die nachfolgenden stürmischen Zeiten einigermaßen überdauert zu haben, denn Baden, das die Römer *Aquae* genannt hatten, und der Weinort Sassa (Sooß) werden oft in einem Atem genannt. In karolingischer Zeit aber, nach dem Ende der Slawen- und Awarenzeit, beginnt Baden sich als Städtchen durchzusetzen. Der älteste Sohn Ludwigs des Deutschen, der jüngste unter den drei Königen, die sich Karlmann nannten, hielt 869 in Baden, damals Padun geschrieben, einen Hoftag ab. Achthundert Jahre später weilte August der

Starke von Sachsen in Baden. Diesmal ging es wesentlich geheimnisvoller zu. Das kleine Bad, als Kurort noch kaum bekannt und als Treffpunkt durchaus unverdächtig, war der geeignete Ort für Augusts heiklen Übertritt zum Katholizismus. Als protestantischer Fürst konnte er nämlich nicht König von Polen werden.

Hinter dem Bürgerspital, an der heutigen Heiligenkreuzergasse, zog sich sein verschwiegener Garten hin. August und sein Vetter, der Bischof von Raab, gingen hier in langen, ernsten Gesprächen auf und ab, und niemand sah sie als der Stadtgärtner Lorenz Paugger. Eines Tages beobachtete der brave Mann, wie der Kurfürst im Lusthaus des kleinen Gartens niederkniete und die Kommunion empfing. Paugger wußte sich den Vorgang nicht zu deuten und nahm ergriffen seine Mütze ab, als August aufblickte und ihn gewahrte. Im nächsten Augenblick waren Frömmigkeit und Andacht verflogen; August sprang auf, schüttelte die Faust gegen den verdutzten Gärtner und brüllte: »Die Faust ist dein Tod, wenn du erzählst, was du gesehn hast.«

Paugger konnte in einer Kommunion, mochte sie auch in einem Gartenhaus empfangen worden sein, nichts finden, was man unbedingt verschweigen müsse, und hielt den Mund nicht. Erst andere machten ihm klar, daß der Kurfürst in jenem Badener Gärtchen Unterricht empfangen habe und Katholik geworden sei, um den Thron Polens besteigen zu können.

Bedenkt man, daß schon die Römer die Quellen kannten, so ist es ein langsamer Aufstieg: 1480 erst wurde Baden zur Stadt, im sechzehnten und siebzehnten Jahrhundert hatten die Bäder zwar schon einen gewissen Ruf, aber die Zerstörungen durch die Türken hemmten immer wieder die volle Entfaltung. Dabei waren die Quellen mit ihrer Temperatur von 27 bis 36 Grad geradezu ideales Badewasser, hitzten weniger als die ähnlich zusammengesetzten Aachener Quellen und flossen mit annähernd neuntausend Litern täglich auch in genügender Menge. Selbst das fröhliche Badetreiben, das die Kurgäste schon der früheren Jahrhunderte so emsig suchten wie unsere heutigen Urlauber scheint in Baden bei Wien nicht gefehlt zu haben. Man hatte ja den Wein in nächster Nähe, und es mag schon stimmen, daß man im Jahre 1588 in Baden bei Wien zu singen pflegte:

Außen Wasser, innen Wein
Laßt uns alle fröhlich sein.

Ein anderes Badener Lied lautete:

Nimm mit dir ein volls Weinkandl
Und bekommst du im Pad einen Handl *(d. h. Streit)*
So sei stets willig und bereit
Mit dem Kandl zu büßen deine Tumbheit.

Worunter nicht zu verstehen ist, daß man den Gekränkten mit Wein zu versöhnen hatte, sondern, wie beim studentischen Brauch, in die Kanne steigen, also zur Strafe ein größeres Quantum Wein trinken mußte. Die Bademeister und die Weingärtner hielten also, wie schon in römischer Zeit, zusammen; von ihnen lebte Baden, und sie ließen gemeinschaftlich Baden leben.

Nach der letzten Zerstörung Badens im Jahr 1683, die allerdings nur ganz wenige Gebäude verschont hatte, nahm die Stadt einen schnellen Aufschwung. Das süße Leben des achtzehnten Jahrhunderts, in Wien unter Maria Theresia allzu streng beaufsichtigt, fand in dem nach Schwefel duftenden Städtchen an der Schwechat eine Heimstatt. Wiener Komödianten gastierten vor den Kurgästen mit Zoten, wie man sie in Wien niemandem hätte auftischen können, und das sogenannte Stück nannte sich *Das Baadener Bad* und machte sich alle Freiheiten zunutze, die man den Badelustigen einräumen mußte, wenn man mit den Kurorten Schritt halten wollte; denn – dies sei den Badenern zum Troste gesagt – in Wiesbaden oder Karlsbad ging es nicht anders zu, und nur Lauchstädt machte eine Ausnahme, weil dort Herzog Karl August sich die Stücke Goethes und Schillers vorführen ließ.

Über Mangel an Besuchern brauchten die Badener Bäder in dieser Zeit nicht mehr zu klagen. Die Wienerstadt war angewachsen, und wer nicht an der Donau baden wollte, weil er im

Süden der Stadt wohnte, der zog zu Pferd oder mit dem Wagen nach Baden hinaus. Es gab zwar noch ein paar kleinere Gewässer in Wien, den Alserbach zum Beispiel und den Wienfluß. Aber der Fluß, der mit einer so großen Stadt den Namen teilte, erwies sich dieser Ehre ganz und gar nicht würdig. Er trocknete manchmal so gründlich aus, daß die Mühlen an seinen Ufern acht Monate lang stillagen. Oder er trat so wütend über seine Ufer, daß er die Brücken wegriß und sogar Todesopfer verursachte. Zwischen diesen Extremen aber rann er trübselig durch die Stadt, die er keineswegs erfrischte, sondern im Gegenteil mit fauligen Gerüchen erfüllte. Angeblich waren es zwar nur hundertzwanzig Häuser, die ihre Abwässer in die Wien leiten durften, aber was sie produzierten, wurde durch die ganze Stadt getragen, und die Wirkung vervielfältigte sich, so daß selbst Badens Schwefeldünste demgegenüber noch erträglich erschienen.

Dank seiner günstigen Lage in der Nähe einer aufstrebenden Residenz schien Badens Zukunft gesichert. Mozart und seine Freunde und andere Sterne am Wiener Künstlerhimmel hatten mit ihren fröhlichen Landpartien nach Baden ein Beispiel gegeben, und gegen Ende des Jahrhunderts folgten sogar gekrönte Häupter und höchster Adel. Kaiser Franz verbrachte den Sommer häufig in Baden, obwohl es zu dieser Jahreszeit eine der heißesten Städte Österreichs ist, und mit dem Kaiser kam natürlich der ganze Hof.

So viel Ruhm brachte auch Gefahren. Nach den Jahren des Wiener Kongresses, nach sehr viel Glanz und glücklichem Aufblühen kam jener Augusttag des Jahres 1832, der die Entwicklung Badens jäh abbrach und die Stadt für Jahrzehnte, ja vielleicht sogar bis heute aus der Liste der Weltbadeorte strich: Eines jener Attentate, wie man sie Baden-Baden oder Genf verziehen hat, beendete die gute Beziehung zwischen dem Habsburgerhof und dem Schwefelstädtchen am Rande des Wienerwaldes.

Am 27. Juli war König Ferdinand V. von Ungarn mit seiner Gemahlin in Baden eingetroffen. Am 9. August hatte der König wie gewohnt die Messe gehört und dann einen kleinen Spaziergang in Richtung auf das Helenental unternommen. Er hatte mit seiner Begleitung eben das Gartenhaus des bekannten Badearztes Dr. Anton Rollett passiert, als ein Schuß fiel. Die Kugel traf Ferdinand an der linken Schulter, aber der König hatte Glück: Die Waffe, ein altes Terzerol, war nicht sehr durchschlagskräftig, und die Kugel hatte, durch ein dickes Wattepolster abgebremst, nur eine ungefährliche Prellung verursacht. Aus Häusern und Vorgärten stürmten erboste Badener herbei und fielen mit Gartengeräten über den Attentäter, einen ehemaligen Hauptmann, her. Ferdinand tat den historischen Ausruf: »Halts'n, bindt'sn und bringt'sn aufs Rathaus«; die vielen verschluckten Silben sollen auf die begreifliche Erregung zurückzuführen sein, vielleicht auch auf die Wut des Monarchen über seinen Begleiter, den Feldmarschalleutnant Grafen Salis-Zizers, der zitternd in den Straßengraben retiriert war.

Um sich heil und gesund zu zeigen, fuhr Ferdinand am nächsten Tag zur Krainerhütte im Helenental und wurde dort, wie auch abends im Badener Theater, ausgiebig gefeiert. Aber er war der Kronprinz, auf ihm ruhte die Hoffnung des ganzen, damals so großen Reiches, und die Kurstadt Baden lag fortan in den Schatten des nahen Mayerling und des fernen Sarajewo. In ihr hatte man versucht, an den Grundfesten der Monarchie zu rühren.

Baden hatte den Schaden, denn die warme Stadt an den warmen Quellen schien den Habsburgern kein heimeliger Aufenthalt mehr, und Kaiser Franz Joseph bevorzugte eindeutig Bad Ischl im Salzkammergut. Dankgottesdienste, Errettungsfeiern und offizielle Balladen, für die Schulkinder feierlich gedichtet, konnten daran nichts ändern. Was ins Volk drang und sich festsetzte, das war die schlicht-grausige Moritat, das *Lied vom König Ferdinand:*

Errettet aus der Mörderhand
Hat Gott den König Ferdinand,
Die Hoffnung von ganz Österreich.
Wir danken Herr dir allzugleich.

Deß soll sich alles groß und klein
Und alt und jung recht herzlich freun.
Weil, was zu Baden ist geschehen,
Wir darin Gottes Finger sehn.

Der Prinz ging ohne Furcht und Scheu,
Von aller bösen Ahnung frei,
Dort fröhlich nach Helena aus;
Doch kaum war er beim letzten Haus.

Schon lauert da mit Mörderwut
Der Reindl auf des Prinzen Blut
Doch was vermag des Frevlers Tat
Herr, gegen Deinen Schutz und Rat!

Während das Lied, das noch eine Anzahl weiterer Strophen hat, in allen Wiener Gassen und Höfen gesungen wurde, bereitete Baden sich auf den stilleren Ruhm eines Kurstädtchens vor. Die Träume vom Weltbad, ja von der Sommerresidenz waren zunächst ausgeträumt; etwas beschämt besann man sich darauf, daß es neben den Fürsten ja noch andere Große gegeben hatte, die Baden besucht, hier gelebt und gearbeitet hatten, Beethoven zum Beispiel (aber wo im Wiener Raum hatte der nicht gewohnt!), Grillparzer und mancher andere.

Und wie immer, wenn eine Stadt still, angenehm, nahe der Metropole und friedlich ist, besannen sich auch die Juden auf Baden. Sie brauchten hier kein Ghetto mehr zu beziehen, wie etwa im burgenländischen Eisenstadt, aber sie bildeten halb freiwillig eines im Herzen des kleinen Kurstädtchens und wurden bald eine Berühmtheit – freilich nur für die Eingeweihten. Manche wissen es heute noch nicht, daß Franz Werfel hier lebte, daß Max Reinhardt und Vicki Baum hier geboren wurden, daß Otto Soyka hier den expressionistischen Kriminalroman entstehen ließ. Ja mit Reinhardt ging es Baden bei Wien so wie der Stadt Augsburg mit Bert Brecht: Man hatte sich so standhaft bemüht, den berühmt-berüchtigten Bürger zu vergessen, daß man sein Geburtshaus auch dann nicht mit Sicherheit ausfindig machen konnte, als man sich sanft gedrängt wieder zu ihm bekannte. Die Devise *Außen Wasser innen Wein* war solchem Vergessen offensichtlich besonders hold, man lauschte den Thermen, die ihre tägliche Literzahl brav weitersprudelten, und prüfte den neuen Jahrgang, den die Badener Sonnenhänge geschenkt hatten. Was will man von einer doppelt gesegneten Stadt auch mehr verlangen!

Somit war das Biedermeier Badens letzte Glanzzeit, und auf seiner *Reise durch das Biedermeier*, wie man Laubes Reisenovellen später nannte, kam der Wiener Burgtheaterdirektor schlesischen Ursprungs auch in das Schwefelstädtchen, teils um zu baden, teils um der Dichterin Karoline Pichler einen Besuch abzustatten, die dort im Kreise von Kindern und Enkeln eben an ihrem siebenunddreißigsten Roman schrieb.

In den Badener Promenaden traf ich auf einer Ruhebank einen Freund aus Schlesien. Wir fragten uns sofort gegenseitig über unsere Heimat aus, sprachen vom Anblick des Zobten und von den Wäldern der Oder. Mein Freund zeichnete mit seinem Stock Figuren in den Sand. Immer wieder umschrieb er dabei die Linien einer großen Leier.

»Was willst du damit?«

»Ach, dieser Platz ist schuld daran«, sagte er. »Vor zwölf Jahren führte mich auch ein frischer sonniger Tag wie heute nach Baden heraus. Hier auf dieser Bank fand ich die gebeugte, dunkle Gestalt eines Ligorianers, der mit dem Stocke Figuren vor sich hinzeichnete. Ich blieb stehen; die Erscheinung seiner sich zur Erde beugenden Gestalt, die scharfen Umrisse seines mageren Gesichtes, die lange spitze Nase, seine überhängenden Augenknochen übten eine magische Wirkung auf mich. Als er einmal aufblickte, sah ich in eingefallene Augen voll von einer grundlosen, verwirrten Traurigkeit. Es dauerte lange, bis ich den alten Bekannten aus den Irrgängen dieser Augen wieder herausfand. Es war Zacharias Werner, der unglückliche Werner.«

Werner ist seit langem aus dem literarischen Gespräch verschwunden. Wir haben aus Deppings Pariser Erinnerungen ein garstiges Bild von ihm als letzten Eindruck. Dort läuft er, der bejahrte, halbblinde Mann, lüstern im Palais Royal herum, geneckt von den frivolen Freudenmädchen, die ihm von allen Seiten zurufen: Papa! Papa! Der Kurzsichtigkeit halber geht ein Diener mit ihm, um die gröbsten Mißgriffe der Wahl zu verhüten.

Dort in Baden traf ihn mein Freund, als jene Periode bereut und abgebüßt wurde. Werner war katholisch geworden und dem Orden der Ligorianer beigetreten. Er hatte damals wenig gesprochen zu meinem Freunde, sondern unablässig eine große Leier in den Sand gezeichnet, mit zerrissenen Saiten.

Es war die ruhige Abendstunde in dem bewegten Leben des Dichters Zacharias Werner, der mit seinen Schicksalsdramen ganz Deutschland hatte aufhorchen lassen. Im Badener Kurpark rief man ihn nicht mehr höhnend *Papa, Papa!*, sondern, ebenso unrichtig, aber Frieden gebend, »Pater Zacharias«. Laube schüttelte die Erinnerung an das unglückliche Genie bald von sich und suchte das Mineralbad auf.

Wir ließen uns in weiße Gewänder hüllen und stiegen hinab in das warme Schwefelbassin, wo Männlein neben Weiblein herumtrudelt. Das Wasser bricht die Lichtstrahlen häßlich, die Figuren sehen alle verzwergt und ungestaltet aus, so daß erotische Gedanken diesem Beisammensein kaum entsprießen können, solange man nicht in der Lebensepoche begriffen ist, wo man liebt *quand même.*

Laube schreibt nicht, ob er die Rückfahrt nach Wien in dem gleichen unangenehmen »Affenwagen« antreten mußte, der ihn am Morgen nach Baden gebracht hatte: ein Wagen mit zwei schmalen, einander gegenüberstehenden Bänken, wo einer den anderen anstieren mußte und Laube keine andere Reisegesellschaft gehabt als ein Halbdutzend Börsenjobber, denen die Kurszettel aus den Rocktaschen guckten. »Whist, L'hombre und Pharao sind Kindereien geworden«, notierte Laube, »das moderne Spiel ist die Börse, an ihr kann man Millionen verdienen und verlieren.« Die adelige Sorglosigkeit an den Spieltischen der Weltbäder war dem sorgfältigen Rechnen gewichen, und im gleichen Sinn vollzog sich langsam, aber unaufhaltsam die Umschichtung des Publikums.

Kaiser Franz Josef I. und seine Gemahlin Elisabeth, eine bayrische Prinzessin, hatte es stets mehr mit den unschuldigen Adelsvergnügungen gehalten, der Jagd, den Bergtouren, den Ausfahrten. Es war die Zeit, da man sich am Spieltisch nicht mehr gut zeigen konnte, weil man nicht wußte, woher das Geld stammte, das man eventuell gewinnen würde. Und die Apostolische Majestät konnte da schon gar nicht mitmachen.

Es hätte vielleicht des Attentats gar nicht bedurft. Baden lag etwas zu exponiert, zu nah an der immer größer gewordenen Wienerstadt, zu nahe am gärenden Ungarn. Die Sympathien der bayrischen Prinzessin lenkten den Blick nach Westen, in die Berge. Das Salzkammergut war eine Art habsburgischer Privatdomäne. Schon im fünfzehnten Jahrhundert waren die Privatleute, die Rechte an den Salinen gehabt hatten, von Kaiser Maximilian abgefunden worden und das Salzsiedewesen »für das Erzhaus frei und ledig gemacht«. Dadurch und durch das österreichische Salzmonopol waren die Menschen des Ausseerlandes und des vorderen Salzkammergutes ihrem Kaiserhaus in ganz besonderer Weise verbunden: sie waren nicht nur Untertanen, sie lebten in gewissem Sinne auch von einem kaiserlichen Unternehmen. Seine Majestät war nicht nur der Landesherr, sondern auch der Arbeitgeber, der Chef; er bezog nicht nur Salz aus Alt Aussee, Hallstadt und Ebensee, sondern auch Saiblinge und Reinanken aus den Salzkammergutseen, und er war, wenn er nach Ischl auf Urlaub ging, in dieser Stadt mehr zu Hause als etwa in Meran oder Gastein.

Ischl war als Badeort noch nicht lange entdeckt. Der Wiener Hofarzt und Professor Dr. Ritter von Wirer hatte im Jahre 1821 eine kleine Gruppe von Kollegen zu einer Reise ins Salzkammergut überredet. Leicht war es ihm nicht gefallen, denn eine Postkutschenfahrt von Wien nach Ischl brauchte damals mehr Zeit und Nerven als heute eine Reise quer durch den Kontinent. Nun gibt es wenige Landschaften der Erde, die sich mit dem österreichischen Salzkammergut messen können, falls dort

gerade die Sonne scheint. Die Berge sind nicht so nahe, daß sie den Asthmatiker bedrücken, und wiederum nicht so fern, daß ihre Schneefelder und Gipfelformen nicht das Landschaftsbild einrahmen könnten. Die Vielzahl der Seen, die bewaldeten Rücken zwischen ihnen, die schmucken Dörfer und die munteren Bäche, das wirkte auf die Ärzte aus Wien wie ein einziger großer und großzügig angelegter Alpengarten oder Naturpark. Und daß in ihm auch noch kräftige Salzquellen aus dem Boden traten, das wußte man schließlich seit Jahrtausenden.

Es ging, wie in den deutschen Seebädern, zunächst langsam. Zaudernden Investitionen folgten zaudernd die Kurgäste. Die ländliche Bevölkerung nahm ungern Geld in die Hand, und der Badebetrieb blieb in den ersten Jahren noch recht primitiv. Den Weg zum wirklichen Renommé ebnete – wie konnte es anders sein – ein Mitglied des Erzhauses. Erzherzog Franz Karl und seine Gemahlin Sophie waren seit 1824 vermählt, ohne daß sich Nachwuchs einstellen wollte. Dr. von Wirer verordnete das Neueste vom Neuen, nämlich eine Kur in Ischl, und siehe da, die hochwertige Sole der Ischler Quellen half: Am 18. August 1830 wurde dem Paar ein Sohn geboren, der spätere Kaiser Franz Joseph I., dessen Anhänglichkeit an Ischl damit hinlänglich begründet erscheint.

Die Revolution von 1848, der Wunsch, dem Volk einen jungen, von früheren Fehlern und Zusagen gleichermaßen unbelasteten Monarchen zu präsentieren, brachte Franz Joseph schon als Achtzehnjährigen auf den Thron. Ebenso rasch wurde Ischl berühmt, das in der jüngsten Entwicklung so entscheidend mitgespielt hatte, und dank der überaus regelmäßigen Lebensführung Franz Josephs avancierte das Städtchen im Salzkammergut schnell zur Sommerresidenz.

Was nun begann, konnte sich nur zwischen Ischl und Wien abspielen und prägte in einzigartiger Weise die letzte Phase des österreichischen Kaisertums. Mochten die Älpler rund um den Dachstein auch auf die Herren und Damen vom Hofe schimpfen, die mit zierlichen Schuhen und unpraktischen Kleidern über die Karrenwege stolperten – sicher ist doch, daß der Einfluß in der umgekehrten Richtung der kräftigere war. Die Ausseer Tracht, Lodenanzüge und Lodenkostüme, erwies sich in den kühlen und bisweilen recht regnerischen Salzkammergutsommern als Notwendigkeit. Da auch der Kaiser sie trug, wurde sie bald offiziell, ersetzte den Gesellschaftsanzug und bürgerte sich schließlich so nachhaltig ein, daß man noch heute, in der Zweiten Österreichischen Republik, Regierungsmitglieder in Lodenanzügen etwa bei Begräbnissen sehen kann.

Franz Joseph, der sich ungern umkleidete und nie herausputzte, waren die weiten, weichen und warmen Stoffe der einheimischen Lodenwalcher eben recht. Ramsauer Loden, von Ischler Schneidern verarbeitet, wurde die Kur- und Gesellschaftskleidung der Ischler Promenaden. Der Putz, wie man ihn in den Alleen von Bad Pyrmont oder Bad Ems zur Schau trug, hätte sich in der Austerityatmosphäre um den weißbärtigen Kaiser wie Zirkusflitter ausgenommen.

Da Franz Joseph I. fast jeden Sommer seines langen Lebens in Ischl verbrachte, fehlt es naturgemäß nicht an offiziellen und zum Teil auch politisch wichtigen Zusammenkünften. Eduard VII. (der als Prinz von Wales ein so fröhlicher Kurgast von Baden-Baden gewesen war) kam ins kaisertreue Ischl, wo er sich nicht den geringsten Fehltritt erlauben durfte. Bismarck hingegen hatte hier die Begegnung mit der Opernsängerin Pauline Lucca, der man eine besonders reizvolle Erscheinung nachrühmt, und Franz Joseph selbst führte dem zärtlich-andächtigen Ischler Badepublikum seine langjährige Freundschaft mit der Schauspielerin Katharina Schratt vor Augen.

Aber wenn eine Stadt zu einer Art Dépendance von Wien wird – und sei es nur für einige Monate des Jahres –, dann kann es nicht bei den hohen Herren bleiben, dann muß sie auch die Genies und die Talente in Kauf nehmen, die wirklichen Begabungen und die Wirrköpfe, die erhabenen Geister und die Spötter. Es ist erstaunlich, wie vollzählig sie alle dem Beispiel ihres Kaisers – oder doch des Erzhauses – folgten, ganz so, als seien sie alle brave Mitglieder der Salinenkapelle und müßten zum Empfang antreten, wenn der apostolische Chef dem Züglein entsteigt.

Daß der Maler Ferdinand Georg Waldmüller sich in der Natur des Salzkammergutes wohl fühlte, sieht man seinen Bildern an. Er malte sie auf Holz, so wie man sie in vielen kleinen Kirchen an den Salzkammergutseen noch findet: die Traun bei Ischl (1835) oder die Hüttenneckalm, ein beliebtes Ausflugsziel, mit dem Hausberg des Salzkammergutes, dem Dachstein. Mondäner wirken schon die Bilder Rudolf von Alts, etwa seine Esplanade von Ischl, mit ein paar feinen Herren und Damen, einem Hofrat im Vordergrund und in der Mitte jener Baumgruppe, unter der heute eine der besten Konditoreien des Kontinents ihre Torten verkauft.

Weniger angezogen fühlten sich offenbar die Dichter; erstaunlich wenige sind bis heute in der hübschen und gesunden Stadt heimisch geworden. Am häufigsten kam noch Rudolf Baumbach, heute ebenso vergessen wie Berthold Auerbach, der Ischl gelegentlich besuchte. Stifter soll in seinen Novellen *Feldblumen* und *Waldsteig* die Landschaft des Salzkammergutes geschildert haben, blieb im Herzen aber immer nördlich der Donau, in Kirchberg, wo er zuletzt lebte, und im Böhmerwald, aus dem er herkam. Im Gefolge des Hofes, und weil in Wien im Sommer vergleichsweise wenig los war, fanden sich der Freiherr von Zedlitz, der spottlustige Castelli und der Feuilletonist Saphir ein. Nestroy, der in Ischl ein Haus erwarb, weilte hier als Theatermann, denn wo der Hof war, da wurde auch Hoftheater gespielt, selbst wenn es sich um einen Ort handelte, der bis zum Eintreffen seines ersten Kurgastes nur eine Tenne für Bauernstücke gehabt hatte.

Die großen Wiener Bühnen entsandten die eigentlichen Sterne, jene, nach denen man sich umdrehte, wenn man ihnen in einer Allee oder auf der Esplanade begegnete. Im neunzehnten Jahrhundert hießen sie Alexander Girardi und Josephine Gallmeyer, Charlotte Wolter und Leo Slezak, im frühen zwanzigsten Hansi Niese und Richard Tauber, Maria Jeritza und Alfred Piccaver.

Das Musikervölkchen war das einzige, das hier wirklich arbeitete: Brahms, Bruckner und Mayerbeer wohl nicht, um so mehr aber die Komponisten des leichteren Genres, die das Entstehen der österreichischen Operettenkulisse in Ischl aus erster Hand miterleben konnten: Emmerich Kalman und Franz Lehar, aber auch Oscar Straus, Nico Dostal, Julius Bittner und Ludwig Schmidseder. Und ist auch die Kaiservilla noch immer die Sehenswürdigkeit Nummer eins der Salinenstadt an der Traun, so kommt doch gleich danach die museal ausgestaltete Villa Franz Lehars.

Das alles fand sich in einem Städtchen zusammen, das nur ein paar hundert Häuser umfaßte, und vor diesem einzigartigen Kurpublikum spielten wiederum Kurgäste: Sonnenthal, Lewinsky, Moissi und Kainz, Bassermann und die Odilon. Dagegen verblaßt selbst der intime Reiz des Lauchstädter Theaterchens, und man muß sich fragen, wie das alles auf dem kleinen Raum an der Traun, unter den Dachsteingletschern und fern aller größeren Siedlungen, entstehen konnte.

Es war, unter dem Vorwand eines Heilbades, eine Art altösterreichischen Reduits entstanden. Das Wort ist neu, die Schweizer gebrauchen es für den innersten, wehrhaftesten Kern ihres Landes, den sie keinesfalls preisgeben wollen, und in diesem Sinn ist die Sache selbst alt genug für Ischl und Österreich. 1848 war vorüber. Man ahnte, daß die Stunden gezählt waren, und vielleicht auch, daß Franz Joseph der Kaiser war, mit dem alles hinabgehen würde. Die Rückzugsposition in den Bergen, wo alle so taten, als seien sie einfache Älpler mit Gamsbärten und Lodengewändern, das war der letzte Versuch, die Elite der Doppelmonarchie in einer Fluchtburg zu sammeln. Wien war schon einmal abgefallen, Budapest und Prag waren ohnedies unsicher. Man hat es sich wohl nicht eingestanden, aber vielleicht war es doch das Land der Salinen und Solebäder, »für das Erzhaus frei und ledig gemacht«, wo man jene Sicherheit noch empfand, die im Jahre 1848 dahingeschwunden war und die auch der junge Kaiser nicht hatte neu erschaffen können.

Heute wissen wir, daß es eine trügerische Sicherheit war, daß auch die Berge keinen Schutz boten und daß die Salinen der Republik ebenso zur Verfügung stehen wie dem Kaiserhaus. Geblieben ist das Salzkammergut selbst mit Bad Ischl als Mittelpunkt und einer Anzahl kaum minder berühmter Bastionen von Alt Aussee, wo Hofmannsthal, Jakob Wassermann und der Freiherr von Andrian lebten, bis hinaus zum freundlicheren Wolfgangsee, wo Alexander Lernet-Holenia, der letzte Grandseigneur der österreichischen Literatur, domiziliert. Es sind hart berannte Bastionen, trotz der lebendigen Erinnerung an die Ischler Badeherrlichkeit und die allsommerliche Gegenwart des Kaisers. Dutzende von seichten Unterhaltungsfilmen haben das Salzkammergut zur Kulisse vordergründiger Blödeleien erniedrigt, selbst der Operettencharme des *Weißen Rößls* ist heute kommerziell verwässert, und an die einst unzweifelhafte Selektion des Badepublikums vermag längst niemand mehr zu glauben.

Das eigentliche Wunder, das letzte gehütete Geheimnis unter den österreichischen Heilquellen, birgt eher das Gasteiner Tal, noch heute nur auf einer einzigen Straße erreichbar, in seinem Grunde durch eine Autoverladerampe mehr abgeschlossen als eröffnet, hoch, eng, dunkel und exklusiv. Hier glaubt man noch an die Jäger, die der Hindin nachsetzten und dann durch Klausner abgehalten wurden, die das Wild schützten und den Männern die Heilquelle verrieten. Hier sind zweifellos Klausner und Jäger die ersten Menschen gewesen, und da keine Paßstraße in die Talenge führte, fehlten auch die Römer mit ihrer untrüglichen Witterung für Heilquellen.

Neben den frommen Geschichten von der Entdeckung der Quellen stehen allerdings auch ein paar bäuerlich-derbe Lieder; das berühmteste ist das von der Graserin, die in der Kastein badet, wobei der Dichter des Liedes sie überrascht und selbstgefällig, aber zugleich naiv-glücklich beschreibt, wie geschickt er die Lage ausnützt. Das Gedicht galt lange Zeit als die erste Erwähnung Gasteins in der Literatur, man schrieb es nämlich dem Minnesänger Neidhart von Reuenthal zu, der 1180 bis 1250 gelebt hatte. Erst Heinrich Zimburg entdeckte im Verein mit einigen Wiener und Heidelberger Germanisten (und zur größten Erleichterung seiner Gasteiner Mitbürger), daß das anstößige Lied weder ein echter Neidhart noch die erste literarische Erwähnung Gasteins sei: Der Nürnberger Vielschreiber Hans Foltz hatte in einem Sammelwerk über warme Bäder Gastein schon vorher erwähnt . . .

Das war zweifellos ehrsamer; hübscher aber sind die munteren Strophen von der drallen Graserin, der man beim Bade zu nahe tritt, vielleicht, weil die belebende Wirkung der radioaktiven Quellen dem sonst gesetzten Dichter besonderen lyrischen Schwung gegeben hatte.

Auch mit dem nächsten Gedicht sind die Gasteiner nicht glücklicher, dem großen *Gasteiner Padgesanng*, der vermutlich von Wolf Prem stammt. Es war ein Wolf, dem man offenbar das Fell über die Ohren gezogen hatte, denn er klagt bewegt über die Gasteiner Wirte und die Wirtinnen und ist unzart genug, die Wirtshäuser mit Namen zu nennen. Eine der vielen Strophen lautet:

Die Süpplein, die sind also schmal
Die Brätlein kurz gemessen:
Gibt einer drei Kreuzer für das Mahl,
Das wollen wir nicht vergessen.
Die Bettlein, die sind also hart,
Sie geben kein bißchen nach,
Und käm selbst der Römische Kaiser daher,
Er hätt dasselbe Ungemach.

Nicht einmal an den Quellen läßt Wolf Prem etwas Gutes, sondern behauptet in seinem Grimm:

Krumm herein und lahm hinaus,
Das hab ich wohl vernommen.
Und hilft mir Gott durch die Klamm hinaus,
Herein will ich nicht mehr kommen!

Es spricht für die Objektivität Heinrich Zimburgs, daß er diesen wenig schmeichelhaften Badegesang in ganzer Länge in seine *Geschichte Gasteins* aufgenommen hat, vermutlich in der Erkenntnis, daß man ähnliches um die gleiche Zeit, nämlich im sechzehnten Jahrhundert, wohl von allen Bädern sagen konnte. An Unterkünften fehlte es damals und bis ins achtzehnte Jahrhundert in allen europäischen Kurorten. In einem engen, schwer zugänglichen Tal wie Gastein mußte sich der Mangel naturgemäß besonders bemerkbar machen, weil man nicht mehr weiterreisen konnte, wenn man kein Quartier gefunden hatte, und weil die Höhenlage das Übernachten im Freien nur in wenigen Nächten des Jahres gestattete.

Es scheint, daß Wolf Prem durchaus recht hatte. Aus Briefen wissen wir, daß zum Beispiel ein so namhafter Kurgast wie Erasmus Windischgraetz nach einer anstrengenden Reise von fünf Tagen (aus der Steiermark nach Gastein!) weitere vierzehn Tage warten mußte, ehe er sein erstes Bad nehmen konnte. Auch Windischgraetz, der nicht unvermögend war, rügt die hohen Preise und die langsame Bedienung. Die Gasteiner Wirte nützten bauernschlau die unerwartete Situation: Die Quellen, das hatte sich schnell gezeigt, hatten weit und breit nicht ihresgleichen. Konkurrenz gab es so gut wie keine, und wer einmal die lange Klamm passiert hatte, der nahm lieber schlechte Behandlung, harte Betten und teure Speisen in Kauf, ehe er die beschwerliche Reise erfolglos noch einmal antrat. Ja man erzählt sich von der »Notigkeit«, das heißt dem Geiz der ortsansässigen Gasteiner, noch heute die bezeichnende Bärenjagdanekdote, eine angeblich durch bischöfliche Kanzleinoten belegte Geschichte:

Es war im Jahre 1669. Ein Bär hatte im Gasteiner Revier schon großen Schaden verursacht und Rinder und Schafe für mehr als tausend Gulden gerissen. Da wandte man sich an den Salzburger Erzbischof Max Gandolf. Er beauftragte zwei Jäger aus Radstadt, diese erlegten im Verein mit dem Gasteiner Wildhüter Georg Schlickhen das Untier, und alles wäre gut ausgegangen, hätten die Gasteiner sich nicht, nun, da der Bär tot war, geweigert, die aufgelaufenen Kosten in der Höhe von 42 Gulden und 20 Kreuzern zu bezahlen. Das hätte nämlich jeden Bauern mit etwa zwanzig Kreuzern belastet. Der Erzbischof ließ die Bauern zusammentrommeln und in einer Reihe aufstellen. Wer zu zahlen bereit war, sollte vortreten. Es waren, angesichts seiner erzbischöflichen Gnaden, nun doch einige zu zahlen bereit – und mußten nichts bezahlen, denn die gesamte Schuld wurde nun strafweise auf die Zahlungsunwilligen verteilt.

Nach solchen Grundsätzen konnte man ein Weltbad, einen berühmten Kurort kaum schaffen. Die besteingerichteten Bäder waren noch die im Besitze der Familie Straubinger, die als Gastwirte und Badstubenbesitzer jahrhundertelang unangefochten die bedeutsamste Rolle in Gastein spielten. Aber auch diese zweifellos großzügig und sinnvoll investierende Familie mußte sich um jene Zeit noch herbe Kritik gefallen lassen:

> Die gemeinschaftlichen oder Vollbäder sind alle kaum so groß, daß zwölf bis sechzehn Personen bequem zusammen baden können, das heißt jedoch nur in dem Fall, wenn die Ankleidezimmer danach eingerichtet wären. Diese aber sind in einer Art angelegt, daß man sich nicht genug über den Bau-

meister wundern kann. Denn hat man sich eine zweiundvierzig Stufen zählende, ziemlich steile Stiege mühsam hinabgeschleppt, so gelangt man durch einen engen Gang in die bretternen Verschläge, die man Ankleidezimmer nennt. Sie sind sämtlich so eng, daß sich höchstens zwei Personen zu gleicher Zeit an- und auskleiden können, aber dabei so finster, daß man anfangs beim Eintritt ganz blind zu sein glaubt, und endlich bieten sie zur Bequemlichkeit außer einer kaum einen Schuh breiten, längs der Wand hinlaufenden hölzernen Bank, ein paar Nägel zum Aufhängen der Kleider und einem eisernen Ofen zum Wärmen der Badewäsche weiter nichts dar. Ein jedes Vollbad besitzt, was ebenfalls unbegreiflich ist, nur *ein* solches Zimmer, und man kann sich demnach leicht denken, wie sehr die Badegäste hier beengt sind, indem beide Geschlechter sich desselben Zimmers bedienen müssen und der kleine Raum nicht gestattet, mehr als zwei Personen aufzunehmen.

Die durch Eisenofen und warme Dünste geschaffene kupplerische Atmosphäre erzwungener Zweisamkeit hatte bald unliebsame Folgen. Unter den vielen, die solchermaßen verlockt die Gebote der Keuschheit übertraten, war auch der Gasteiner Pfarrer Stephan Specker, er hatte, einem Bericht zufolge, »seine Köchin, den damit erzeugten Sohn und Töchterl noch bey sich«, und der aus Mittersill gekommene Gsellpriester Hans N. brachte es ebenfalls bald auf drei Kinder.

Seit dem genialen Salzburger Erzbischof Paris Lodron, der Bad Gastein zwischen 1621 und 1653 wiederholt besuchte, reißen darum die landesherrlichen Ermahnungen nicht ab. Aber nicht jeder meinte es so gut wie der hochgesinnte Graf, dem auch Salzburg selbst so viel verdankt. Unter Erzbischof Firmian kam es zu den schweren Protestantenverfolgungen, die für das menschenarme Gasteiner Tal einen besonders schmerzlichen Substanzverlust bedeuteten. Etwa fünfhundert Gasteiner waren unter jenen, die auswandern mußten, fünfzig Höfe wurden zu Notpreisen verschleudert, Hunderte von Familien zerrissen. Den Namen Veit Loitperger, des Mannes, der allein etwa zweihundert

Denunziationen auf dem Gewissen hatte, werden die Gasteiner wohl nie mehr vergessen. Erzbischof Paris Lodron hatte das Gasteiner Tal und das Land Salzburg aus den Wirren des Dreißigjährigen Krieges weitgehend heraushalten können; hundert Jahre später brach das Elend durch Unduldsamkeit und Unverstand dennoch über das Land herein.

Gastein selbst war in diesen Zeiten ernsthaft gefährdet. Das Tal erwies sich als zu eng für die nötigen Baulichkeiten, und man traf energisch Anstalten, das Wasser in günstiger gelegene Orte zu schaffen. Zwischen 1753 und 1755 entstand eine Rohrleitung von Gastein nach Badbruck (ähnlich jener, die das Schluchtwasser von Pfäfers ins freundliche Ragaz hinausleitet). Diese und ähnliche Projekte wurden von den Gasteinern naturgemäß heftig bekämpft. Um Anton Straubinger geschart, schlugen sie auch diesen Angriff ab und hatten bald darauf die Genugtuung, den ersten großen Steinbau in Gastein entstehen zu sehen: das erzbischöfliche Badeschloß, das nach einigen Sprengungen auf Straubingerschem Grund Platz gefunden hatte und 1794 fertiggestellt wurde.

Straubinger hatte für den gut gelegenen Grund etwas mehr als vierhundert Gulden (*ein* Prozent der Bausumme) verlangt, die der Landesherr erst nach langem Zaudern und »mit höchster Indignation« bezahlte. Gegenüber dem beliebten Erzherzog Johann war die Familie Straubinger noch großzügiger: Ihm überließ sie das Grundstück für eine Villa gegen ein allerdings kostbares Altwiener Kaffeeservice.

Es gab also doch wenigstens eine Familie, die einen gewissen Zug ins Große verät, die über die Talwände hinauszublicken versuchte und sich nicht an jeden Quadratmeter klammerte – obwohl man es bei der Enge des Tales hätte verstehen können: Hier waren Verluste irreparabel, hier gab es keine Ausweich- und Umgehungsmanöver. Hier herrschten die unbarmherzigen Gesetze des Talschlusses, unter denen Gastein auch heute noch steht und lebt.

Der Straubinger, der den Erzherzog Johann so geschickt hofierte, hieß Peter und wird als der Begründer des Straubingerschen Wohlstands bezeichnet, denn vorher hatte man sich oft recht schwergetan und schmerzliche Verkäufe hinnehmen müssen. Bei aller Originalität in Gehaben und Tracht hatte er einen guten, klaren Geschäftssinn, baute neben die dreihundert Jahre alte Straubingerhütte ein modernes Steinhaus mit gut eingerichteten Bädern und wurde auch von den verwöhntesten Gästen als Patriarch akzeptiert. Auf ihn geht die Straubingersche Sitzordnung an der Table d'hôte zurück: Nicht der oft schwer zu ermittelnde Rang entschied, sondern das eindeutig festgehaltene Datum der Ankunft . . .

Solche Männer und ein paar reiche Kurgäste aus der großen Monarchie halfen Gastein ins neunzehnte Jahrhundert hinüber. Die Popularität des Erzherzogs Johann zog die guten österreichischen Familien an, die offene Hand des begüterten Erlauer Erzbischofs Ladislaus Pyrker ermöglichte es, in Hofgastein, wo das Tal sich etwas weitet, eine landschaftlich reizvolle Dépendance des Gasteiner Bades enstehen zu lassen. Ludwig I. von Bayern kam, der Diplomat und Schriftsteller Wilhelm von Humboldt, der Schubert Franzl, der allerdings nicht viel Geld hier ließ, und gleich viermal Franz Grillparzer. Er schrieb, wie Goethe in Marienbad, dort eines seiner berühmtesten Gedichte, den erschütternden *Abschied von Gastein*, bekenntnishafte Strophen, die über ihn selbst wesentlich mehr aussagen als über das Bad und die Landschaft, die es umgibt.

Zwei Jahrzehnte nach Grillparzers tragischem Abschied begann überraschenderweise Gasteins preußische Ära, und zum Unterschied von der glückhaften Kaiserzeit des Ischler Bades scheint sie noch nicht beendet zu sein. Es war im Sommer 1859, daß ein österreichischer Feldmarschall bei Straubinger abstieg und gleichzeitig ein preußischer im Badeschloß. Der Österreicher ist vergessen, der Preuße hieß Moltke, woraus sich bereits erkennen läßt, wie die ganze Sache ausging. Ehe man 1866 die Klingen kreuzte, gab es noch einiges Gasteiner Hin und Her: König Wilhelm kam als Graf von Zollern ›so neckische Inkognitos pflegte man damals, obwohl es noch gar keine Photoreporter gab); Kronprinz Friedrich von Preußen trat als Graf von Berg auf. Sich schlicht Berger zu nennen, wäre zuviel der Selbstverleugnung und womöglich undurchschaubar gewesen. Die preußischen Herren, an ihren scharfen Ferngläsern als Militärs zu erkennen, schlenderten auf den schmalbrüstigen Promenaden umher und trafen sich immer wieder mit den standhaft bei Straubinger wohnenden Österreichern. Für den tatendurstigen Bismarck war das nicht immer das richtige:

> Ich fange an (schreibt er am 4. August 1865), die Tage zu zählen, die ich in dieser Nebelkammer abzusitzen habe. Wie die Sonne aussieht, davon haben wir nur noch dunkle Erinnerungen aus einer besseren Vergangenheit. Seit heut ist es wenigstens kalt, bis dahin schwüle, feuchte Wärme, Abwechslung nur in der Form des Regens, und immer Ungewißheit, ob man vom Regen oder Schweiß naß wird, wenn man die Promenadentreppen auf- und abwärts im Schmutze patscht . . .

Weit besser war die Reklame, die Bismarcks oberster Herr, der König und spätere Kaiser Wilhelm für Gastein machte. Er hatte sich an den Ort und die Bäder so sehr gewöhnt, daß er sie am liebsten auch im Königgrätzjahr 1866 aufgesucht hätte oder sich zumindest das Gasteiner Tal hätte abtreten lassen, als die Zündnadelgewehre ihm jenen spektakulären Sieg erfochten hatten.

Da Kaiser Franz Joseph dem älteren Monarchen aus dem Nachbarland Höflichkeitsbesuche abstatten mußte, kam es in Gastein zu zahlreichen Kaisertreffen, die man in Ischl neidvoll kommentierte. Die Herrschaften, die sich bei solchen Gelegenheiten bemühten, auf der Promenade oder sonstwo den beiden alten Herren in die Quere zu kommen, nannte man spöttisch »Kaiserjäger«. Es muß in Gastein schwer gewesen sein, ihnen zu entrinnen, aber Wilhelm I. war schließlich beinahe neunzig und jenseits aller Aufregungen, und Franz Joseph aus Ischl an den engen Kontakt mit dem Kurpublikum gewöhnt. Nur Kaiserin Elisabeth blieb menschenscheu, wohnte auch lieber im Meranhaus als bei Straubinger und stahl sich, so oft es ging, auf Fußpfaden in die Berge.

Die neue Zeit hielt in Gastein wahrhaft königlichen Einzug, indem nämlich König Leopold II. von Belgien – der schönen

Cléo de Merode wegen auch Cléopold genannt – auf einem knatternden Oldtimer modernster Bauart die Klamm passierte und fauchend vor dem Hotel Austria anhielt. Das erste Mal (1901) hatte er die dreißigprozentige Klammsteigung mit Pferdevorspann bewältigen müssen, das zweite Mal, vier Jahre später, konnte ihm die europäische Autoindustrie schon ein Vehikel zur Verfügung stellen, das die dreißig Prozent aus eigenen Kräften bezwang.

So viel Glanz blendete; kaum irgend jemand bemerkte das hurtige Männchen, das als die »kleine Exzellenz« Adolph von Menzel preußische Kunstgeschichte gemacht hatte, oder den Grafen Gobineau, auf dessen Rassenlehre sich einige Jahrzehnte später Alfred Rosenberg stützen sollte. Die Zahl der Kurgäste war nun auch schon so sehr angestiegen, daß man mehr sein mußte als ein Maler oder ein Schriftsteller, wenn man bemerkt werden wollte.

Im Herzen aber blieb Gastein exklusiv, auch wenn nun Tausende kamen: Welche Rechte sie genossen, bestimmte noch immer der Gemeinderat. Längst fuhr man in ganz Österreich mit Autos umher, da gab es in Gastein überhaupt noch keinen Autoverkehr (es sei denn mit königlichen Fahrern). Nach der Eröffnung der Tauernbahn, als in Böckstein Autos ver- und entladen wurden, mußte man sie wohl oder übel zulassen, aber auch nur in der Kaiser-Franz-Joseph-Straße mit der Maßgabe, daß »dreißig Schritt vor dem Automobil der Gemeindewachmann im Dienstschritt vom Mozartplatz bis zum Bahnhof einhergeht, während das Automobil dem Wachmann ebenfalls im Dienstschrittempo folgen muß«. Besonders weise war der zweite Teil der Vorschrift, der den braven Wachmann vor dem Überfahrenwerden schützte; der erste Teil bezweckte hingegen nur, entgegenkommende Fuhrwerke vor dem Automobil zu warnen. Die Anordnung konnte nicht verhindern, daß im Jahre 1904 eine Postkutsche umstürzte, weil die Pferde vor dem Wagen des Herrn von Opel scheuten, worauf Straßenarbeiter über die Insassen des Autos herfielen. Da Cléopold unbehelligt geblieben war, mußte es an dem Namen Opel gelegen haben; die Pferde hatten wohl die Konkurrenz gewittert . . .

Das zwanzigste Jahrhundert und sein Vordringen ins Gasteiner Tal haben auch die Postpferde und die Straßenarbeiter nicht aufhalten können. Heute wachsen auf Straubingerschen und bischöflichen Gründen Hotelburgen in den Himmel, die verwirrenderweise von der einen Seite wie Wolkenkratzer, von der anderen hingegen ganz bürgerlich aussehen. Die Autos, die nach Gastein hineinmanövriert werden, bestrafen ihre Lenker dafür durch endlose Kreiselfahrten bergauf und bergab. Die Bäder muß man nicht mehr auf wackeligen Treppen erklimmen, und die Dächer der Baderäume lassen keine Schneeflocken mehr auf die dampfenden Patienten herabrieseln, im Gegenteil: In manchen Hotels herrscht solcher Überfluß an heilkräftigem Wasser, daß man überhaupt keine profanen Bäder mehr nehmen kann und die Stubenmädchen den verdutzten Gast warnen müssen, beim morgendlichen Bad kein Wasser in die Augen zu bringen.

So eng die Klamm, so karg die Hänge früheren Jahrhunderten erschienen: Wintersport und warme Quellen haben das Gasteiner Tal zu einem Stück des internationalen Fremdenlandes gemacht, in das sich einige Gegenden des alten und traulichen Österreich so hastig verwandeln. Seit das Radium entdeckt ist, fühlt man sich in Gastein des innersten Geheimnisses der Natur teilhaftig. Aus den Bergen dünstet's, aus den Quellrohren strömt es, das Wunderbare, das Wunderwirkende, das, was seit Jahrhunderten den Gasteinern so vertraut ist, daß sie gar nicht begriffen, wofür denn die Madame Curie eigentlich den Nobelpreis erhielt . . .

EPILOG

Im Sommer des Jahres 1854 weilte Hebbel in Marienbad. Ungerührt von der Erinnerung an das, was sich hier zwischen Goethe und der siebzehnjährigen Ulrike von Levetzow angesponnen, notiert der zerebralste Erotiker der deutschen Literatur in sein Tagebuch:

Ich glaube, es muß schwer sein, sich in einem Badeort zu verlieben, da alle Damen, die einem begegnen, und bei denen man sonst an Werther und Lotte denken kann, hier nur des Purgierens wegen im Walde herumlaufen ... Wohin man auch komme, überall kleine Häuschen in Pyramidalform, deren Bestimmung sich keine Minute verkennen läßt, mögen sie nun über einem silbern daherrieselnden Bach oder unter blühendem Holunder und flüsternden Birken angebracht sein, und wie oft stößt man auf bebänderte Herren oder nach Ambra duftende Damen, die mit verlegenen Gesichtern auf sie zueilen oder mit beschämten herausschlüpfen.

Hebbel also meinte, nicht lieben zu können, wo Goethe sich verliebte. Der Grund liegt darin, daß Hebbel die Rückverwandlung in das Kindliche nicht gelang, die mehrere unserer Badbesucher als die Voraussetzung für den Erfolg der Kur angesprochen haben. Die stärkere intellektuelle Distanz des Norddeutschen und vielleicht auch die Tatsache, daß er vom Greisenalter noch wesentlich weiter entfernt war als der Marienbader Goethe, hielten ihn in der starren Schale seines gewohnten Lebens fest. Er vermochte nicht zu erkennen, was dem Menschen im Bade geboten wird, und zwar in der Wanne wie im Weltbad, im Ozean wie im lächelnd einladenden Badesee: die Chance, mit den Kleidern auch den unsichtbaren Panzer abzustreifen, mit dem wir uns tagein, tagaus wappnen, in dem sprudelnden, laukühlen oder warmen, kohlensäuredurchperlten oder glasklaren Naß eine neue Wiege vorzufinden, in der wir an Gewicht und Alter verlieren, an Härte und an Sprödigkeit, an haftenden Dünsten und Schwielen.

Man sollte meinen, daß das genug ist und daß der Mensch es dabei bewenden lassen könnte, in einer Stunde besonderer und äußerster Intimität sich selbst zu gehören und der anderen nicht zu achten in der Hoffnung, daß sie ihn dann auch ungeschoren ließen. Aber so ist es nicht. Ist man erst zum Kind geworden, so will dieses Kind auch spielen – was noch anginge.

So ein Spiel waren zum Beispiel die kleinen Mahlzeiten, die sich die Badegäste von Baden bei Wien auf Brettchen stellen und

und wie Schiffchen zuschwimmen ließen. So ein Spiel waren schließlich die an allen Orten beliebten gemeinsamen Bäder beider Geschlechter, denn da alles öffentlich vor sich ging, blieb es ja doch meist bei den Spielereien. Aber es gab eben nicht nur die Kinder und die Spiele, sondern zu allen Zeiten auch Zuschauer. Mit einer Penetranz, die unser Jahrhundert besser beurteilen kann als jedes andere, drangen sie in die Intimsphäre vor, die sich nun einmal nirgends reizvoller und anziehender ausprägt als im Badegemach oder bei der Toilette. Es besteht kein Grund, *nostra culpa* zu rufen und das Blitzlicht zu verdammen; niemand hat darauf gewartet. Apelles brauchte es nicht, als er Phryne malte, wie sie nackt dem Meer entstieg, denn man darf annehmen, daß die Küsten des Lichts auch damals ausreichend beleuchtet waren, und auch im Norden, wo Anders Zorn seine drallen Fischermädchen zu dreien nebeneinanderstellte, reichte das Licht noch für das Malerauge und für die Belauschung dessen, was man nicht belauschen sollte: des Bades.

Es ist zweifellos ein erotisches Moment, aus dem sich das Interesse aller Künste für das Bad und die Badenden erklärt, aber es ist doch auch noch etwas anderes. Der Mensch im Bad ist der Mensch *in nuce*, wobei aber die Nacktheit zugleich körperlich und seelisch ist. Dem Modell, das sich ausgezogen und den Podest bestiegen hat, haftet keinerlei Intimität an; der Badenden, etwa in *Le Tub* von Degas, dagegen schon. Die eine tut etwas Alltägliches, sie übt ihr Metier aus, die andere vollzieht etwas Heimliches mit heimlichen Riten, die zu ihrer Person gehören und die ein Teil ihres eigensten Lebens sind.

Der natürliche Sinn des Volkes, wie er sich in Mythen, Sagen und Legenden ausprägt, bestraft den Lauscher, den Zuschauer, den Eindringling in den Zauberkreis des Bades. Als der halbgöttliche Jäger Aktäon an jene Quelle gelangte, in der die Göttin Artemis von Nymphen umringt badete, war der Reiz des Bildes für ihn zu stark; er blieb, er schaute, und die jungfräuliche Göttin verwandelte ihn durch ein paar Wasserspritzer in einen Hirsch. Seine eigenen Hunde vollzogen die Rache der nackten Damen: Sie jagten Aktäon und zerrissen ihn, wie die Mänaden den Dionysos zerrissen. Melusine verschwindet, als Graf Raimond de Poitiers sie im Bad belauscht und ihre wahre Natur erkennt; ähnliches begibt sich, wenn in nordischen Sagen Schwanenjungfrauen beim Bade beobachtet werden.

Die wahre Natur, die unverhüllte, aber auch unverstellte Menschlichkeit des Badenden ist es auch, die das Böse und Niedrige mit besonderer Sicherheit zum Angriff herausfordert. Helena wird entführt, als sie im Meer badet, eine Situation, in der sie Paris auch dann keinen Widerstand hätte entgegensetzen können, wenn Aphrodite nicht alles vorausberechnet hätte. Susanna ist trotz aller Schönheit ihrem Gatten Jojakim in Treue ergeben, aber sie badet im Garten, wo gelegentliche Zuschauer nicht auszuschließen und Überfälle immerhin möglich sind. Dadurch gibt sie Anlaß zu jenem Prozeß, der wieder Sixtus Birk, Paul Rebhuhn und Nikodemus Frischlin Anlaß zu ihren Rührstücken über dieses Thema bot. Je nach Temperament stehen die braven Dichter drei bis fünf Akte lang mit moralisch erhobenem Zeigefinger neben der nackten Susanne – weil sie ihre Moral eben nirgends so schön loswerden konnten wie bei der Gelegenheit einer Susanna im Bade.

Auch der Mann ist im Bad wehrlos; Agamemnon wie Marat unterliegen in dieser Situation Frauen, die sie sonst wohl mit einer Hand hätten abwehren können. Was lag für die raffinierte Gruseltechnik unseres Jahrhunderts und des Films also näher, als eine badende Frau dem Schock eines Angriffs auszuliefern, der nicht nur ihrer Tugend, sondern ihrem Leben gilt: *Psycho* von Alfred Hitchcock, mit dem Mord unter der Brause und der endlosen Sequenz des dahingeschleppten nackten und nassen Leichnams, bleibt in Wesen und Wirkung nicht hinter den antiken Tragikern zurück, die Klytemnästra ein Netz oder ein ärmelloses Gewand über den badenden Agamemnon werfen ließen.

Das Bad, ob es der Reinigung oder der Gesundheit dient, ist ein Urerlebnis des Menschen geblieben, eines jener Erlebnisse, in denen wir den Urzustand wiederzufinden vermögen, das Menschheitskindsein im Paradies, arglos, aber auch wehrlos, diesseits oder jenseits von Gut und Böse – und darum auf das Böse nicht gefaßt. Es brauchte Jahrtausende, bis wir so weit kamen, dieses paradiesische Zipfelchen wieder erfassen zu können.

Zwischen dem Paradies und unserem Leben stand nämlich als stärkstes Tabu die Erbsünde. Jenes Stück unserer menschlichen Natur, das mit ihr der Ächtung verfiel, war größer, als man anfangs glaubte. Zunächst blieben überhaupt nur Hände und Gesicht übrig, dann lugten die Füße aus dem Tabu, endlich der Arm bis zum Ellbogen und schließlich – als das Dekolleté der Empirekleider Entsetzensschreie ausgelöst hatte – sogar die Wade und das Frauenbein. Was man zeigen wollte, mußte man wohl oder übel vorher waschen, und so gewann die Hygiene in dem Maße an Boden, als das Tabu Terrain verlor. Es soll zwar noch Institute geben, in denen sich junge Mädchen in ihren Hemden waschen müssen, und Badestrände, an denen Bikinis verboten sind. Im ganzen genommen sind wir jedoch weit über jene patriotische Forderung hinausgelangt, die jedem Deutschen sein wöchentliches Bad verhieß.

Aber noch haben wir nicht jene innige Verbindung zu den Naturkräften wiedererlangt, wie sie die Alten, die Griechen, die Römer, wohl auch die Kelten und die Germanen besaßen. Irgend etwas steht zwischen ihnen und uns, und ich werde mich hüten, zu sagen, was es ist. Das Heidnisch-Geheimnisvolle steht Altmeister Goethe besser an, der im Jahre 1810, vom Anblick der strahlend jungen Kaiserin Maria Ludovika beflügelt, in Karlsbad die Verse schrieb:

Hier im waldbewachten Tale,
Das so mancher Fremde segnet,
Weil mit heilsam heißer Schale
Die Genesung ihm begegnet
Und ihm frisches Leben schafft,
Muß in tiefen Felsenschlünden
Feuer sich mit Wasser binden
Klüften siedend sich entwinden;
Neue Kräfte wirkt die Kraft.

LITERATURVERZEICHNIS

Bakker, H. S.: *Norderney*. Bremen 1956

Biehn-Herzogenberg (Hrsg.): *Große Welt reist ins Bad*. München o. J. (1960)

Blümml-Gugitz: *Altwienerisches*. Wien und Leipzig 1920

Boussel, Patrice: *Histoire des Vacances*. Paris 1961

Braun, Wilhelm: *Urlaub in deutschen Bädern*. Gütersloh 1964

Caminada, Christian: *Die verzauberten Täler*. Olten 1961

Danckert, Werner: *Unehrliche Leute*. Bern 1963

Devrient, W.: *Die Sauna, das Bad der Bäder*. Berlin 1950

Duval, Paul-Marie: *La vie quotidienne en Gaule*. Paris 1952

Galbas, P. A.: *Friedrich Wilhelm von Halem*. (Sonderdruck aus der Zeitschrift »Ostfriesland«), Leer 1962

Grieben (Hrsg): *Bäderführer Deutschland*. München 1961

Gsell-Fels: *Kurorte der Schweiz*. Zürich 1880

Hansen, C. P.: *Die nordfriesische Insel Sylt*. Leipzig 1859; *Der Badeort Westerland auf Sylt und dessen Bewohner*, Garding 1868

Heidrich, Hans: *Wir blättern im Travemünder Kurprospekt von 1912*. Travemünde o. J.

Hess, Dr. W.: *Erinnerungen an Sylt*. Hannover 1876

Kretzschmar, Fritz: *Die Entwicklungsgeschichte des antiken Bades und das Bad auf dem Magdalensberg*. Düsseldorf 1961

Lipp, Franz: *Ischl*. Wien o. J.

Martin, Alfred: *Deutsches Badewesen in vergangenen Tagen*. Jena 1906

Moering, Christa: *Wiesbaden mit den Augen einer Malerin gesehen*. Wiesbaden 1963

Ninck, Martin: *Die Bedeutung des Wassers in Kult und Leben der Alten*. Leipzig 1921

Nommensen, Gertrud: *Westerland 1855–1955* (ungedruckt. Sylter Archiv in Westerland).

Peters, Hermann: *Arzt und Heilkunst in der deutschen Vergangenheit*. Leipzig 1900

Pörtner, Rudolf: *Mit dem Fahrstuhl in die Römerzeit*. Düsseldorf 1959

Quanter, Rudolf: *Sittlichkeit und Moral im Heiligen Römischen Reiche deutscher Nation.* Berlin o. J.

Rochowanski, L. W.: *Wiener Kulturgeschichte in Anekdoten.* Coburg 1946

Ross, Gustav: *Das Nordseebad Westerland auf der Insel Sylt.* Hamburg 1858

Rudeck, Wilhelm: *Geschichte der öffentlichen Sittlichkeit in Deutschland.* Berlin 1905

Schaarwächter, H.: *Im Bad dein Heil.* Düsseldorf 1959

Schidrowitz, Leo (u. a.): *Sittengeschichte des Intimen.* Wien o. J.; *Sittengeschichte des Intimsten.* Wien o. J. (1929)

Schönholz, F. A. v.: *Tradition zur Charakteristik Alt-Österreichs.* 2 Bde. München 1914

Schreiber, Hermann: *Sinfonie der Straße.* Düsseldorf 1959

Schultz, Alwin: *Das häusliche Leben der europäischen Kulturvölker.* München 1903

Wright, Lawrence: *Clean and decent.* London 1960

Zimburg, Heinrich v.: *Die Geschichte Gasteins und des Gasteiner Tals.* Wien 1948

HEITERES

In der Taschenbuchreihe HEITERES sind erschienen:

Wilhelm Busch

VON FLIEGEN, MÄUSEN, AFFEN, ELEFANTEN UND ANDEREN TIEREN
Bestellnummer 18 001

DER HEILIGE ANTONIUS VON PADUA
Bestellnummer 18 002

SCHNURRDIBURR ODER DIE BIENEN
Bestellnummer 18 003

NATURGESCHICHTLICHES ALPHABET UND ANDERE BILDERGESCHICHTEN
Bestellnummer 18 004

FIPPS DER AFFE
Bestellnummer 18 007

MAX UND MORITZ
Bestellnummer 18 008

DIE FROMME HELENE
Bestellnummer 18 009

PLISCH UND PLUM / HANS HUCKEBEIN
Bestellnummer 18 010

BASTEI LÜBBE